Albrecht Weber *Dialektik der Aufsatzbeurteilung*

ALBRECHT WEBER

Dialektik der Aufsatzbeurteilung

 VERLAG LUDWIG AUER DONAUWÖRTH

2. Auflage. 1975
© by Verlag Ludwig Auer, Donauwörth, 1973
Alle Rechte vorbehalten
Gesamtherstellung: Druckerei Ludwig Auer, Donauwörth
ISBN 3-403-00385-X

Lehrer brauchen wir nötiger als alles andre, Männer, die der Jugend die Fähigkeit des Messens und Urteilens beibringen und ihr Vorbilder sind in der Ehrfurcht vor der Wahrheit, im Gehorsam gegen den Geist, im Dienst am Wort.

Hermann Hesse (Das Glasperlenspiel 9, 398)

Gerecht sein gegen sich und andre,
Das ist das schwerste auf der weiten Erde.

Franz Grillparzer (Libussa IV, 1)

Inhalt

Vorwort 9

Tatsachen und Wirkungen 11

    Fehlbeurteilung 13
    Arithmetische Selbsttäuschung 29
    Unsicherheitsfaktor Lehrer 35
    Unsicherheitsfaktor Schüler 48
    Aufsatznote — ein Politikum 53

Stil und Inhalt 69

    Stilalter als Beurteilungsrahmen 71
    Schichtenkodes als Beurteilungskriterien? 84
    Das Problem des Stils 106
    „Erlebnis" als Inhalt 127
    „Moralische Zensur"? 135
    Gesinnung im Aufsatz 143

Kriterien und Modelle 149

    Geeichte Maßstäbe? 151
    Grundhaltung des Beurteilers 165
    Korrektur und Notenskala 173
    Beurteilungssysteme 183
    Kriterien der Beurteilung 205
    Ein variables Grundmodell 221

Literaturverzeichnis 235

Vorwort

Dieser Band ist eine veränderte und überarbeitete, erheblich erweiterte Neufassung des „Problems der Aufsatzbeurteilung" (1969), das aus Vorträgen hervorgegangen war, derart, daß gegenüber der schlanken Gespanntheit jener Fassung, die das Thema problematisierte, geradezu ein neuer Titel gewählt werden mußte, und es ratsam erscheint, beide Versionen nebeneinander hergehen zu lassen. Denn vieles wird hier ausgeführt und erörtert, wird in seiner dialektischen Dimension ausgelotet, was dort nur angedeutet oder angeschnitten ist.

Die Diskussion um die Frage gerechter Aufsatzbeurteilung, der Leistungsmessung überhaupt, hat an Stärke zugenommen. Und „ungerechte Aufsatzzensur" droht zu einem ähnlichen vordergründig politisierten Schlagwort zu werden wie das von der „Bildungskatastrophe". Die Gefahr liegt nahe, daß eine diffizile Problematik von der niedergehenden Wucht allzu elementarer, bisweilen primitiver „Argumente" als „rollende Reform" wie von einer Lawine verschüttet und erstickt wird. Wissenschaft aber ist kritisch und bleibt Differenzierung.

Zugleich bedarf es gerade zur Erörterung dieses Problems der Erfahrung, also ausreichender und ausreichend reflektierter Praxis als Lehrer. „Rational" und „radikal" das Thema „logisch" und in der „Theorie" zu Ende zu denken, genügt nicht. Beim Studium der anschwellenden Literatur kann man sich mitunter des Eindrucks nicht erwehren, als ob der eine oder andere gelehrte Verfasser eine Schulstube kaum oder nie von innen als Lehrer gesehen habe. Mangel an Erfahrung ist auch nicht durch den Schrei nach Praxis zu ersetzen.

Es ist leicht, dem Lehrer, den sein tägliches mühevolles Geschäft gefangen nimmt und aufbraucht, die Mängel seines Tuns vorzuhalten oder ihn bloßzustellen, und es ist schwer, sich der harten Wirklichkeit Schule selbst zu stellen, allem Kleinkram und Detail, das wenig Ruhm einbringt und kaum Eitelkeit und Herrschsucht befriedigt.

Unter den signalisierenden Wörtern ist „Emanzipation" heute das Hauptsignal. „Emanzipation" umfaßt schillernd alles zwischen dem Aha-Effekt kognitiver Erkenntnis, kritischer Theorie und gewalttätiger Revolution. Sie gilt selbstverständlich, unbesehen und undefiniert als oberstes Bildungs- und Erziehungsziel: eine Art „heiliger Geist". Erziehung vermittelt Einsicht, Erkenntnis, Aufklärung, mehr Mündigkeit; sie soll es jedenfalls. Aber über diese Mündigkeit und den Weg zu ihr entscheidet demokratisch jeder einzelne. Auch der Fachmann, der Pädagoge, der Lehrer entscheidet über Sinn und Ziel seines Tuns. „Emanzipation" ist nicht zu verordnen oder vorzuschreiben. Sie gilt weder absolut noch als Höchstwert im System der Werte, sondern relativ und bezogen, sinnvoll nur in historischen Zusammenhängen. Emanzipation bei Verlust von Sinn und Tradition muß verantwortungslos werden, zu Anarchie und zu Repression führen: Emanzipation von der Zensur, der Note, dem Aufsatz, der Schule, dem Lernen, dem Lesen und Schreiben, der Kritik, dem Wissen — bis zur völligen Manipulierbarkeit durch re-aktionäre Produzenten von Meinung. Zuletzt die Emanzipation von der Emanzipation, die Befreiung von der Freiheit. Man muß mit Nietzsche fragen: Nicht Emanzipation wovon, sondern Emanzipation wozu?

Schule tradiert mehr als sie emanzipiert. Sie vermittelt, bevor sie das Vermittelte überschreitend auflöst. Nur selten vermag sie im Vermitteln zu überschreiten und wenn, dann fast immer auf Kosten des Vermittelten. Schule ist pädagogische Realität: Mehr als statistisch erfaßtes überholtes Vorgestern und utopisches Übermorgen. Sie ist heute und tut den Schritt nach Morgen. Dem Lehrer in dieser Verantwortung will dieser Band helfen, indem er wacher macht, Bewußtsein steigert oder erweitert, Beobachtung schärft, Möglichkeiten zeigt und entwirft. Einsicht in Relationen und Relativität von Urteilen kann Anfang gerechterer Beurteilungen werden.

Fräulein Ilke Heber, Lehrerin in Offenbach, danke ich für überlassenes Material an Aufsätzen und Informationen.

A. W.

Tatsachen und Wirkungen

Fehlbeurteilung

Ununterbrochen fällt der Lehrer Urteile, in wenigen Tagen wahrscheinlich mehr als ein Richter in einem Jahr. Daß er nicht leichtfertig oder voreingenommen beurteilt, sondern nach bestem Wissen und Gewissen, setzen wir voraus. War er leichtfertig oder voreingenommen, so hat er einen Fehler begangen, den er revidieren muß, sobald ihm die Einsicht aufging, gleich durch welche Einwirkung. Dazu gehört allerdings Mut. Man sollte, wenn man die Gerechtigkeit hochhält, das Verfehlte nicht erst an der folgenden Arbeit gutmachen; denn eigentlich liegen dann zwei Falschbeurteilungen vor. Wir setzen voraus, daß sich der Lehrer müht, gerecht zu sein, daß er abwägt, Kriterien kennt, Erfahrungen hat, also kein Anfänger ist, sein „Handwerk" versteht, folglich von sich glauben darf, daß er richtig, d. h. gerecht urteilt. Darf er dies glauben?
Manche werden den Versuch kennen, den Robert *Ulshöfer* 1949 in der Zeitschrift „Der Deutschunterricht"[1] unternahm, indem er einen Abituraufsatz abdruckte und um Beurteilungen bat. Von 42 eingesandten Urteilen lauteten: 1 sehr gut, 5 gut, 13 befriedigend (in verschiedenen Varianten), 7 ausreichend, 11 mangelhaft, 2 ungenügend. Eine beigegebene Musterkorrektur von Vogt urteilte mit „noch ausreichend", Ulshöfer selbst empfahl als Einigungsvorschlag „ausreichend bis befriedigend oder noch befriedigend". Diese Ergebnisse haben jeden bestürzt, der solche 100%ige Schwankung erfuhr, zumal Ulshöfer selbst „Schwankungen im Rahmen von einer halben Note nach oben oder unten als der Natur der Sache entsprechend betrachtet"[2], also ein bis zwei Zwölftel, 8% bis 16%. Alexander Beinlich führt im „Handbuch des Deutschunterrichts" als zweites Beispiel[3] die Untersuchung von Eduard Lehmann an, veröffentlicht 1951[4]. Sie war offenbar von Ulshöfers Versuch angeregt. Lehmann setzt dort an[5]. Er greift aber auch auf ältere Literatur zurück und nennt

Döring, Waldemar Oskar: Untersuchungen zur Psychologie des Lehrers, 1925
Lietzmann, Walter: Über die Beurteilung von Leistungen in der Schule. (Mit exaktem Material zu Notengebungstypen), Leipzig 1927
Hylla, Erich: Einheitlichkeit und Gerechtigkeit in der Beurteilung von Aufsätzen, in: Levana I, 6, c 1932
Anzuführen wäre etwa noch, worauf Beck (in Band II) hinweist:
Kießling, Arthur: Leistungsbeurteilung und Leistungsmessung, in: Z. f. Päd. Psychologie XXX, 1929

Wollte man den historischen Zug des Problems der Aufsatzbeurteilung verfolgen, was bei dieser Thematik und in diesem Rahmen nicht weiter geschehen kann, müßte man diese Arbeiten analysieren und interpretieren

als Ausdruck eines bestimmten Standes der pädagogischen Entwicklung, damit auch eines gewesenen gesellschaftlichen Zustandes und eines Kapitels der Geschichte der Bildung, des Geistes, der Kultur. Sie erschienen zwischen 1925 und 1932, als der Impuls der Reformpädagogik auslief, wie das Hermann Nohl dargestellt hat, und von deren Einsetzen er feststellte: „War der Schulmeister bisher immer Diener anderer Mächte, des Staates, der Konfessionen, der Wissenschaft gewesen, so erkannte die Pädagogik jetzt als letztes der Kultursysteme ihre Autonomie..."[6]. Die Geschichte des Aufsatzes zeigt den Anstoß zum freien Gestalten — „Das Kind ist der Künstler" (Götze) — durch die Kunsterziehungsbewegung, zum „freien Aufsatz" aus eigenem Impuls des Kindes ohne stoffliche, syntaktische, kompositorische und logische Modelle. Namen wie Waetzold, Jensen, Lamszus, Scharrelmann, Karstädt, Gansberg, Schneider seien als Hinweise auf diesen Zusammenhang genannt. Mit dem Proklamieren und dem Praktizieren des „freien Aufsatzes" als einer originalen und folglich völlig unvergleichbaren Leistung mußten aber die Kriterien der Beurteilung abhanden kommen. Das Schaffen von Originalem schien nur aus sich selbst verstehbar, einmalig, ohne Relation und darum nicht beurteilbar. Überall wo heute noch der sprachgestalterische Impuls in der Aufsatzerziehung gilt, wie ihn die Reformpädagogik freilegte, muß jegliche Beurteilung von Aufsätzen suspekt, jedenfalls problematisch erscheinen. Wonach sollte man urteilen? Die Kriterien der logik- oder inhaltsgebundenen Aufsätze waren eindeutiger gewesen; die Sprachgestalt hatte der Aussage zu dienen und die wiederum war kontrolliert vom Zweck der Erziehung als einer politischen, im Sinne welcher Ideologie auch immer. Gerade durch die Reformpädagogik und ihren „freien Aufsatz" schien — hypothetisch gesagt — das Problem der Aufsatzbeurteilung akut und erst als solches einsichtig und gegen deren Ende Gegenstand kritischen Nachdenkens und empirischer Untersuchungen geworden. Dort knüpften nach 1945, wie die Pädagogik allgemein, die Untersuchungen von Ulshöfer und Lehmann an. Ein Zweig gesicherter didaktischer Forschung hat sich bis jetzt nicht daraus entwickelt. „In krassem Gegensatz zu der Bedeutung, die die Zensurengebung in unserem Bildungswesen und für unsere Gesellschaft hat, steht die theoretische und methodologische Beschäftigung mit diesem Vorgang".[7]
Die Frage nach der gerechten Aufsatzzensur hat dennoch nie geruht. Als Teil einer allgemeinen schulischen Leistungsmessung war und ist sie Thema, nicht Hauptthema, der Schulpädagogik oder der Pädagogischen Psychologie. In einer Flut von Bildungsideologien und unter dem Einfluß der Bildungssoziologie hat, wie eine Chronologie der Veröffentlichungen zeigt, in den 60er Jahren allgemein die Diskussion eingesetzt, seit der Mitte des Jahrzents auch in der Fachdidaktik Deutsch.

Seitdem scheint es durch die verschiedenen Schultypen, die vielfältigen Aufsatzformen, die mannigfaltigen pädagogisch-psychologischen und didaktischen Auffassungen in einer pluralistischen Gesellschaft noch deutlicher geworden, daß das Beurteilen von Aufsätzen auch ein Problem des Erziehungsstils, des Schul- und Lehrstils, ist. Es befindet sich selbst in dem historischen Prozeß, der es überhaupt als Problem aufgedeckt hat. Als solches dürfte es nie restlos lösbar werden, es sei denn, die Maßstäbe würden wiederum von außerhalb des Aufsatzes und seiner Didaktik von einer dominierenden Ideologie diktiert. Damit verschöbe sich das Problem jedoch nur gradweise, es wäre auf die inhaltliche Aussage hin vereinfacht. Aber auch innerhalb eines solchen wie jeden Systems bliebe es bestehen als die Frage nach der Gerechtigkeit, nach dem gerechten Urteil, das dem Lehrer unaufhörlich aufgebürdet und abverlangt wird. Bei aller historischen Akzentuierung stehen wir doch immer wieder vor dem Grundproblem der Möglichkeit des Beurteilens geistiger Phänomene überhaupt, dem Grundproblem der Gerechtigkeit gegenüber anderen Menschen und ihren Leistungen. Für den Lehrer um so schwieriger, als er als Erzieher auch in den Aufsatzleistungen seiner Schüler pädagogisch engagiert sein muß und zugleich des Abstandes bedarf, aus dem er urteilen kann.

Lehman vervielfältigte vier Aufsätze mittlerer Qualität einer Volksschulentlaßklasse und legte sie 170 Lehrern und zwei Kursen einer Lehrerbildungsanstalt vor, in der Absicht, die Streuung von Noten, deren Ursachen durch Wertungskategorien oder Lehrertypen festzustellen. Im Ergebnis kam einmal eine Wahrscheinlichkeitskurve, ein andermal eine annähernde zustande, ein weiterer Aufsatz wurde von „sehr gut" bis „genügend minus" bei gleicher Streuung beurteilt[8]. Auf die Aufforderung, zu bezeichnen, welcher Aufsatz von den vieren der beste und welcher der schlechteste sei, stand jeder „des öfteren an erster und auch an letzter Stelle"[9].
Schon im Januarheft 1968 von „Westermanns Pädagogischen Beiträgen" berichtete Gottfried Schröter in einem Vorabdruck seiner Untersuchung von 600 Aufsätzen, von 15—25 Lehrern je Aufsatz korrigiert, und zeigt an einem Beispiel bei 19 Zensuren 6 Bewertungen mit gut, 5 mit befriedigend, 6 mit ausreichend, 2 mit mangelhaft. „*Bei keinem* der 600 Aufsätze konnten sich die jeweils 15 bis 25 Beurteiler auf die gleiche Zensur einigen. Im Schnitt zensierte man in einer Breite von drei Zensuren". Einige Male habe die Benotung von sehr gut bis ungenügend gereicht[10]. Immerhin handelt es sich noch um verschiedene Beurteiler. Aber Lehmann und Beinlich weisen auf die „Untersuchungen zur Psychologie des Lehrers" von W. O. Döring hin, der schon 1925 herausfand, daß ein und

derselbe Lehrer zu verschiedenen Zeiten bis zu zwei Notengrade in der Beurteilung geschwankt habe[11]. „Auch derselbe Lehrer beurteilt dieselbe Arbeit zu verschiedenen Zeiten verschieden"[12].

Karlheinz Ingenkamp belegt diese Feststellungen durch zwei Arbeiten aus dem englischen Sprachgebiet, die er in dem von ihm herausgegebenen Buch „Die Fragwürdigkeit der Zensurengebung" (1971) in Übersetzung abdruckt[13]. Eells hat 61 Lehrern nach 11 Wochen dasselbe Aufsatzmaterial zur Beurteilung wieder vorgelegt. Das Urteil erwies sich als sehr unzuverlässig. „Die Variabilität des menschlichen Urteils beim selben Individuum ist in etwa vergleichbar der Variabilität zwischen verschiedenen Individuen."[14] Ingenkamp[15] zieht ebenfalls den von Lehmann gefolgerten Schluß: „Wir müssen also damit rechnen, daß die gleiche Arbeit nicht nur von verschiedenen Einzelbeurteilern sehr unterschiedlich bewertet wird, sondern auch vom gleichen Beurteiler zu verschiedenen Zeiten."[16]

Walter Dohse[17] formuliert noch grundsätzlicher nach Ergebnissen von N. J. Lennes[18]: 1. Dieselben Schüler erhalten verschiedene Noten in verschiedenen Schulen. 2. Verschiedene Lehrer geben gleichen Arbeiten verschiedene Noten. 3. Derselbe Lehrer gibt zu verschiedenen Zeiten derselben Arbeit verschiedene Noten.

Gottfried Schröter faßte in dem Aufsatz „Wie in Deutschland Aufsätze zensiert werden"[19] die Ergebnisse einer umfangreicheren Untersuchung zusammen, die er in breiter Form in dem Kamp-Taschenbuch „Die ungerechte Aufsatzzensur"[20] vorlegte. Er gewann 6 315 Aufsätze aus verschiedenen Hauptschulklassen verschiedener Orte usw., wovon er *617*, also ein Zehntel, auswählte und von 1 113 Lehrkräften begutachten und benoten ließ, so verteilt, daß pro Arbeit zwischen 10 und 35, im Durchschnitt 18 Urteile zu jedem Aufsatz vorlagen. Von den beurteilenden Lehrern waren — soweit Angaben nicht fehlten — 579 männlich, 516 weiblich, 364 waren Junglehrer (bis drei Dienstjahre), 696 Altlehrer (vier bis 46 Dienstjahre), darunter ein Oberschulrat, 58 Rektoren, 31 Konrektoren. Des weiteren beteiligten sich 12 von 36 aufgeforderten Fachdidaktikern an Hochschulen (mit zusammen 176 Korrekturen), die etwas weniger diskrepant zensierten. Von 30 eingeladenen Schriftstellern hat sich nur einer beteiligt[21]. Insgesamt lagen *11 153 Urteile* vor. Die verteilten sich in Prozenten auf die Noten[22]

1	2	3	4	5	6
4,7	24,7	31,9	26,9	10,3	0,9

Die Urteile streuten über[23]

6 Notengrade	(1-6)	in 6 Aufsätzen	=	1%
5 Notengrade	(1-5, 2-6)	in 64 Aufsätzen	=	10%
4 Notengrade	(1-4, 2-5, 3-6)	in 268 Aufsätzen	=	43%
3 Notengrade		in 249 Aufsätzen	=	41%
2 Notengrade		in 30 Aufsätzen	=	5%
Dieselbe Note aller Korrekturen		in 0 Aufsätzen	=	0%

Aus Schröters Material drei Beispiele.

a) Mädchen, 14 Jahre, Ort 750 Einwohner[24]:

Ein Sonntagnachmittag im Frühling
Die Sonne hat den Nebelschleier durchbrochen. Ein neuer Tag beginnt. Es ist ein Sonntag, ein Sonntag im Frühling. In der Natur ist es noch feierlich still. Doch bald wird diese Stille von dem Gesang der Vögel unterbrochen. — Die Natur ist erwacht.
Der Morgen geht vorüber. Der Nachmittag bricht an. Ein Förster unternimmt mit seinem treuen Hund einen Spaziergang. Nur wenn er allein ist, kann er die Schönheit der Natur genießen, die sich nun so ganz entfaltet hat, und sich daran erfreuen. Einige Veilchen sind aufgeblüht, die ersten Boten des Frühlings. Das zarte Grün der jetzt erst ausgeschlagenen Bäume bildet einen wunderbaren Gegensatz zu dem strahlend blauen Himmel. An allen Ecken und Enden grünt und blüht es. Der Förster kann sich nicht genug satt sehen. Ihm fällt ein kleines Gedicht ein, das er einmal in der Schule gelernt hat:

> Frühling läßt sein blaues Band
> wieder flattern durch die Lüfte,
> süße, wohlbekannte Düfte
> streifen ahnungsvoll das Land.
> Veilchen träumen schon, wollen balde kommen. —
> Horch, von fern ein leiser Harfenton —
> Frühling —, ja du bist's, dich hab ich vernommen.

Der Tag geht schon zur Neige. Der Förster kehrt um von seinem Spaziergang. Er hat diesen Sonntagnachmittag in der freien Natur verbracht, und nur wenige haben wie er den Frühling auch wirklich vernommen.

15 Zensuren: $\frac{1\ 2\ 3\ 4\ 5\ 6}{4\ 4\ 1\ 3\ 3\ -}$

Ein Beurteilungstest mit derselben Arbeit in einer Kreislehrerversammlung ergab bei

150 Beurteilern: $\frac{1\ 2\ 3\ 4\ 5\ 6}{13\ 64\ 44\ 24\ 5\ -}$

Warum in der ersten Zensurreihe die Polarisierung und die kaum besetzte Mittelnote 3? Die Kommentare mögen antworten. Ich greife die für „Sehr gut", „Befriedigend" und „Mangelhaft" heraus.

Sehr gut: Im Inhalt und in der Darstellung sehr gut gelungener Aufsatz. Er ist durch echte Gefühle, gute Beobachtungen und treffende Ausdrücke gekennzeichnet. // Sehr poetisch, treffende Verben und Adjektive, gute Satzverknüpfungen.// Lebendiges Wortbild, Gedanken und Gefühle ausgedrückt. // Gute Gliederung, einwandfreier poetischer Stil, keine Schwächen.
Befriedigend: Kaum eine Schwäche, reicht nahe an gut.
Mangelhaft: Kitschigem Klischee verfallen, 2. Absatz inhaltlich falsch. Ich würde dem Mädchen in diesem Fall keine Note geben, sondern den Aufsatz nur mit der Verfasserin besprechen, und sie dann auffordern, einen neuen über etwas zu schreiben, was sie selbst erlebt hat. // Unthematische, verkrampfte Einleitung, mangelhafte Themanauffassung, Pathetik beleidigt das Ohr! // Klischees, pathetisch, Mörike-Zitat kitschig.

Schröter wählte problematische Arbeiten aus, und die Problematik der Schilderung in diesem Alter und wohl auch dieser Vorbildung wird an den Urteilen deutlich. Es gibt eigentlich nur Zustimmung oder Ablehnung. Der Mangel an Kenntnis der Stilistik und an Stilerziehung bei Lehrern und Schülern ist unübersehbar.

b) Junge, 12 Jahre, 6. Schuljahr, Ort 450 Einwohner[25]:

Vor einem Gewitter

Es war am heißen Sommertag. Da holten wir Heu. Wir mußten das Heu erst wenden. Die Sonne schien sehr heiß. Dann hatten wir das zusammen gewendet. Es kamen schon schwarze Wolken. Da mußten wir uns beeilen, daß wir vor dem Gewitter noch heimkommen. Es war sehr schwül. Da luden wir schnell auf, daß wir noch vor dem Gewitter heimkamen. Ich hatte das Heu festgetreten. Es donnerte schon leicht. Es fing an zu regnen. Es war sehr windig. Ich hatte das Heu mit der Gabel auseinandergeworfen. Mein Vater sagte: „Hoffentlich kommen wir noch vor dem Gewitter heim". Als wir den Wagen voll hatten, hängten wir den Auflader ab. Dann hänten wir den Wagen an den Schlepper. Das Gewitter war schon sehr nah, daß wir die Blitze deutlich sahen. Wir fuhren schnell heim. Es fing dann auch schon an zu regnen.

16 Zensuren:

1	2	3	4	5	6
1	-	2	9	3	1

Sehr gut: Ursprüngliche Arbeit. Gut beobachtet.
Gut: —
Befriedigend: Ein abgerundeter Erzählbericht. Interessant. Reihenfolge jedoch nicht ganz logisch. / Wesentliches wurde erfaßt. Eine Schilderung müßte stimmungsvoller und lebendiger sein. /
Ausreichend: Thema erfaßt und mit anschaulichen Einzelheiten sprachlich gut gestaltet. Jedoch ist der Aufbau der Arbeit irr, nicht folgerichtig, und dadurch entstehen Widersprüche. Sachlicher Fehler: Heu wird nicht unmittelbar vor dem Einfahren gewendet. / Einfache, schwere, ungelenke Sprache. Hier werden Sätze gebildet über eine dem Schreiber ganz selbstverständliche Tätigkeit, die ohne innere Bindung aneinandergereiht werden. Viele Wiederholungen. / Einige brauchbare Beobachtungen, jedoch unbeholfene, umständliche Darstellung. / Verworrene

Darstellung, Wiederholungen, wortarm. / Viele „da"-Sätze und Allgemeinplätze, auch Zeitfehler. Die 4 ist recht knapp. / Thema eingehalten, Ausdruck und Satzbau sehr unbeholfen, wenig spannend. /
Mangelhaft: Der zeitliche Ablauf der Handlung ist völlig durcheinander. Sprachlich (Ausdruck und Sprachlehre) sehr schwach. Viele Wiederholungen bei Satzanhäufungen (Es — Da — Dann). / Ohne Gliederung, Sinnwiederholungen, wenig gewandt im Gebrauch der Sprache. / Darstellung und Zusammenhänge ungelenk, die Sätze stehen beziehungslos nebeneinander, so daß weder das nahende Gewitter noch die Hast bei dem Heueinbringen zum Ausdruck kommen. / Ungenügend: Die Darstellung ist vollkommen ungeordnet. Keine Verknüpfung zusammengehörender Sätze. Sehr viele falsche Ausdrücke. / Ausreichend (Hochschullehrer für Deutsch): Unbeholfene Aneinanderreihung von einzelnen Handlungen. Fügungswörter fehlen. Nahezu pure Parataktik. Darstellungsweise eines Neunjährigen. Folge der „Einklassigen"?

c) Mädchen, 10 Jahre, 4. Schuljahr, Ort 250 000 Einwohner[26]:

Auf dem Kirschbaum

Bevor in der Keplerstraße der leere Platz bebaut wurde, stand da ein schöner großer Kirschbaum, auf dem schöne Kirschen hingen. Meine Freundin und ich kletterten oft darauf herum, und wir setzten uns auf die Äste. Einmal glotzte die alte Schrulle von der anderen Straßenseite aus dem Fenster und fing an zu prudeln. Wir taten so, als wenn wir sie nicht hörten, aßen eifrig Kirschen und erzählten uns allerlei Sachen. Als es der alten Krücke zu bunt wurde, machte sie das Fenster zu und zog die Gardine vor. Als wir am Abend heimgingen, machten wir uns schon Pläne für den nächsten Tag. Leider konnten wir am nächsten Tag keine Kirschen mehr essen, denn einige Arbeiter baggerten fleißig ein Loch aus.

19 Zensuren:

1	2	3	4	5	6
-	6	5	6	2	-

Bei einem Kurztest in einer Vorlesung mit 450 Studenten war „die Streuungsbreite fast gleich."[27]

Die Ergebnisse Schröters zeigen nicht nur Schwankungen bis zu 100% in den Ziffernnoten, sondern auch ebenso gestreute und gegensätzliche Wortkommentare[28].

Schröters Veröffentlichungen haben Kritik hervorgerufen und die Diskussion verstärkt. Uwe Jensen (1970) bemängelt den zu engen Rahmen von Schröters Aufsatzthemen, hält aber, angesichts der „sachfremden Gesichtspunkte, unter denen eine Aufsatzzensur außerdem noch zustande kommt", Schröters vorsichtige Folgerung „gewisser Gefahren" für eine „fahrlässige Untertreibung"[29]. Wilfried Klute kritisiert scharf die Methode der Untersuchung[30]: die Lehrer könnten nur an der Aufgabenstellung und im ganzen Zusammenhang urteilen, weswegen sie geforderte Stilformen, Themabegrenzung, vorbereitenden Unterricht, Arbeitsbedingungen (Haus- oder Klassenarbeit), Arbeitszeit, relative Lage im Rahmen der Klasse hätten erfahren müssen. „Die Lehrer übernahmen eine Aufgabe, mit der sie sich übernahmen". Das „berufliche Selbstverständnis hält offenbar wissenschaftlichen Anforderungen nicht stand". Entschiedene Einwände bringt auch Rüdiger Schmidt[31] vor: Schröter lege nur ein Filtrat gerade der zehn Prozent problematischer Aufsätze vor, eine punktuelle Leistung ohne Kontext, ohne unterrichtliche Zielsetzung und den Hintergrund der jeweiligen Aufsatzerziehung, herausgerissen aus dem Lehrer-Schülerverhältnis, unangemessene Rolle des Lehrers als Versuchsperson Lehrer. Oswald Beck[32] schränkt ein, daß das Material Schröters aus problematischen Erlebniserzählungen gewonnen wurde, und betont die pädagogische Funktion der Beurteilung, die dem Schüler Hilfen gebe und die durch Ableitung der Schüler zu den Bewertungskategorien selbst objektiviert werden könne. „Daneben sollen in Pädagogik und Psychologie Verfahren zur Schülerbeurteilung und Leistungsmessung entwickelt werden, die es ermöglichen, die Aufsatznote von allen jenen Funktionen in Schule, Verwaltung und beim Übergang in andere Bildungsinstitutionen oder in den Beruf zu entlasten, die sie von der Sache her nicht zu leisten vermag".[33]

In seiner Erwiderung lehnt Schröter das Utopische, das nur abschaffen will, ab, er ruft auf zur Einsicht in die Grenzen des Beurteilungsvermögens, zum Training des Zensierens mit Kollegen, die Schüler zur Beurteilung zu aktivieren, Zweitkorrektoren zu akzeptieren. „Warum sollte eine gewisse Koordinierung nicht zur Abklärung und Vereinheitlichung der Standpunkte führen?"[34] Schröter verteidigt den Titel des Buches und die Methode der Untersuchung gegen die verschiedenen Einwände, ohne neue Gesichtspunkte vorzubringen.

Zweifellos ist die Methodenkritik an solchen Untersuchungen wie die Ulshöfers, Lehmanns oder Schröters grundsätzlich berechtigt.

Ein vom Stadtschulamt Frankfurt/M 1971[35] herausgegebenes Orientierungsblatt zeigt die Streuung sogar in der Messung von Rechtschreibleistungen allein, wo beispielsweise bei 3 Fehlern die Noten 1—3, bei 13 Fehlern die Noten 3—6 vorgeschlagen wurden. (Siehe Diagramm Seite 21.)

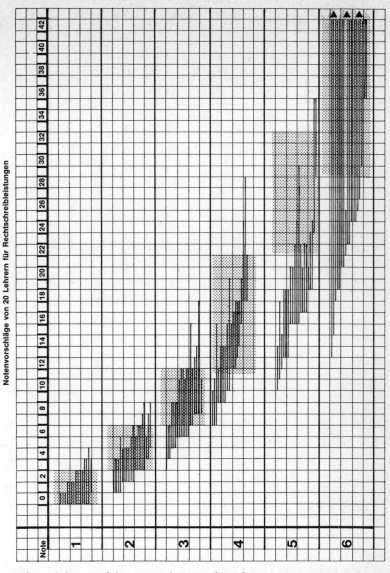

Aufgrund der angeführten Ergebnisse nahm ich in einem Seminar in Augsburg im Wintersemester 1971/72 zur Überprüfung zwei Versuche vor. Ich gab den Studenten Fotokopien des *Aufsatzes A* (Abbildung Aufsatz A) und 30 Minuten Zeit für Korrektur, Bemerkung und Benotung, ohne weitere Angaben.

Aufsatz A

Die schlechte Schulaufgabennote

Dienstags bekamen wir unsere Durchhausaufgabe zurück. Jeder war gespannt, war es gut oder schlecht? Doch plötzlich lag mit einem Klatsch mein Heft vor mir. Vorsichtig blätterte ich durch die Blätter, meine Gedanken wanderten im ein Karussel 2 oder 3 vielleicht sogar 6? Wir wissen, man kann's nicht wissen. Doch mein Wunsch ging nicht in Erfüllung nicht mal schlecht erhofte Note. Es war eine große Enttäuschung und der bedeutete viel schlimmer werden. Die Enttäuschung bestand aus einer 5. Na ja, 5 war ja fast eine vier. Aber trotzdem. Auch auf dem Nachhauseweg wanderten und raste ein Gedanken in mir einer Rennbahn umher. Bekam ich geschimpft oder

... Moralpredigt vorgehalten. Ich hätte nicht gedacht, daß es so schlecht ausfiel. Dumm, daß nur ausgerechnet mir einer entkommen ist und Mathematikgaben etwas entwickelt hat ich ihm die Parole. Ein kurzer Umweg bei einer schlechten Note im immer etwas keines. Man kann ein kleiner Schwätzer aktivieren in einer Irrzinkn und bekommt ein wenig mehr Wut. Als ich Heimfuhr fiel mir ein um das Pferd Dienst hatte, daß war noch besser. Ich war fröhlich und fromm fuhr ich nach Hause. Doch als ich zu Haus vor der Tür stand lief es mir eiskalt über den Rücken. Keine Kirsche schloß ich Tür auf, doch ich hatte Pech – "Bobby" unser Hund war im Wohnzimmer und kam schnurrstracks auf mich zu. Freudig sprang er mir hoch. Da gibt's von ...

nenn?" fragte Mutti. "Wir haben die Rauschalt zurück kriegt!" sagte ich. "Und?" fragte sie. "Was, und?" gab ich nur zur Antwort. "Ach ja, hier. Ein Autogramm möchte ich von dir." und drückte das Heft mit Füller in die Hand." Was für...?" und erstaunt blickte sie mich an." Ist ja für... Ferdiner, gab ich ihr Lehrerin als Antwort." Trotzdem, musst dich wieder anstrengen und viel Das darf nicht so weitergehen, gib schwere... Ja", flüsterte ich." Peh" darauf ging es ohne "ohne" und ging ich müssen schon "Muttern".

21 Zensuren:

1	2	2-3	3	3-4	4	4-5	5	6
-	1	1	6	6	5	1	1	-

oder ohne Zwischennoten:

1	2	3	4	5	6
-	2	12	6	1	-

Nach genauer Besprechung der Komponenten dieses Aufsatzes und der Gutachten, nach weiteren Informationen (Hausarbeit, Förderstufe Kurs B, Ort Offenbach am Main), nach darauf erneuter häuslicher Überarbeitung der Beurteilungen und deren nochmaliger Besprechung, gab ich den *Aufsatz B*, geschrieben in der gleichen Klasse unter gleichen Bedingungen, in Fotokopien zur Beurteilung, diesmal in häuslicher Arbeit, aus, in der Hoffnung, die Beurteilungsbreite nunmehr eingeengt zu haben. (Abbildung Aufsatz B).

Die schlechte Schulaufgabennote   11.11.68

Die „5", die ich heute in Englisch bekam, wirkte niederschmetternd auf mich. Was hatte ich nur gedacht, während ich diese Arbeit schrieb? Im Text handelte es sich um einen Rummelplatz. Die Kinder fuhren Karusell und kauften sich Luftballons, die sie fortfliegen ließen. Ich glaube, ich war mit meinen Gedanken nicht (leider) bei der englischer Grammatik, sondern auf dem Kirmesplatz. Was hatte ich denn da für dumme Rechtschreibungsfehber gemacht! Ich weiß doch genau, wie man diese Wörter schreibt. Mein Gedächtnis war wohl mit den Luftballons fortgeflogen. Die „5" konnte ich leider nicht mehr rückgängig machen. Wie sollte ich der Lehrerinn erklären, daß der Inhalt des Zettels schuld war. Gerade diesmal hatte ich mir vorgenommen eine „2" zu schreiben. Nun mußte ich die „5" heim tragen. Mein Vater sollte sie auch noch unterschreiben. Man hat es nicht leicht als Schüler.

30 Zensuren:	1	2	2–3	3	4	5	6
	1	14	6	6	1	1	—

ohne Zwischennoten:	1	2	3	4	5	6
	2	20	6	1	1	—

Das Ergebnis befremdete allseits, da trotz besserer Vorübung, längerer Arbeitszeit und genauerer Information die Notenbreite sich über fünf Grade der Skala ausgedehnt hatte. Sollten mehr Informationen und eingehenderes Bemühen tatsächlich die Beurteilungen noch mehr streuen, anstatt ihre Streuungsbreite zu vermindern?

Nach allen Ergebnissen bleibt nur die *Tatsache sehr divergierender Aufsatzbeurteilungen* festzustellen. Entschiedene, ja scharfe Kritik an der Methode der Gewinnung solcher Urteile ist ohne Zweifel berechtigt. Trotzdem wird, auch unter wissenschaftlich einwandfreier Methodik, eine erhebliche Divergenz[36] bestehen bleiben. Sind die divergierenden Urteile Fehlurteile? Welches ist das Maß?

Anmerkungen

1 Ulshöfer, Robert, Zur Beurteilung von Reifeprüfungsaufsätzen. Auswertungen eines gemeinsamen Versuchs der Deutschlehrer, in: DU (Deutschunterricht) 1949/8, 84–101
2 Ulshöfer, ebd., 85
3 Beinlich, Alexander, Das schriftliche Gestalten und die Stilpflege, in: Handbuch des Deutschunterrichts, Emsdetten 1964, 400
4 Lehmann, Eduard, Das gerechte Zeugnis im Aufsatz, in: Die Schulwarte 1951, 32–43
5 Lehmann, 32
6 Nohl, Hermann, Die pädagogische Bewegung in Deutschland und ihre Theorie, Langensalza 1933, Frankfurt/M. 1963[6], hier S. 9
dazu auch: Lorenzen, Hermann (Hrsg.), Die Kunsterziehungsbewegung, Bad Heilbrunn 1966 und
Neuhaus, Elisabeth, Muttersprachliche Bildung im Raum der Reformpädagogik, Ratingen 1963
7 Ingenkamp, Fragwürdigkeit 11
8 Lehmann, 35
9 Lehmann, 36
10 Schröter, Gottfried, Aufsätze, Zensuren und Moral, in: WPB (Westermanns Pädagogische Beiträge) 1968/1, 26/27
11 Döring, W. O., Untersuchungen zur Psychologie des Lehrers, Leipzig 1925, zit. nach Beinlich, 400
12 Lehmann, 36
13 Eells, Walter Crosby: Reliability of repeated grading of essay type examinations, in: Journal of Educational Psycholgiy 21, 1930, 48–52; deutsch: Die Zuverlässigkeit wiederholter Benotung von aufsatzähnlichen Prüfungsarbeiten
Finlayson, Douglas S.: Die Zuverlässigkeit bei der Zensierung von Aufsätzen, aus: The British Journal of Educational Psychology, Vol. XXI, Juni 1951, 126–134
14 zit. nach Ingenkamp, Fragwürdigkeit 122
15 Ingenkamp, Fragwürdigkeit 80, bringt auch Ergebnisse von Untersuchungen von P. Hartog und E. C. Rhodes, die die Arbeiten in Geschichte und Englisch von 15 Kandidaten nach 12 bis 19 Monaten den 14 Prüfern wieder vorlegten, wobei von insgesamt 210 Urteilen 92 vom ersten Urteil abwichen.
16 Ingenkamp, Zur Problematik 16
17 Dohse, Das Schulzeugnis 82
18 Lennes, N. J.: The Teaching of Arithmetic, New York 1923, 470
19 WPB 1970, 408–417
20 Bochum 1971
21 Schröter (Wie in Deutschland Aufsätze zensiert werden, 410, und Die ungerechte Aufsatzzensur, 23, übereinstimmend) stellt die Weigerung der Schriftsteller kritisch fest: „Ein Junglehrer im ersten Dienstmonat, der im Studium vielleicht Mathematik oder Physik belegt hatte, darf sich nicht überfordert fühlen. Er muß von Amts wegen Aufsätze gerecht zensieren und die Zensur begründen können. Gewiß, er kennt die Welt der Schüler aus mehreren Praktika; doch ob er damit ausreichende Voraussetzungen für die Beurteilung von Aufsätzen besitzt, darf bezweifelt werden. Es ist die Aufgabe der Fachdidaktiker für Deutsch, hier zeitgemäße Wege zu weisen. Mir als dem Inhaber eines Lehrstuhls für Pädagogik obliegt es nur, auf das Dilemma der mangelnden Gerechtigkeit hinzuweisen."

Schröters Bemerkung veranlaßt einige Überlegungen:
1. Warum sollte jemand, der sich derart mit dem Aufsatz beschäftigt hat, ob nun Germanist oder Pädagoge, nicht „zeitgemäße Wege weisen", wenn er welche weiß, anstatt nur statistisch und methodisch nicht ohne Probleme das Dilemma aufzuzeigen? Wird hier nicht der an den Schriftstellern kritisierte Standpunkt vertreten?
2. Wie kommen Lehrer, die nicht oder nicht ausreichend (z. B. 4 – vier! – Stunden Pflichtdeutsch in sechs Semestern) Deutsch studiert haben und mangelhaft ausgebildet sind, überhaupt dazu, dieses Fach zu unterrichten?
3. Der Junglehrer kennt die Schule nicht nur von Hospitationen und Praktika, er hat selbst 13 Schuljahre (mindestens) noch nicht allzulange hinter sich. Hat er angesichts der zahlreichen dort erteilten und ihm widerfahrenen Zensuren bestenfalls nur protestiert, aber nie mitgedacht oder das Problem angegangen? Hat er seine Schulzeit verschlafen?
4. Ein Junglehrer wollte und will schließlich Lehrer werden, ein Schriftsteller nicht. Ein Schriftsteller „im ersten Dienstmonat" nimmt sich noch viel verlassener und hilfloser aus als ein Junglehrer. Er hat weder das Bewußtsein eines bestandenen Examens nach einem, wie auch immer gearteten, doch offiziellen Studium noch ein anerkanntes Amt noch ein festes Monatsgehalt, nur den Glauben an seine Befähigung, die Zweifel daran und das Risiko.
5. Der strenge, sorgfältige und reflektierte Dienst am Beurteilen schafft Erfahrung. Anleitung ist weiter Sache der Ausbildungs-Seminare. Darüberhinaus hat der Junglehrer Kollegen mit Erfahrung, die er fragen kann.

22 Schröter 108
23 Schröter 110–111
24 Schröter 53–54
25 Schröter: Wie in Deutschland Aufsätze zensiert werden. WPB 1970, 409
26 Schröter: Die ungerechte Aufsatzzensur 25
27 ebd. 90
28 ebd. 42–49
29 Jensen, WPB 1970, 512
30 Klute, WPB 1970, 676
31 Schmidt, WPB 1971, 554–558
32 Beck, WPB 1971, 559–563
33 ebd. 563
34 Schröter, WPB 1971, 614
35 Nr. 1/1971 vom 30. 6. 71
36 Ingenkamp, Fragwürdigkeit 5: „Je mehr Untersuchungen ich las, desto provozierender empfand ich die Kluft zwischen den Mängeln der schulischen Beurteilung und der durch Befunde nicht erschütterten und weitgehend unkritischen Praxis der Zensurengebung."

Arithmetische Selbsttäuschung

Man kann Tatsachen nicht wegdiskutieren. Sie können das Vertrauen in Zensuren und Zeugnisse erschüttern. Und zwar das Vertrauen der Lehrer zu ihren eigenen Urteilen, und damit zu sich selbst. Wenn *die* Lehrer und *der* Lehrer so schwanken, dann scheinen Schüler mit gleichbleibender Leistung, also etwa „gut" in allen Arbeiten verschiedener Art und zu verschiedenen Zeiten, fast unwahrscheinlich, aber auch solche sprunghaften Aufsatznoten eines einzelnen Schülers zwischen „sehr gut" und „ungenügend". Das Problem der Klassendurchschnitte, auch Erscheinung oder Mittel der Täschung oder Selbsttäuschung, gerät in noch bedenklicheres Licht. Wenn die Einzelnoten mit einem Unsicherheitsfaktor bis zu 100% zustandekommen, was bedeuten dann Klassendurchschnitte, was mittlere Jahresnoten, die man für das Zeugnis errechnet? Ist es nicht Illusion, ja sogar Suggestion, der ein rechtschaffener Lehrer zwanghaft erliegt, wenn er aber noch bei Beck liest[1]:

In einer nicht ausgelesenen Normalklasse müßten sich im ‚Idealfalle' in Annäherung an den glockenförmigen Verlauf der Gaußschen Wahrscheinlichkeitskurve — die Zeugnisnoten wie folgt verteilen (bei 40 Schülern einer Klasse):

Note	Prozente	Anzahl der Schüler
1	5	2
2	20	8
3	30	12
4	30	12
5	10	4
6	5	2
	100%	40

Wird der Lehrer durch ein solches Modell nicht schon unbewußt fixiert? Rechtfertigt ein solches Ergebnis, auch wenn es nur unbewußt unterläuft, die eigene Selbstgerechtigkeit? Fordert es nicht auf, unbedingt auch eins und sechs vorzuweisen und vor allem eine starke Mitte aufzubauen? Können nicht alle Urteile falsch sein und damit ungerecht, und der Klassendurchschnitt stimmt doch? Läßt sich durch solche sogenannten Leistungsschnitte das Bild des Lehrers vor Schülern, Eltern, Vorgesetzten und vor sich selbst nicht allzuleicht frisieren? Sind die Klassendurchschnitte verschiedener Lehrer auch nur einer Schule überhaupt vergleichbar? Reden und urteilen damit Lehrerkonferenzen, vor allem wenn es um das Vorrücken im Jahreszeugnis geht, nicht von gänzlich verschiedenen Dingen?

Besteht hier nicht die Gefahr, daß man Falsches summiert und dividiert und es dadurch für richtig hält? Welche Berechtigung für Zulassungen folgert man daraus?

Beck geht von einer „nicht ausgelesenen Normalklasse" aus. Welches ist die Normalklasse, wo gibt es sie? Allenfalls noch in der Grundschule, wo die Benotung jedoch eine geringere Rolle spielt. Müßten demnach nicht die Schnitte an den Gymnasien über, an den Hauptschulen unter jenem Mittel der Wahrscheinlichkeitskurve liegen? Wir finden es in der Praxis aber umgekehrt, aus pädagogischen Gründen der Auslese, sprich: der Abwertung oder der Aufwertung.

Nach dem Bedachten muten Formulierungen wie die Ulshöfers (in seiner Methodik Mittelstufe II) bedenklich an: „Die Zeugnisnote liegt bei einer durchschnittlich begabten Klasse im Durchschnitt bei ‚befriedigend'. Ist der Klassendurchschnitt ‚ausreichend', so ist das Thema entweder zu schwer gestellt oder nicht genügend vorgeübt; ist er ‚gut', so sind die Mängel nicht erkannt"[2]. Der Lehrer würde nun gerne wissen, ob seine Klasse diese „durchschnittlich begabte Klasse" ist. Abgesehen von dem konkreten Fall der Praxis, der ja immer entscheidet und dem Theorie und Ausbildung dienen, bleibt der Komplex der Begabung, die Ulshöfer offensichtlich als gegeben voraussetzt, unerschlossen. Nach den neueren Begabungsforschungen darf man aber gerade nicht ein gegebenes Statisches annehmen, sondern auch ein Gewordenes und Werdendes, das eben durch solche Vorstellungen von der „nicht ausgelesenen Normalklasse" oder der „durchschnittlich begabten Klasse" gehemmt werden kann.

Sind beides nur Projektionen eines durchschnittlich begabten Lehrers? Arbeitet diese „durchschnittlich begabte Klasse" Ulshöfers nun schlechter als der statistische Durchschnitt, dann ist er (der Lehrer) selber schuld wegen unangemessener Themenstellung oder ungenügender Vorarbeit; der Faktor Schüler wird bei der Leistungsmessung eliminiert. Arbeitet die Klasse aber besser, dann gilt das nicht als Leistung der Schüler oder gar als tüchtige Vorarbeit des Lehrers, sondern dieser hat dann nicht gründlich genug korrigiert, der Faktor Schüler wird abermals eliminiert. Der Lehrer ist in jedem Falle schuld. Wie soll in solchen Durchschnittssystemen der Träge und die Trägheit aufgescheucht, wie der Vorschreitende oder das Voranschreiten einer Klasse gefördert werden, indem es anerkannt wird? Eine faule Klasse erntet demnach das gleiche wie eine fleißige, ein schlechter Lehrer dasselbe wie ein tüchtiger. Verschleierung wird System, in dem sich Ungerechtigkeit versteckt.

Notenarithmetik in der Aufsatzbeurteilung ist immer wieder abgelehnt worden als ein Rechnen mit Nicht-Berechen- und Meßbarem[3]. Kaum eine

Notenkonferenz vergeht, auf der nicht der Unwille darüber sich artikuliert. Selbst Fehlerquotienten beruhen auf voneinander abweichenden Schätzwerten, schon im Rechtschreiben aufgrund verschiedener Gewichtung der Einzelfehler. Wie erst in Ausdruck und Stil? Gewiß: Ziffern verleiten zur Arithmetik, was Verbalgutachten erschweren. Ziffern sind nur *Anhalte für Schätzwerte*, aber sie werden als Marktwerte gehandelt.

Günter Schreiner spricht sich entschieden gegen eine Normalverteilung der Noten nach der Gaußschen Wahrscheinlichkeitskurve aus, mit dem Argument der pädagogischen Situation. „Wie Lernen und Lehren zwei Aspekte eines Prozesses sind, so spiegelt sich in der Lernleistung auch die didaktische Leistung des Lehrers wieder. Schon deshalb ist es unsinnig — wie es eine Reihe von Notentheoretikern gefordert hat und wie es noch von Weingardt (1969) gefordert wurde — die numerischen Werte der Lernleistungen so zu arrangieren, daß eine Normalverteilung entsteht..."[4]. Die Argumentation zielt auf die fahrlässige Selbsttäuschung des Lehrers und die fahrlässige oder vorsätzliche Täuschung anderer durch ihn. Er unterrichte wie auch immer, die Wahrscheinlichkeitskurve gibt ihm recht. Die unzureichende Lehr- und Lernleistung kaschiert sich amtlich höchst einfach, die Wahrscheinlichkeitskurve ist ein unwiderlegliches Alibi, selbst trotz völlig ungenügenden, ja sach- und fachfremden Unterrichts. Die Meldung einer Leistung ist nicht die Leistung, zumal nicht, wenn sie in eigener Sache geschieht. Diese Art der Selbstbeurteilung, ja Selbstinszenierung der Lehrer ist indiskutabel, wenn nicht anrüchig. Mit Recht fordert Schreiner, daß „die Leistungsbeurteilung so angelegt sein soll, daß auch eine Kontrolle der Qualität des Unterrichts für den Lehrer ermöglicht wird."[5] Selbstverständlich lassen sich im Deutschunterricht, in der Aufsatzlehre, Lernziele und Lernschritte konkretisieren, wenn sie auch wegen der vielschichtigen Bedingtheiten der Sprache schwieriger zu isolieren, zu formulieren und nur in längeren Prozessen zu verwirklichen sind. Aufsatzschreiben ist auch Training. Und wie die Mannschaft spielt, ist nicht zuletzt Leistung des Trainers. Wie viele Fußballtrainer werden gefeuert! Haben Sie schon einmal gehört, daß ein schlechter Aufsatztrainer, nur einer, gefeuert wurde? Der schlechte Aufsatztrainer kann nämlich die Resultate selbst kaschieren, braucht nicht einmal die Spiele selbst zu kaufen. Noch das eindeutigste Ergebnis, das gegen ihn spricht, kann er verfälschen oder eben alle Mängel auf die Mannschaft, die Spieler, seine Schüler, abwälzen.

Wenn Alfred Göller in dem Buch „Zensuren und Zeugnisse"[6] an der Wahrscheinlichkeitskurve festhält, weil sie wenigstens „keine groben Fehlbeurteilungen" zulasse, dann geht er nicht von der Einzelbeurteilung aus, die durchaus eine grobe Fehlbeurteilung sein könnte, sondern von der

Relation innerhalb einer Institution, eigentlich vom Rahmen der Klasse; denn darüber hinaus besteht wieder erheblichere Fragwürdigkeit. Die Wahrscheinlichkeitskurve entspricht dann einer gewissen, sehr fragwürdigen Vorstellung von Gerechtigkeit innerhalb einer Klasse, die unter der gleichen Bedingung der Lehrleistung eines bestimmten Lehrers steht; sie hat bestenfalls für diese Klasse und dieses Fach bei diesem Lehrer Annäherungswert.[7] Göller, der ohnedies die Zensuren in Deutsch, damit auch im Aufsatz, als milde[8] beurteilt, rät zu einer „positiven Asymmetrie"[9] in der Kurve, also mit Notenmittel oder Schwerpunkt über dem Durchschnitt. Damit sind wir wieder beim „Normalfall", bei jener „durchschnittlich begabten Klasse", die sich müht, und jenem ebenso begabten Lehrer, der sich müht und deswegen wohlwollend ist. Welcher Lehrer wäre nicht begabt und bemüht?

Die Relation nach der Wahrscheinlichkeit setzt große Mengen von Material voraus, was bei einer Klasse nicht zutrifft. Wenn diese Relation aber auf Klasse, Fach und Lehrer beschränkt und nur innerhalb dieser Voraussetzungen gültig ist, dann sind „Zensuren aus verschiedenen Klassen nicht vergleichbar".[10] Diese „nicht vorhandene Vergleichbarkeit von Zeugniszensuren ist für das Individuum und für die Gesellschaft verhängnisvoll"[11], denn die Gesellschaft geht ständig mit unzuverlässigen, oft optisch frisierten Meßwerten um. Die Alternative wäre der Verzicht auf solche Meßwerte und *grundsätzlich Einstellungs- und Eignungsprüfungen* für alle Institutionen usw., auch für die Kollegstufe und die Universität, oder weil „wir für das Lehrerurteil ein Korrektiv brauchen, das dem Lehrer einen Vergleichsmaßstab über viele Klassen hinweg bietet"[12], die Erarbeitung von klassenübergreifenden Maßstäben, wie Göller sie im Landesabitur[13] oder in Landesdurchschnitten[14] — ein Problem auch von Lehrerfortbildung und Kontaktstudien — oder Ingenkamp in standardisierten Tests als „beste gegenwärtige verfügbare Hilfsmittel"[15] sehen. Die Flucht in den Test bedeutet aber nichts anderes als die Flucht aus den Gesetzen der Sprache und den Kriterien ihrer Gestaltung. Mögen Schönschreiben, Rechtschreiben und Wortschatz (?) vielleicht normbar, meßbar und testbar sein, sind sie schon die Sprache? Erziehen wir zu Sprache, Denken, Bewußtsein oder zu Testbarkeit? Fallen wir nicht auf bloßes Wissen und dessen Abfragbarkeit einseitig zurück?

Josef Fliegner verweist entschieden auf die in der Leistung selbst liegenden Kriterien: „Die eigentliche Schwierigkeit beim Aufsatz liegt aber darin, die Durchschnittsleistung der Klasse festzustellen. Das arithmetische Mittel der Noten kann hierüber keinen Aufschluß geben, da die Zensuren ein aus der Leistung abzuleitender sekundärer Maßstab der Beurteilung sind. Der primäre Beurteilungsmaßstab hingegen muß aus der Leistung selbst bezogen werden."[16] Die Leistung trägt ihren Wert, damit auch ihr Maß, in sich. Sie wäre allein und als solche, an sich und aus sich, zu messen. Demgegenüber resultieren Urteile stets aus Vergleichen[17]; und seien es Vergleiche mit unbewußten Sprach- oder Geschmacksnormen, mit oft kaum durchdachten oder überprüften Konventionen; Sprachurteile beinhalten auch ästhetische Urteile. Leistung besteht und gilt an sich, die Urteile setzen sie aber in Relationen[18], entsprechend der Dialektik von Individuum und Gesellschaft. Urteilen ist auch ein soziales Verhalten. Gerechtigkeit gebietet die angemessene Relativierung eines scheinbar Nicht-Bedingten, angemessen der Leistung und den vergleichbaren Fällen. Zweifellos spielt dabei Erfahrung, d. h. die Verfügung über eine größere Vergleichsbreite, eine Rolle.

Man muß dem Bestreben, die Noten nach dem Durchschnitt der Klasse auszurichten, zubilligen, daß die Norm an der Wirklichkeit orientiert und kontrolliert werden soll, daran, was Schüler tatsächlich leisten. Wie schon betont, unterläuft aber die statistische Ausrichtung am Tatsächlichen die pädagogische Aufgabe, die über das Vorhandene hinaus auf das Ziel eines Sollens hin doch das Mögliche erreichen will, also immer in der Spannung zu einem Mehr steht.

Die Orientierung nach dem Durchschnitt setzt jedenfalls voraus den Vergleich von Durchschnitten verschiedener Klassen, daraus folgend die Einschätzung des Leistungsniveaus einer Klasse in einem Fach innerhalb einer Schule. Es kann sich also in Deutsch, und da im Aufsatz, um eine leistungsstärkere oder -schwächere Klasse handeln. Dies wäre beim Ansatz des Zensurniveaus vom Durchschnitt her zu berücksichtigen. Eine Senkung oder Hebung des Korrekturniveaus — sagen wir grob von einer imaginären Mittelnote (um 3,5) bis zu einem Grad nach oben oder unten — aufgrund des Klassenniveaus schiene nicht außergewöhnlich. Ebenso müßten das Niveau einer Schule in einem Fach innerhalb eines Ortes und schließlich innerhalb eines Landes eingependelt und daraus Folgerungen für das Zensurniveau gezogen werden. Lehrpläne[19], Stoffe, Lehrziele gäben mitunter gewisse Orientierungsdaten über ein gesetztes Soll, ohne daß aus ihnen schon unmittelbare Beurteilungskriterien abzuleiten wären. Die Annäherung der Leistung an die innerhalb der Schulorganisation oder durch Fachgruppen formulierten Ziele brächten über die Klassenrelation hinaus die weiteren Relationen in den Blick, Kontrollhinweise auch für die Arbeit des Lehrers. Man muß das aber heute noch immer im Konjunktiv sagen.

Auch Wahrscheinlichkeitskurven sind bestenfalls nur wahrscheinlich. Sicher darf gelten, daß die Verschiebungen der Beurteilungen eines Schülers bei Schul- und Klassenwechsel oder der Klasse bei einem Lehrerwechsel nicht schon Leistungsverschiebungen an sich sein müssen. Grob gesprochen: daß ein Schüler, ungünstigenfalls, für dieselbe Leistung von 1 bis 6 beurteilt werden könnte[20]. Lehmann bezeichnet es als „bekannte Tatsache..., daß dieselben Schüler in verschiedenen Schulen für die gleiche Leistung verschiedene Zeugnisse erhalten"[21]. Und er verwendet dabei nicht einmal den Konjunktiv.

Anmerkungen

1 Beck II, 74
2 Ulshöfer, Methodik des DU, Mittelstufe II 1968³, 159
3 Ingenkamp, Fragwürdigkeit: „Es ist ein verfehlter Ansatz, ungewisse und unzuverlässige Meßdaten mit mathematischen Operationen ‚veredeln' zu wollen". (23) Schreiner, Sinn und Unsinn...: „...daß arithmetische Prozeduren wie die Berechnung des arithmetischen Mittels, die Addition von Noten, die Division der Notensumme durch einen Teiler mit einer bestimmten Wertigkeit und ähnliche Praktiken nicht zulässig sind. Hier verführt die Ziffernnatur der Noten dazu, eine Scheinexaktheit und Scheingerechtigkeit vorzuspiegeln." (231)
4 Schreiner, Sinn und Unsinn 228
5 ebd. 228
6 Stuttgart 1966, 1968², 30
7 so auch Ingenkamp, Fragwürdigkeit 152
8 Göller 35
9 ebd. 32
10 Ingenkamp, Fragwürdigkeit 152
11 ebd. 162
12 ebd. 163
13 Göller 44
14 ebd. 47
15 Ingenkamp, Fragwürdigkeit 163
16 Fliegner, Josef, Aufsatzbeurteilung nach Maß? in: lehren und lernen. Handreichungen für die Volksschule, Heft 8/9, Aug./Sept. 1968, 368–373, hier 365
17 Simoneit (Fort mit der Schulzensur, 19) übersieht dies, wenn er fordert, der Bezugspunkt der Wertung dürfe nicht in der Klasse, sondern müsse im Individuum (Schüler) selbst liegen.
18 Dohse 165: „Absolute und relative Wertung müssen organisch aufeinander abgestimmt sein."
19 so Göller 24–29
20 ebenso Schröter: Wie in Deutschland... 414
21 Lehmann, 36

Unsicherheitsfaktor Lehrer

Der Lehrer irrt, wenn er an die Unfehlbarkeit seines Urteils glaubt. Er täuscht sich bewußt, wenn er diesen Glauben auf Klassendurchschnitte stützt, er betrügt andere, wenn er diese kaschiert, frisiert oder manipuliert. Der Glaube an die eigene Unfehlbarkeit muß der Einsicht in die eigene Fehlbarkeit weichen. „Die sich daraus ergebende Forderung heißt Selbstbescheidung."[1] Denn der Lehrer selbst erscheint als wesentlicher, vielleicht der wesentlichste Unsicherheitsfaktor.

Die Beurteilung ist nach Beck die „wohl schwierigste und zugleich verantwortungsvollste Aufgabe im Rahmen der Aufsatzarbeit", gehört zu den „umstrittensten und schwierigsten, zugleich aber notwendigen Aufgaben"[2] „das heikelste Gebiet des Aufsatzverfahrens"[3], das Ulshöfer 1948 „das Sorgenkind des Deutschunterrichts"[4] nannte. Eine Analyse vermag das Problem wenigstens bewußt zu machen. Hinter dem Sprachstil steht das Wesen eines Menschen. Im Aufsatz gibt sich ein Mensch kund, wenn auch in ihm noch nicht der ganze Mensch faßbar werden mag. Immerhin gehört zu dessen Verstehen eine gewisse Affinität. Fehlt sie, kommt jener Bezug des Verstehens beeinträchtigt, unzureichend oder gar nicht zustande, der Geistiges in Relation zueinander setzt zwischen Menschen, die je selbst Instrumente sind, als Sender oder Empfänger. Die Person läßt sich nicht ausschalten. „Jeder Aufsatz ist eine schöpferische Leistung einmaliger Art. Deshalb kann sie auch nur nachschaffend in produktiver Weise aufgefaßt werden. Es ist also gar nicht abzuändern, daß die persönliche Eigenart des Korrigierenden bei seiner Stellungnahme mitwirkt."[5] Lehmann zieht daraus den Schluß, daß „deshalb der Lehrer seine individuelle Eigenart kennen sollte, so daß er sich bewußt distanzieren kann, um auch dem Andersgearteten gerecht werden zu können."[6] „Wer objektiv und gerecht Schülerleistungen beurteilen will, müßte also auch ein Wissen von seinem eigenen Charakter haben und von den Einseitigkeiten des Urteils, die mit seiner Charakterart verbunden zu sein pflegen."[7]

Der Lehrer sollte auf sich selbst reflektieren. Er müßte aus der Unmittelbarkeit des persönlich aufnehmenden Instruments, das er ist, heraustreten und diesen Bezug berechnen, indem er nicht nur Schüler und Aufsatz, sondern auch sich und sein Verhältnis zu beiden reflektiert. Er müßte sich klar werden, ob er selbst das Schwungvolle oder Trockene, die Gedankenfülle oder Knappheit, Logik oder Bildhaftigkeit bevorzugt oder welchen Stilvorbildern er huldigt. Er müßte einer Neigung, ihm Zusagendes anzuerkennen, entgegensteuern und umgekehrt, ihm weniger zugängliche Weisen bewußt höher anschlagen. Wir fragen allerdings, ob er das kann. Kann er durch Reflexion gewinnen, was er durch sie an Sicherheit der Unmittelbarkeit einbüßt? Er gewinnt das Problembewußtsein, das ihn weder selbstblind noch selbstherrlich urteilen läßt. Die Distanz von sich selbst, sich in seiner Eigenart als Faktor in das System der Beurteilungen einzubeziehen, ist äußerst schwierig; man sitzt sozusagen auf der eigenen Leitung.

Für den Lehrer als Beurteiler spielt neben den Einflüssen der Umwelt, seinem Selbstverständnis, seinem Fachbewußtsein und seiner pädagogischen Absicht die *Person*, die er selber ist, eine grundlegende Rolle.

Zweifellos hat das *Geschlecht* mit unserer Person Entscheidendes zu tun. Ob und wie weit der Geschlechtsunterschied auf die Beurteilung wirkt, ist eine offene Frage der pädagogischen Forschung. Dohse führt sie unter den „differentiellpsychologischen Gesetzmäßigkeiten"[8] an. Ingenkamp druckt Untersuchungen von Robert S. Carter [9] in Übersetzung ab, wo es heißt, „daß die Lehrer Jungen niedriger bewerten als Mädchen. Folglich bekommen Jungen die niedrigsten durchschnittlichen Zensuren, wenn diese von männlichen Lehrkräften erteilt werden. Andererseits erzielen Mädchen die höchsten Noten bei Bewertungen durch Lehrerinnen."[10] „Lehrerinnen tendieren dazu, besser zu bewerten als Lehrer"[11]. Auch Werner Knoche stellt in seiner „Untersuchung an 14 000 Schülern aus 50 Gymnasien" („Jungen, Mädchen, Lehrer und Schulen im Zensurenvergleich", 1969) fest, „daß die Lehrkräfte in der Regel an Mädchen bessere Fachnoten vergeben als an Jungen"[12], wobei jedoch „das Geschlecht der Lehrkräfte nicht als eine Variable festgestellt werden konnte"[13]. Immerhin erhielten in Deutsch die Mädchen von den älteren männlichen Lehrkräften die relativ besten Noten[14]. Aufgrund von Stichproben — der erste Aufsatz erhält bei (8) Lehrern die Durchschnittsnote 3,25, bei (7) Lehrerinnen 2,57, der zweite entsprechend (14) 3,21 und (11) 3,7 — behauptet Gottfried Schröter, daß das Geschlecht der Beurteiler keinen nachweisbaren Einfluß auf die Zensurenerteilung habe[15]. Mir will allerdings die dafür belegte Materialbasis zu schmal scheinen. Auch könnte die Aufsatzform eine Rolle spielen. Außerdem dürfte dies bei verschickten Aufsätzen, wie in Schröters Untersuchung, kaum eine Rolle spielen, da Sympathie oder Antipathie kaum entstehen können ohne persönliche Begegnung. Die Ergebnisse Carters scheinen mir nicht widerlegt, jedenfalls weiterer Untersuchungen wert, aber unter der Bedingung des gelebten Unterrichtsbezugs. Weiterhin dürfen Lehrer oder Lehrerin die kritische Frage an sich selbst richten, ob nicht irgendwelche Neigungen oder Abneigungen aufgrund des eigenen Geschlechts in den Urteilen mitspielen könnten.

Immerhin müßten sich, nach Knoche, ältere männliche Lehrkräfte in Beurteilungen gegenüber Mädchen sorgfältiger prüfen; allerdings „vergeben sie annähernd signifikant (Signifikanzniveau =5%) bessere Noten als jüngere Lehrkräfte"[16]. Daß das *Alter* als Variable eine Rolle spielt, jüngere Lehrer strenger, ältere milder zensieren, scheint ein Erfahrungssatz, für den mit Krafteinsatz, Erfahrungsbreite und Ermüdungserscheinungen argumentiert werden.[17] Schröter lehnt wiederum aufgrund Stichproben — wenn man als jüngere Lehrkräfte solche bis zu vier (?) Dienstjahren bezeichnet, ergäben sich für den ersten Aufsatz ein Notenmittel von 2,44 der (7) jüngeren zu einem von 3,12 der (8) älteren Lehrkräfte, im zweiten 3,51 (13) zu 3,41 (12) — den Einfluß des Alters als Variable ab[18], wofür uns wiederum die Belegbreite zu schmal erscheint. Auch hier dürften die lebendigen Bezüge im Unterricht stärker mitsprechen als durch Schröters Untersuchungsmethode erfaßbar.

Man könnte anthropologisch-medizinische *Typologien* auf das Zensurverhalten der Lehrer anwenden. So stellte bereits 1929 Arthur Kießling — worauf Beck[19] und Göller[20] hinweisen — als Zensorentypen gegenüber: Konstant — fluktuierend, pedantisch — großzügig, objektiv — subjektiv, normativ — psychologisch, suggestibel — kritisch[21]. Werden damit überhaupt fünf verschiedene Typenpaare zutreffend erfaßt? Und wie schätzt sich darin der Lehrer selbst richtig ein? Alfred Göller spricht, nach Caselmanns Grundtypen von logotropen und paidotropen Lehrern. „Der logotrope Lehrer zensiert auch jede Einzelleistung nach fachlich-sachlichen Gesichtspunkten. Beim Aufsatz unterscheidet er nach Inhalt, Aufbau, Sprache und äußerer Form und wägt diese Faktoren gegeneinander ab. Der paidotrope Lehrer ist eher geneigt, das Menschliche überzubewerten. Frische der Darstellung, persönliches Bekenntnis und dergleichen"[22]. Der logotrope tendiere als Formmensch zu Schizothymie, der paidotrope als Stoffmensch zur Zyklothymie[23].

Adriaan de Groot bezeichnet die offenbar selben Typen als „nüchtern" und „paternalistisch", wovon der erstere Leistungen nach bekanntgegebenen Maßstäben beurteilen will, der zweite den ganzen Menschen aufgrund möglichst vieler Beobachtungen[24]; der erstere urteilt für den Schüler berechenbar, der zweite undurchsichtig, verlangt aber Vertrauen in seine Gerechtigkeit. Engelmayer spricht von „kontaktloser Distanz" und „distanzlosen Kontakten"[24a].

Die „*Strenge*" eines Lehrers darf nicht übersehen werden. Sie fordert den Schülern mehr Kraft und Arbeitszeit ab, verursacht auch Leistungsrückgang in anderen Fächern, führt zu Mißerfolgen, ohne daß die strenge Benotung irgendeinen Ausgleich oder ein Erfolgsgefühl für den Schüler zuläßt, weil dieser Lehrer „für relativ gute Leistungen doch ungenügende

Urteile abgibt"[25], also die Arbeit ohne entsprechenden Gegenwert „ausbeutet". Der milde Zensor dagegen verschenkt, was anderswo bezahlt werden muß, er entwertet inflationär die Leistung, untergräbt durch Häufung von Lob den Arbeitswillen und fordert Überheblichkeit heraus, so „gerecht" seine Milde auch gemeint sei.

Logotrop und paidotrop, nüchtern und paternalistisch, streng und milde, kontaktlos oder nicht: jeder Beurteiler steht mit sich vor der Frage, wer er ist, wozu er sich rechnet, welche Seite in ihm mehr ausgebildet scheint, und er steht vor der Folgerung, wie das auszugleichen sei.

Zu solchen Variablen kommen noch in verschiedenen Situationen die verschiedenen *Stimmungen* und Gestimmtheiten der Person, der „gute" oder „schlechte Tag", den man angeblich erwischt, die „gute Stunde", und wie das auf den Alltag zutreffen mag, so erst recht auf die Zeit des Korrigierens. Wer geht schon freudig und froh an Aufsatzkorrekturen? Die Schüler sollen selbstverständlich immer freudig, lebendig und frisch schreiben. Durch Aufschieben der Korrekturarbeit häufen sich nur die Stöße umgekehrt zur Lust und Laune des Korrektors. Korrigieren wird ärgerliches, übellauniges, widerwilliges, verfluchtes Geschäft, rasch und nörgelnd abgetan. Gerechtigkeit gedeiht dabei keineswegs. Geschriebene Aufsätze wollen bald beurteilt sein, schon wegen Arbeitsökonomie und geistiger Hygiene. Der saure Zensor scheint mir kein gerechter Zensor.

Nicht selten hängt das Urteil über einen anderen vom *ersten Eindruck* der ersten Begegnung ab. Es muß sich dabei nicht unbedingt um Liebe auf den ersten Blick handeln. Damit aber wären Dimensionen von Urteilsmöglichkeiten oft langandauernd affektiv und emotional besetzt[26]. Eine Bemerkung in der Lehrerkonferenz oder ein Blick ins Vorjahrszeugnis genügen bisweilen, um, vielleicht kaum bewußt, Urteile von vorher, also Vor-Urteile, zu übernehmen und die Unbefangenheit zu nehmen. Affekte, Emotionen, Komplexe, Ressentiments: wer wüßte, was zwischen Menschen, zwischen Lehrern und Schülern, an unkontrollierten Vorurteilen alles mitspielt[27]. Das wirkt bis in die Genauigkeit der Korrektur. „Maria Zillig (1928)[28] überprüfte Diktathefte von sehr guten und sehr schlechten Schülern: bei den guten Schülern waren 39%, bei den schlechten aber nur 12% der Fehler übersehen. Lehrer scheinen also mit einer bestimmten Erwartung an die Beurteilung der Leistung eines Schülers heranzugehen"[29]. Wie stark mögen sich Vorurteile auswirken in den Schätzwerten und Ermessensentscheidungen von Aufsatzkriterien, wenn schon die kontrollierbare Rechtschreibkorrektur derart beeinflußt wird. Wie geschieht es bei der Korrekturarbeit selbst? Spielen nicht Überraschung (Woher kann der das auf einmal?) oder Enttäuschung (Nicht einmal auf den ist noch Verlaß), spielen nicht Kontrastwirkungen (nach sehr guten oder

sehr schlechten Leistungen) und Ermüdungserscheinungen im Korrigieren in Gleich-Gültigkeit oder Gereiztheit mit?
Auch die *Umwelt*, wie sie sich uns darstellt, spielt mit. Das Betragen, der Fleiß eines Schülers wirken sich aus, schon in einer, normal günstiger beurteilten, *Aufsatzlänge*. „Bei längeren Aufsätzen ist die Wahrscheinlichkeit für eine gute Note höher, aber auch die Chance für eine uneinheitlichere Benotung größer"[30]. Mehr *Informationen*[31], vor allem unterschiedliche Informationen verstärken die Differenzierung und Variation der Urteile. Bekannt und eindrucksvoll sind dazu die Untersuchungen von Rudolf Weiss („Zensur und Zeugnis", Linz 1965) mit zwei Aufsätzen aus dem vierten Schuljahr an 92 beurteilenden Lehrern, von denen jeweils die Hälfte gegensätzliche Umweltinformationen erhielten. Ingenkamp druckt die Ergebnisse ab[32].

Ein Hund allein auf der Straße

Meine Mutter und ich gingen einmal spatzieren. Plötzlich stolperte ich. Die Mutter lachte und sagte: „Du bist ja über einen Hund gestolpert!" Es war ein lieber, kleiner Budel. Da sahen wir, das der arme Hund ganz allein auf der Straße ist. Er schaute uns ganz treuherzig an. Wir gingen dann zur Polizei und lieferten ihn ab. Ich dachte, er muß sich verirrt haben.

Nikolaus und Krampus

Am 5. Dezember 1963 lud mein Freund den Harald und mich ein. Wir hatten vor, Nikolaus und Krampus zu spielen und zum Hausmeisterssohn zu gehen. Wir richteten uns her. Mein Freund ging als Nikolaus, Harald und ich gingen als Krampusser. Wir nahmen einen Sack, stekten Äpfel, Nüße und zwei Tafeln Schokolade hinein. Schnell schrieben wir auf einen Zettel: „Weil du immer so braf warst, haben wir dir das gebracht!"
Der Nikolaus legte den Sack auf die Fußmatte. Wir Krampusser schrieen recht. Der Hausmeisterssohn weinte recht, und wir lachten. Dann gingen wir nach hause.

Den Aufsätzen war bei einem Teil der Versuchspersonen folgende Einleitung vorangestellt:
Zwei Aufsätze aus der *4. Klasse einer Volksschule*. Der erste stammt von einem durchschnittlichen Schüler (beide Elternteile berufstätig, liest gerne Schundhefte), der zweite von einem sprachlich begabten Buben (Vater Redakteur bei einer großen Linzer Tageszeitung).

Der andere Teil der Versuchspersonen las diese Einleitung mit vertauschtem Bezug:
Zwei Aufsätze aus der *4. Klasse einer Volksschule*. Der erste stammt von einem sprachlich begabten Buben (Vater Redakteur bei einer großen Linzer Tageszeitung), der zweite von einem durchschnittlichen Schüler (beide Elternteile berufstätig, liest gerne Schundhefte).

Gesamtbeurteilung der Aufsätze (N = 92)

„Nikolaus und Krampus" – „Ein Hund allein auf der Straße"

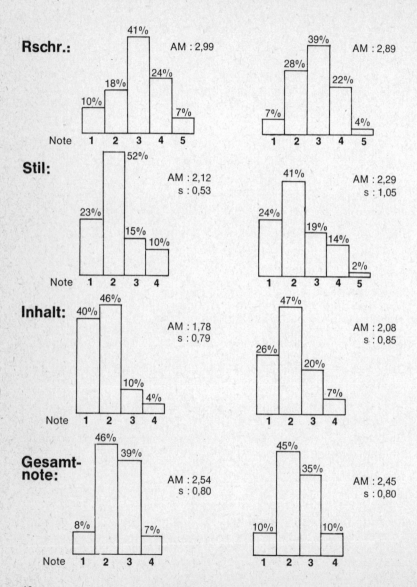

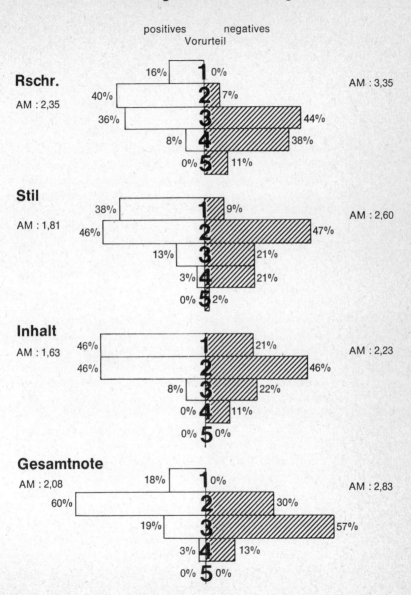

Die Untersuchung von Weiss zeigt, wie verhältnismäßig wenige Informationen, hier soziokultureller Determinanten, Vorurteile bestimmen und wie sich diese in der Aufsatzbeurteilung niederschlagen. Zudem wird den Lehrern oft pauschal vorgeworfen, sie seien, bestenfalls unbewußt oder unreflektiert, in der „Schule als Mittelklassen-Institution" (Charlotte Lütkens) schlechthin Repräsentanten der Mittelschicht und benachteiligten die Unterschicht-Kinder.[33] Die Diskussion um die schichtenspezifische Sprache, die mancherorts dogmatisch statt mit kritischer, d. h. vor allem selbstkritischer, Distanz geführt wird, könnte zu ebensolchen oder krasseren Vorurteilen, wie die behaupteten, führen, nur eben insofern mit umgekehrten Vorzeichen, als dann das sogenannte Unterschichten-Kind wegen seines restricted code gegenüber dem sogenannten Mittelschichten-Kind mit dessen elaborated code bevorzugt würde. Gewonnen wäre nur ein neues Vorurteil statt eines alten, gerecht ist keines von beiden. Informationen von Außenfaktoren — außerhalb des Aufsatzes, der Aufsatzerziehung, der Schule — schaffen oder fördern nicht nur Einsichten in die Bedingungen und damit mehr Gerechtigkeit, ermöglichen nicht nur differenziertere Urteile, sondern auch neue Ungerechtigkeiten. Das Recht muß nach wie vor vom Tatbestand ausgehen ohne Ansehen der Person.

Wir werden stets sorgfältig zu prüfen haben, ob durch Aufnahme von Außeninformationen Chancengleichheit, also Gerechtigkeit, geschaffen wird, ohne die Gleichheit im Urteil über Leistungen, also Gerechtigkeit, abzuschaffen. Karlheinz Ingenkamp[34] weist auf die Offenheit und Ungelöstheit der Fragestellung hin: „Wir müßten die Argumente jener Autoren analysieren, die wie Steinkamp, Popitz, Heß, Latscha und Schneider behaupten, daß die Lehrer, vorwiegend aus der oberen Mittelschicht stammend, Unterschichtskinder in ihrem Urteil benachteiligen. Wir müßten sie mit der Analyse von Charters vergleichen, nach der die bisherigen Untersuchungen eine Mittelschichttendenz im Lehrerurteil nicht schlüssig nachweisen, und könnten eigene (unveröffentlichte) Untersuchungen aus Berlin heranziehen, in denen beim Vergleich von Testergebnissen und Lehrerurteilen auch *keine Bevorzugung von Sozialschichten im Lehrerurteil* nachweisbar war." Aufsatzbeurteilung scheint mir indes auch hier diffiziler. Kritische Zurückhaltung, ja Skepsis ist geboten. „Wenn man außer der Beurteilung der Leistung auch noch andere Elemente in einer Zensur verarbeitet, wird diese noch weniger objektiv. Man hat ja nicht das ganze Kind, so wie es ist, zur Verfügung, sondern nur die persönliche, schulpädagogisch gefärbte Sicht des Lehrers auf das ganze Kind. Diese Sicht kann richtig sein, aber auch radikal falsch ... Kurzum, die Beurteilung dieser hinzukommenden Faktoren, Überlegungen ist noch subjektiver als die Beurteilung der Leistungen an sich. Nimmt man hin, daß sie in der Zensur mitzählen dürfen, dann ist der Schüler noch mehr der persönlichen Manier des Denkens eines Lehrers ausgeliefert, als er es sonst bereits ist."[35] Außerdem: „Jede Form des ‚Mitzählens' von hinzukommenden Faktoren, insbesondere das Mitzählen des ‚allgemeinen Eindrucks', verstärkt das Klima des fortwährenden Beurteiltwerdens, das die Entwicklung des spontanen Mitredens und Selbstmittuns im Unterrichtsprozeß beeinträchtigt."[36]

Zu den Umwelt-, also Außenfaktoren zählen, von der Aufsatzleistung her gesehen, auch die Organisation und das Klima der *Schule* und die Situation der *Klasse*. „Im Grunde wirkt alles Tun des Lehrers und der ganze pädagogische Raum, in dem sich dieses Tun vollzieht, unmittelbar oder mittelbar auf die Leistungsdisposition der Schüler. Selbst wo es um Gewissensbildung oder Bildung der ästhetischen Erlebnisfähigkeit geht, wirkt das weiter in Ausdrucksleistungen wie Aufsatz und bildhaftes Gestalten ... Daß zum Beispiel schon die Schulorganisation entscheidenden Einfluß auf den Leistungsstand haben kann, ist eine Binsenweisheit. Häufiger Lehrerwechsel, zu hohe Klassenfrequenzen, Lehrer, die fachfremden Unterricht erteilen müssen, gleichzeitige Unterrichtung mehrerer Jahrgänge an ungegliederten Zwergschulen, das alles drückt ... das Leistungsniveau der betroffenen Schüler."[37] Der „Geist" der Klasse spielt eine Rolle, ihre Größe, Zusammensetzung nach Geschlechtern und Sozialschichten, auch das Auftreten von „Führernaturen". Leicht „paßt sich der Lehrer unwillkürlich dem Leistungsniveau seiner Klasse an, so daß er ungeachtet dieses Niveaus ... immer ungefähr zu seinem persönlichen Durchschnitt gelangt"[38] und damit anderen Klassen, aber auch eigenen ehemaligen oder zukünftigen Schülern gegenüber ungerecht wird.

Das *Fachbewußtsein* wirkt mit: die Vorstellung, die der Lehrer von der Bedeutung seines Faches besitzt. Ob er es für den Nabel der Welt hält, für unerläßliche Weltsicht, Information oder bessere Unterhaltung. Ob er Fachfanatiker ist oder es in Relationen und Relativität sieht. Ob er es ernst bis zur Tragik nimmt oder leicht, irgendwo auch als Spiel und Rolle. Aber auch, ob er sein Fach beherrscht, ob er etwas kann. Im Fachbewußtsein des Religionslehrers, des Altphilologen, des Deutsch-, Mathematik-, Sozialkunde- oder Sportlehrers gibt es Unterschiede, die oft mit seinem „Ansehen", seinem Statusbewußtsein zusammenhängen, schon innerhalb der Schule, geschweige zwischen verschiedenen Schulformen.[39] Dazu gehören auch das eigene Leistungsbewußtsein des Lehrers, die Wirkung von akademischen Graden, Qualifikationen, Ranghöhe abgelegter Prüfungen, Unterrichtserfolgen, Ansehen bei Kollegen, Vorgesetzten, Eltern und Schülern. „Zu einem höheren Status gehört ein größerer Spielraum für die individuelle Positions-Wahl und eine größere Toleranz."[40] In verschiedenen Fächern wird verschieden hoch zensiert[41] — das Ansehen des Faches hängt davon ab — und dazu kommt differenzierend das Leistungs- und Selbstbewußtsein des Lehrers. Nach Hopp und Lienert (1965), Orlik (1967) und Knoche (1969) gehören Deutsch, Mathematik, 1. und 2. Fremdsprache in den Gymnasien zu den „strengen" Fächern[42], während nach Schröter das didaktische Wahlfach (im Studium) der beurteilenden Lehrer an Grund- und Hauptschulen keinen nachweisbaren Einfluß auf die Zensurenerteilung ausübe[43], also weder Fachbewußtsein noch Studium oder Nichtstudium des Faches, eine Behauptung, die ich nicht übernehmen möchte, weil dann Fachstudium und Ausbildung, also auch Arbeitsgruppen zur Aufsatzkorrektur, fragwürdig oder überflüssig wären.

Die *pädagogische Absicht* des Lehrers[44] spielt in seiner Aufsatzbeurteilung eine Rolle, seine Ziel- und Leistungsvorstellung, ebenso wie er seinen eigenen Unterricht, seine Leistung als Lehrer beurteilt[45], wobei die Mängel leicht den Schülern aufgelastet werden. In der Zensur drückt sich der Beurteiler aus[46]. „Der an Hand der allgemeinen Richtlinien nach einem bestimmten didaktischen Konzept geplante Unterricht gilt generell als konstanter und bei Leistungsbeurteilung nicht zu diskutierender Faktor; variable Faktoren sind hingegen die Schüler und ihre Leistungen. Müßte nicht die Frage nach dem schlechten (oder erfolgreichen) Schüler immer die Frage nach dem schlechten (oder guten) Lehrer und vor allem nach dem schlechten (oder guten) Unterricht einschließen?"[47]

Absicht, Zielvorstellungen, Wollen, geistige Disponiertheit, Bewußtsein, Begabung und Anlagen wirken mit an dem Bild oder der Ausbildung gewisser Typisierungen. Bei größeren Untersuchungen heben sich *Beurteilertypen* voneinander ab.

„Es gibt ausgesprochene Hochbeurteiler", führt Lehmann aus, „die gerne und freudig anerkennen, ungern tadeln und niedrig bezeugnissen, wie es auch ausgesprochene Tiefbeurteiler gibt, denen nie etwas recht zu machen ist, die stets tadeln, denen das Herz beinahe bricht, wenn sie einmal eine hohe Zensur geben müssen ... Einem vorsichtigen Mittelbewerter, der nur ungern nach oben oder unten zensiert, der eher noch anerkennt als tadelt, stets aber vorsichtig abwägt, um gewiß niemand wehe zu tun, stellt sich der Typ des scharfen Kritikers gegenüber. Bei ihm sind Affekte bei der Zeugnisgebung wirksam."[48]

Göller[49] nimmt diese vier Typen auf, unter kritischen Bemerkungen. Nach de Groot[50] gibt es neben diesen Möglichkeiten auch noch den Normalbeurteiler (im Sinne der Gaußschen Wahrscheinlichkeitskurve) und den Streuer über die ganze Notenskala, der mehr nach Rängen und Platzziffern als nach Leistungsgruppen ordnet. Schröter weist ähnliche Typen auf.[51] Daß der extreme Tiefbeurteiler stärkeren Einfluß, weil größeren

Druck ausübt, macht de Groot einsichtig.[52] „Einseitiges Hoch-, Mittel-, Tief- und Extremzensieren weist auf unsachliche Zensierungsvorstellungen oder pädagogische Fehler des Lehrers hin."[53] Der Lehrer kontrolliert dabei offenbar zu wenig die Sache und sich selbst.
Ein Problem, das besondere Aufmerksamkeit verdient, sind die *Extrem- oder Außenseiterbeurteilungen*[54]. Nach Schröter umfassen sie jedoch nur 8,3 % [55]. Der eigene Test (in einem Seminar in Augsburg) zeigt bei den Aufsätzen A und B etwa 12—14 % Beurteilungen, die über die Spanne von zwei Notengraden hinausgehen. Hier müßte zuerst der Lehrer durch Vergleiche bei sich ansetzen. (Ausbildungsseminare, Lehrerfortbildung und Kontaktstudien hätten ein wichtiges Arbeitsfeld). „Es gibt geradezu den Typ des Zensors, der Außenseiterzensuren erteilt. Ihn zu entdecken und zu belehren, dürfte eine wichtige Aufgabe der fachdidaktischen Arbeit in beiden Phasen der Lehrerbildung sein."[56]
Fragen bleiben auch dann noch genügend. Stuft sich der Lehrer wirklich selbst auch in jenen Typ ein, dem er zugehört? Hält er sich nicht eher für einen, der er gern sein möchte, aber nicht ist, auch als Beurteiler? Gehört man überhaupt so ganz eindeutig einem Typ an? Hält sich nicht jeder Lehrer für gütig und gerecht? Er vermag jedenfalls nicht das Maß aus sich selbst zu nehmen, sondern nur im Vergleich zu erfahren. Lehmann seinerseits erwartet von der Selbsterkenntnis auch Selbstkontrolle der Urteilenden und beschreibt „als wünschenswerten Typ einen weitherzigen einfühlungsfähigen Menschen: er kennt sich, hat Maßstäbe, nämlich Qualitätsgefühl und Sinn für die Leistung, aber er begegnet der Gefahr der Erstarrung in überspitzten sachlichen Forderungen und persönlichen Neigungen bewußt und bleibt offen für das Kind"[57]. Es schadet gewiß nicht, wenn mit solchen Worten einmal das Ideal angedeutet wird, dem sich offenbar diese Beurteilertypen selbsterziehend nähern sollen. Ob aber jemand, der von sich meint, er habe Qualitätsgefühl, noch Qualitätsgefühl hat und eine Überspitzung des Leistungswillens erkennt, bleibe dahingestellt. Jedenfalls reichen die oben beschriebenen Beurteilertypen wohl nicht aus, sie haben in der Didaktik auch kaum Anklang und Eingang gefunden. Was ihre Postulierung erreicht, ist die Erkenntnis der inneren Determinierung auch des Beurteilers, damit dessen hellere Problembewußtheit und damit eine differenziertere und relativere Handhabung der Zensuren. Auch für Lehmann bleibt eine „ideale Forderung ...., daß Leistungen mit einem eindeutig gegebenen, objektiven Maßstab gemessen werden sollen. Dies setzt voraus: die Unabhängigkeit des Urteils von der Person des Messenden und dem Zeitpunkt und Ort der Messung ... Im Aufsatz ist dies unmöglich. Trotzdem ist uns die Aufgabe einer möglichst objektiven Messung von Arbei-

ten auch hier gestellt. Und es ist auch durchaus durch eine Besinnung über die Ursache der Divergenz der Noten für ein und dieselbe Leistung eine Verbesserung der Zeugnisgebung zu erreichen".[58]

Oswald Beck formuliert ähnlich: „Eine möglichst objektive Beurteilung des Aufsatzes der Schule verlangt nicht nur einen Lehrer, der vorurteilslos, für das Kind und für stilistische Fragen aufgeschlossen ist, sondern auch den Fachmann, der von der Aufsatzarbeit auf allen Stufen etwas versteht. Diese Vorbedingungen verpflichten ihn, sich selbst zu prüfen, welchem Beurteilungstyp er angehört".[59] Der Auffassung, daß durch Reflexion über die Position des Beurteilers mehr Klarheit gewonnen werden könnte, darf man indes durchaus zustimmen. Sie gehört zur Gewinnung und Sicherung objektiver Kriterien. Denn: „Die Auffassung, daß die Aufsatzbeurteilung grundsätzlich subjektiv und unzuverlässig sei, weil keine objektiven Kriterien gegeben werden könnten, wird man jedoch als Pauschalurteil bezeichnen dürfen."[60]

Anmerkungen

1 Lehmann, 40
2 Beck I, 90
3 Beck II, 69
4 DU 1948/1, 16
5 Lehmann, 39
6 Lehmann, 40
7 Göller, 65
8 Dohse, 82
9 Carter, Robert Scrivan: Wie gültig sind die durch Lehrer erteilten Zensuren? aus: The Journal of Educat. Psychology 43/4, April 1952, 218–228
10 Ingenkamp, Fragwürdigkeit, 129
11 ebd., 132
12 Knoche, 9
13 ebd., 74
14 ebd., 77
15 Schröter, Die ungerechte Aufsatzzensur, 86/87, 131
16 Knoche, 74
17 Knoche, 77: „Aber vielleicht ist die psychologische Erklärung zutreffender, nach der jüngere Lehrkräfte eher darauf eingestellt sind zu bemerken, was die Schüler(innen) nicht können, ältere Lehrkräfte hingegen eher darauf zu bemerken, was sie können." Hofer, 91: „... daß die flexible und differenzierte Sicht von der Schülerpersönlichkeit mit dem Alter und der Länge der Schulpraxis abnimmt."
18 Schröter, Die ungerechte Aufsatzzensur, 86/87, 131
19 Beck II, 71
20 Göller, 69
21 Kießling, Arthur: Leistungsbeurteilung und Leistungsbewertung, in: Z. f. pädagogische Psychologie 1929, 569
22 Göller, 69
23 ebd., 72/73
24 de Groot, 167

24a Engelmayer, O.: Menschenführung im Raum der Schulklasse. München 1968, 78; zitiert nach Dietrich, 145
25 de Groot, 23
26 Göller, 58: „Die starke affektive Besetztheit dieser ersten Begegnung macht den ersten Eindruck stark und dauerhaft."
Weidig, 12: „Diese intensive Art begründet den sogenannten ersten und nicht selten entscheidenden Eindruck."
27 Göller, 63: „Jedenfalls ist der Lehrerberuf, dessen innere Freiheit als Kehrseite die äußere Beschränkung hat, ein Nährboden für mancherlei Ressentiments."
28 Zillig, Maria: Einstellung und Aussage, in: Z. f. Psychologie 106, 1928, 58–106
29 Schreiner, 232
30 Ingenkamp, Zur Problematik, 447, nach Kötter, L. und Grau, U.: Zur Bedingtheit der uneinheitlichen Benotung von Schüleraufsätzen (Nacherzählungen), in: Z. f. experimentelle und angewandte Psychologie 12, 1965, 278–301
31 Ingenkamp, Zur Problematik, 447: Wiecerkowski, W., Nickel, H., Rosenberg, L., („Einige Bedingungen der unterschiedlichen Bewertung von Schüleraufsätzen, in: Psychol. Rundschau 4/1968, 280–295") konnten nachweisen, daß die Variation der Urteile sich erhöhte, je mehr Information (hier über die Ausgangssituation) außer der Arbeit selbst dem Beurteiler zur Verfügung standen."
32 Ingenkamp, Fragwürdigkeit, 91, 96, 99
33 so etwa Bernstein, Roeder, Oevermann, Merkelbach, Hartwig, Jäger u. a.
34 Zur Problematik, 446
35 de Groot, 175
36 ebd., 178
37 Göller, 8
38 de Groot, 136
39 dazu de Groot, 168 ff.
40 ebd., 185
41 Göller, 19
42 Schreiner, 232
43 Schröter, Die ungerechte Aufsatzzensur, 131
44 Dohse, 82
45 Hans-Dietrich Raapke, in: de Groot VI
46 de Groot, 133
47 Raapke, in: de Groot XII
48 Lehmann, 37
49 Göller, 30/31
50 de Groot, 119/120
51 Schröter, Die ungerechte Aufsatzzensur, 90/91
52 de Groot, 108
53 Göller, 43
54 Göller, 21
55 Schröter, Die ungerechte Aufsatzzensur, 112
56 ebd., 134
57 Lehmann, 38
58 Lehmann, 36
59 Beck II, 71
60 Haueis, E.: Die theoretische Grundlegung des gegenwärtigen Aufsatzunterrichts, Essen 1971, 10

Unsicherheitsfaktor Schüler

Dem Unsicherheitsfaktor Lehrer gesellen sich aber auch Unsicherheiten von der anderen Seite zu. Gerade pedantische Gerechtigkeitsübung kann unterlaufen werden. In den „Flüchtlingsgesprächen" von Bert Brecht berichtet Zipfel:

„Der Lehrer der französischen Sprache hatte eine andere Schwäche. Er huldigte einer bösartigen Göttin, die schreckliche Opfer verlangte, der Gerechtigkeit. Am geschicktesten zog daraus mein Mitschüler B. Nutzen. Bei der Korrektur der schriftlichen Arbeiten, von deren Güte das Aufrücken in die nächste Klasse abhing, pflegte der Lehrer auf einem besonderen Bogen die Anzahl der Fehler hinter jedem Namen zu notieren. Rechts davon stand dann auf seinem Blatt die Note, so daß er einen guten Überblick hatte. Sagen wir, 0 Fehler ergab eine I, die beste Note, 10 Fehler ergaben eine II usw. In den Arbeiten selber waren die Fehler rot unterstrichen. Nun versuchten die Unbegabten mitunter, mit Federmessern ein paar rote Striche auszuradieren, nach vorn zu gehen und den Lehrer darauf aufmerksam zu machen, daß die Gesamtfehlerzahl nicht stimmte, sondern zu groß angegeben war. Der Lehrer nahm dann einfach das Papier auf, hielt es seitwärts und bemerkte die glatten Stellen, die durch die Politur mit dem Daumennagel auf der radierten Fläche entstanden waren. B. ging anders vor. Er unterstrich in seiner schon korrigierten Arbeit mit roter Tusche einige vollkommen richtige Passagen und ging gekränkt nach vorn, zu fragen, was denn da falsch sei. Der Lehrer mußte zugeben, daß da nichts falsch sei, selber seine roten Striche ausradieren und auf seinem Blatt die Gesamtfehlerzahl herabsetzen. Dadurch änderte sich dann natürlich auch die Note. Man wird zugeben, daß dieser Schüler in der Schule denken gelernt hatte."[1]

So weit Brecht, als Episode.

Nehmen wir nun noch die behauptete oder belegte bessere Beurteilung von Mädchen bei den Zensuren![2] Handelt es sich um bessere Arbeit, wenigstens um mehr Fleiß und Arbeitswillen oder um gefälligere, geschicktere Anpassung an die Lehrkraft, um weniger Eigensinn und Widerstand, oder gar um instinktive oder raffinierte Ausnützung der Chancen als Geschlechtswesen, besonders gegenüber älteren Männern, „von denen Mädchen die relativ besten Noten empfangen"?[3]

Der Lehrer kann ein denkendes Gegenüber haben, das sich anpaßt, sich einstellt, wohl auch schreibt, was er hören will, und damit einen noch relativ gerechten Maßstab entwertet.

Dieses Gegenüber ist ein junger Mensch, dem wir helfen, den wir fördern sollen und wollen. Wir kennen ihn, seinen Fleiß oder seine Faulheit, seine Eltern, sein Herkommen, seine Umwelt. Wir sind als Pädagogen versucht, ihn durch eine bessere Note anzuerkennen und zu ermuntern oder durch eine schlechtere aufzurütteln oder zu bestrafen, zerrüttete Familienverhältnisse oder schlechte Startbedingungen eines ungeistigen häuslichen

Milieus in der Note auszugleichen, brave, fromme oder sozialrevolutionäre Gesinnung zu honorieren, je nachdem. Immer reden wir uns aus Verantwortungsgefühl dabei ein, dieser Schüler habe die schlechte oder die gute Note nicht verdient, mit der wir nach unseren Feststellungen seinen Aufsatz beurteilen müßten. Der Gerechtigkeit wegen führen wir eine Reihe von Komponenten in die Beurteilung des Aufsatzes ein, die nicht aus den Kriterien des Sprachwerks erwachsen. Wir heben also die Leistung — heben wir wirklich die Leistung? — des Kindes, das sich immer müht, und wir drücken dieselbe Leistung des Repetenten, der dazu noch faul ist. Wir beurteilen dieselbe ausreichende Leistung beispielsweise in einem Falle mit befriedigend, im andern mit mangelhaft. Der Außenstehende ist überrascht, daß plötzlich zwei Notengrade Unterschied auftreten. Und das wäre noch wenig. Solche Fälle sind alltäglich: daß wir pädagogische, religiöse, soziale oder politische Noten erteilen, statt Zensuren sprachlicher Leistungen. Wir haben im Aufsatz nicht primär oder überhaupt nicht religiöse Gläubigkeit, gesellschaftliche Zustände, politisches Verhalten zu werten — auch „Demokratisierung" ist keine Kategorie der Aufsatzbeurteilung — es sei denn, das Thema habe mit solchen Inhalten zu tun. Auch darin hat sich der Lehrer als Beurteilertyp — und zwar von seiner Gesinnungsschichtung her — zu erkennen und zu kontrollieren.

Die Schüler informieren sich über den Lehrer, sie wollen Informationen über ihre Lernsituation, und ihre Mehrzahl sieht Noten als erwünschte Orientierung[4] über die eigene Lage an, Noten als Orientierungsdaten, denen sie etwa vom 9. Schuljahr an kritisch, aber mit wachsendem Verständnis für die Faktoren ihres Zustandekommens gegenüberstehen[5], „Rückkoppelungsfunktionen"[6], Rückmeldung, feed-back wirken mit.

Je mehr der Lehrer andererseits Informationen über den Schüler gewinnt und anzuwenden gedenkt, desto differenzierter und uneinheitlicher, desto unsicherer scheint ihm ein gerechtes Bild dieses Gegenübers. Immerhin überschaut er noch einigermaßen die Leistungssituation der Klasse und vermag eine relative Rangordnung[7] zu treffen, die als Anreiz im Unterricht genügen mag. Aber wenn er schon den Effekt der Zensur als Zucht- und Anreizmittel ablehnt[8] oder zuläßt[9], so kann er doch die Wirkungen im einzelnen nicht kontrollieren, das soziale Klima insgesamt, ein „seichtes Konkurrenzklima"[10] mehr spüren als bestimmen, um es als Faktor zu fassen. Schwierig sind Begabungskomponenten, wie reproduktive, applikative, interpretative und produktive[11], zu veranschlagen, um doch jeder Veranlagung durch abwechslungsreichen Unterricht und Wechsel der Übungsthematik und Aufgaben Chancen zu geben. Schwierig ist die Abschätzung des Leistungswillens, den es zu stärken gilt, der häuslichen Arbeitsbedingungen, des Arbeitsaufwandes für das Fach im Vergleich zu dem für andere Fächer, der individuellen Lernsituation gerecht zu werden, ohne den Leistungsvergleich des Aufsatzes durch andere Beobachtungen — „Verhalten in der Klasse, Mitarbeit, Interesse, gezeigter Eifer, Hilfsbereitschaft, oft auch Höflichkeit"[12]— zu verdecken. „In die Leistungsbeurteilung sollten die Ausgangslage auf dem Lernkontinuum, die lernrelevanten Fähigkeiten, Motivationen, Einstellungen und Arbeitsgewohnheiten sowie besondere äußere Umstände, kurz: die Lebenssituation des einzelnen Schülers mit eingehen."[13] Auch in die Aufsatznote? fragen wir skeptisch. Und wie?

Der prozessuale Charakter der Sprache und der Spracherziehung ist einsichtig. Beurteilungen sprachlicher Leistungen geschehen immer als Resultate aus dem Stellenwert der gesamten Stilbildung. Korrektur, Beurteilung, Rückgabe eines Aufsatzes sind immer Teil einer Aufsatzerziehung, nie ein isolierter Akt. „Überlegtes, planvolles, stufengerechtes Vorgehen ist oberstes Gebot."[14] Deswegen irren solche Beurteilungstests, wie die eingangs angeführten, weil die Beurteiler nicht im Zusammenhang aller Faktoren stehen. In der Aufsatzerziehung gibt es verschiedene Methoden. Die fügen sich ein in eine je wieder unterschiedene Didaktik, die als Teil der Pädagogik oder von verschiedenen Auffassungen von Pädagogik auf eine Gesellschaft zugeordnet ist, eine pluralistische Gesellschaft, in der kaum eine Norm unbestritten gilt. Um zu wiederholen: Die Einzelleistung hängt ab vom Stiltyp, vom Alter und dem möglichen Altersstil, zu dessen Erschließung und Zusammenfassung zu Stilarten Arbeiten und Forschungen, vor allem von Anna Krüger[15] und Dietrich Pregel[16] grundlegend als objektivierter, jeweiliger Beurteilungsrahmen werden können, wie eine Zulassungsarbeit zum zweiten Lehrexamen von Valentin Merkelbach[17] (1967) dartut. Dann wirken sich Landschaft, Herkommen und soziales Milieu aus: Stamm und Mundart, Gemeinde und deren Größe, Schule (Typ und besondere Prägung), Klasse als Atmosphäre und soziales Klima, natürlich besonders das Elternhaus. Auch der bisherige Unterricht allgemein und des Faches selbst spielen mit, die Prägung des Lehrers und der Schüler durch den Lehrer, die besondere Vorbereitung, die Vorübungen zu Aufsatzformen, die Übung im Schreiben an sich, die Eigenart der Aufgabe — sogenanntes Erlebnis, Sache, Gesinnung —, der jeweils ein besonderer Typ eher antwortet.

„Im Durchschnitt erreichen die Handlungstypen", stellt Dietrich Pregel fest, „bei der Erzählung, die Zustandstypen bei der Schilderung und die Gegenstandstypen bei Bericht und Beschreibung die höchsten sprachlichen Leistungen. Bei Aufsatzformen, die eine andere stilistische Gestaltung fordern, als sie einzelnen Stiltypen eigen ist, schlagen stark ausgeprägte Stiltypen mit ihrer Gestaltungsweise immer wieder durch."[18] Helmers unterscheidet Erlebnis- und Formtypen.[19]

Die pädagogische Forderung einer Förderung aller Kräfte wird zu einer Forderung nach Gerechtigkeit der Beurteilung: kein Typ darf einseitig durch Aufgabenbestellung bevorzugt oder benachteiligt werden. Aufgaben, in denen die möglichen Grundhaltungen gefördert werden, wären auf allen Bildungsstufen sinnvoll zu mischen. Es kann kein Stilalter jeweils der Erlebniserzählung, der Nacherzählung, des Sachberichts, der Schilderung oder des Besinnungsaufsatzes usw. geben. Die Sprachsituationen des Lebens, welche verschiedene Sprachhaltungen fordern, folgen auch nicht aufeinander. Als Aussageweisen sind sie immer zuständig, gewärtig und möglich, wir gebrauchen sie auch unbedenklich. Nur die Schule führt die Grundformen auf verschiedenen Altersstufen ein[20]. In Wirklichkeit praktiziert sie diese von Anfang an nebeneinander[21]. Aber sie stuft das Bewußtmachen, die Einsicht in Kriterien und Gesetze, nach Altersphasen, wobei allerdings die übliche Phasenlehre der Psychologie zumindest in Frage zu stellen und zu überprüfen ist. Bewältigt das Kind nicht schon sehr früh die Abstraktionen sprachlicher Zeichen wie der Buchstaben oder mathematischer Symbole, kann es wirklich erst nach der Pubertät sich der Begriffe bemächtigen, wovon die Einführung der Erörterung oder des Problemaufsatzes abhängt, oder mangelt hier einfach die Ausbildung des Sprachdenkens, fehlt die Zumutung?[22]

Um die zuletzt angeschnittenen Fragen hat sich seit 1968 eine rege pädagogische, didaktische und fachdidaktische, besonders eine pragma-, sozio- und psycholinguistische Diskussion entfaltet, die es erforderlich macht, in zwei eigenen Kapiteln (Stilalter als Beurteilungsrahmen, Schichtenkodes als Beurteilungskriterien) breiter darauf einzugehen. Denn im Unsicherheitsfaktor Schüler wirken die Lage im Stilalter und sprachschichtenspezifische Bedingungen mit.

Anmerkungen

1 Brecht, Bertolt: Flüchtlingsgespräche, Werkausgabe Suhrkamp, Frankfurt/M. 1967, Prosa, 4, 1403/4
2 Dohse, 82; Knoche, 9, 98, 103; Carter und Weiss nach Ingenkamp, Fragwürdigkeit 129, 185, 204
3 vgl. Knoche, 77
4 Dohse, 137, 138, 140, 141; Schreiner, 226
5 Dohse, 142
6 Schreiner, 226
7 Ingenkamp, Fragwürdigkeit, 152, 154
8 so etwa Schreiner, 227
9 Göller, 138
10 Schreiner, 228

11 Göller, 98
12 de Groot, 172
13 Schreiner, 226
14 Beck I, 74; auch II, 17
15 Krüger, Anna, Sprache und Darstellungsform der Kinder, Harms Pädagogische Reihe, 9, München 1961
16 Pregel, Dietrich, Probleme der Erforschung kindlicher Sprache und kindlichen Stils, in: Z. f. Päd., 3. Beiheft 1964[3]
Pregel, Voraussetzungen und Grundlagen der Stilbildung, in: Päd. Rundschau, 13 (1958)
17 Merkelbach, Valentin, Das Problem des Altersstufenstils zehn- bis zwölfjähriger Kinder im 5. und 6. Schuljahr, 1967 (unveröffentlichte Examensarbeit zum zweiten Lehrerexamen)
dazu auch: Hetzer-Flakowski, Die entwicklungsbedingten Stilformen von kindlichen und jugendlichen Schreibern, Harms Päd. Reihe, 7, München 1962[3]
und: Hillebrand, M. J., Kind und Sprache, 2 Bde., München 1966
18 Pregel, Voraussetzungen . . ., 40
19 Helmers, Didaktik . . ., 1971[6], 219
20 dazu auch Beck II, 49
21 Groth (in: Wolfrum, Taschenbuch des Deutschunterrichts, 1972, 171) stellt dies aufgrund bestätigender Erfahrungen aus der Grundschule fest.
22 Nach Dietrich wird heute auch vom einfachen Mann Bereitschaft zu intellektueller Wachheit, zum Durchschauen abstrakter, komplizierter, oft verborgener Zusammenhänge, die Fähigkeit zur Reflexion und geistige Wendigkeit" verlangt. Deswegen fordert er „Entwicklung der Fähigkeit zu abstrakter Denktätigkeit" und die „Verbesbesserung der Reflexionsfähigkeit" als „Hauptgewicht" und „zentrale Aufgabe der Hauptschule" (29). Denn: „Etwa mit dem 11./12. Lebensjahr setzt ein Prozeß der allmählichen Ergänzung und Ablösung des für das Grundschulalter kennzeichnenden Denkens in konkreten Operationen durch das Denken in formal-abstrakten Operationen ein. Dieser Veränderungsprozeß erstreckt sich über das gesamte Jugendalter hin." (Unterrichtspsychologie . . ., 1972, 85)

Aufsatznote — ein Politikum

Die aufgezeigten Tatsachen und die vielschichtigen Bedingungen der Aufsatzzensur legen den Schluß nahe, auf Zensur und Noten überhaupt zu verzichten[1], wenn Gerechtigkeit so schwer zu realisieren ist. Selbst ein unglücklicher Titel wie Schröters „Die ungerechte Aufsatzzensur", die den Intentionen des Buches nach „Die schwierige Aufsatzzensur" heißen sollte — Ungerechtigkeit intendiert doch einen Willensakt[2] — suggeriert geradezu die Forderung, die nicht neu ist, oft aber polemisch, ohne sachliche Argumentation vorgetragen wird.[3] Die Polemik[4] begreift sich teilweise als „Kampf" für „Emanzipation", gegen die „Repression durch Leistung". Die Schule steht dabei im Kreuzfeuer: Hilfe, Förderung, Gegen-Sozialisation statt Selektion und Quantifizierung; Streichung kulturwissenschaftlicher, vor allem historischer Fächer; Abschaffung des Ausleseprinzips, formaler Leistungszwänge; Beseitigung eines Kanons von Lehrinhalten; Leistung unter der Frage nach Zweck und Nutzen; Lernen ohne Angst; Kreativität statt Paukschule; gegen lähmenden Leistungsdruck; Realisierung von Lernprozessen; Lernen lernen anstatt Wissensdrill — und der Schlagworte mehr.

Man könnte die Parolen vermehren, die polemisch diskutable Grundanliegen der wissenschaftlichen Diskussion oder der Diskussion die Wissenschaftlichkeit entziehen, Vereinseitigtes auf verkürzten Nenner bringen. So zum Beispiel kann man Lernprozesse ohne Inhalte als Lerngegenstände, Lernstoffe nicht organisieren, sondern nur an ihnen. Man kann auch nicht, obwohl ein elegantes Wortspiel, „das Lernen lernen", ohne daran zu konkretisieren, *was* man lernt[4a]. Wenn es nur auf das Wie ankäme, läge reiner pädagogischer Formalismus vor. Wäre Formalismus, der weder Wirklichkeit noch Gegenstände kennt mangels Wissen, wäre das bloße Wie das Ziel der Erziehung? Oder sollte das Wie verhindern, über das Was überhaupt noch nachzudenken, weil es vorgegeben ist? In der Sowjetunion oder in der DDR beispielsweise ist der Kanon von Lerninhalten längst hoch aufgerichtet, sogar mit traditionellen humanistischen Bildungsgehalten und verbunden mit höheren Leistungsansprüchen als je zuvor.

Der Komplex gehört als Problem begriffen und in größerem Zusammenhang gesehen. Zunächst müssen zwei, durchaus nicht identische Grundfragen, entwirrt und gestellt werden: *Überhaupt Leistung?* Oder: *Pädagogisierung der Leistung?*

Der Leistungsbegriff läßt sich verschieden definieren, das *Leistungsprinzip* unter verschiedenen Gesichtspunkten aufzeigen.

a. *Die Erkenntnis:* Sachinteresse und Wissensdrang sind leistungsgerichtet, wollen vorhandenes Wissen beherrschen und erweitern (kognitives Interesse).

b. *Die Individualität*: Bei der Ausbildung möglichst vieler persönlicher Möglichkeiten entsteht ein Lust- und Glücksgefühl[5] gegenüber Frustrationen und Verdrängungen bei Nicht-Ausbildung. Steigerung erhöht das Lebensgefühl[6], erweitert das Bewußtsein. Maximale Entfaltung[7] beglücke, Kollektivarbeit hemme[8], weil sich deren Tempo nach dem Langsamsten richte. Alle Potenzen des Menschen bedürfen dieser Steigerung.[9]

c. *Das Agonale*: Ehrgeiz und Egoismus werden durch Wettstreit unter *Spielregeln* relativiert, sozialisiert und gesteigert. Auf dem agonalen Prinzip beruht, seit den Griechen, der Fortschritt und die Befreiung der Menschen. Kann auch der Egoismus des Erfolgreichen zu weit entfesselt werwerden[10], so wird doch der Träge und Bequeme angespornt und vorwärtsgetrieben, weil „selbstlose Arbeitshaltung Teil einer Elite-Ethik"[11] sei und idealistische Pädagogik die Wirklichkeit verkenne[12]. „Leistung ist ohne Maßstäbe nicht denkbar."[13]

d. *Das Ökonomische*: Entscheidend sind weniger die Gesellschaftsformen als vielmehr die ökonomischen Lebensbedingungen. Alle Industriegesellschaften sind Leistungsgesellschaften[14], seit und durch Überwindung des Feudalismus. Auf Leistung beruhen Fortschritt und Wohlstand, Freistellung von Kräften für den tertiären Sektor, Hilfe für Entwicklungsgebiete. Die industrielle Leistungsgesellschaft braucht den leistungsfähigen und -willigen Menschen, nicht die Drohne, die von der Arbeit anderer leben will. Auf der Leistung des einzelnen beruhen sowohl Arbeitsteilung wie Teamwork. Die Steigerung der Leistung erhöht das Sozialprodukt, damit auch den eigenen Anteil. Die Verfügung aller über mehr Mittel erweitert auch die eigene Freiheit.

e. *Das Soziale*: Die Gesellschaft, die durch Leistung im primären und sekundären Bereich die Existenz des tertiären ermöglicht, hat ein Recht auf Gegenwert in Form von konkreten und nachprüfbaren Leistungen, andernfalls werden Bildungseinrichtungen zu Fäulniszellen der Gesellschaft oder Wärmestuben der Nation. Die Repräsentanten des Staates handeln unsozial, wenn sie nicht Leistung als Gegenwert für die Freistellung von primärer oder sekundärer Arbeit verlangen.[15] „Selbst die mutigste gegenbürgerliche Utopie kann, will sie eine Ahnung von Realisierbarkeit behalten, nicht auf eine Selektion nach Art und Niveau der Begabung verzichten."[16] Leistungswille ist ein sozial positives Verhalten.[17]

f. *Das Historische*: Verzicht auf das Leistungsprinzip und Zuweisung von sozialen Chancen oder von Entscheidungsfunktionen aufgrund von Herkunft und Geburt (z. B. in einer bestimmten Klasse oder Schicht) oder von

Bekenntnis und Überzeugungsgemeinschaft bedeutet Rückfall in Feudalismus oder Konfessionalismus. Gerade das Leistungsprinzip mit der persönlichen Tüchtigkeit als Auslesekriterium hat, seit dem 18. Jahrhundert, die Privilegien erschöpfter Stände und ihrer Ordnungen abgebaut und einen wichtigen Schritt zur sozialen Gerechtigkeit eröffnet[18], zur „Erhöhung der Chancengleichheit".[19] Damit erhielt der Leistungsnachweis in Form von Abiturzeugnis und akademischen Prüfungen, wachsende gesellschaftliche Bedeutung.[20]

g. *Das Demokratische*: Entsprechend der Forderung nach Gleichheit darf niemandem die Chance der Bildung vorenthalten werden, wenn er den Willen dazu hat, gleich woher er kommt. Die Startchancen müssen an- und ausgeglichen werden durch die Allgemeinheit, soweit dies dem einzelnen von sich aus nicht möglich ist. Dann aber entscheidet, was einer aus sich und seinen Chancen macht, entscheidet seine Leistung[20a] — meßbar, kontrollierbar, beurteilbar — über den Platz, an den er innerhalb der Gesellschaft gehört. Vorurteilslose Leistungsforderung[21] ist der gerechteste Weg der Verwirklichung von Chancengleichheit.

h. *Das Religiöse und Transzendente:* Der Gläubige wirkt mit dem Blick auf Gott oder in einer höheren Verantwortung, um das Mögliche zu geben, indem er sich und seine Leistung steigert. Sei es die These vom Schatz der guten Werke als Lohn oder Investition im Jenseits oder die der Prädestination, die sich an Leistung und Erfolg im Diesseits erweise. Max Weber hat die calvinistisch-puritanische, „protestantische Ethik" und ihren Leistungswillen aufgezeigt.[22] Hierher gehört auch die weitere Säkularisierung dieses Leistungsmotivs für eine nationale oder soziale Idee, für einen Führer oder Vorsitzenden.

Wer Leistung als notwendige Existenzgrundlage einer modernen Industriegesellschaft in dieser Epoche der Geschichte nicht leugnen kann, kann sie auch in der Schule nicht ablehnen. Entscheidend ist, von welchen *Motivationen* die Schüler getragen oder getrieben werden, von deren Stärke oder Schwäche, ob oder wie die Schule selbst Motivationen erzeugt, verstärkt, lehrt.

Wenn Heinrich Roths These zutrifft, daß Motivation erworben[23] wird, dann müßte Schule auch Motivation anerziehen können. Dann müßten wiederum Willensbildung und Energieeinsatz, Neugierde usw. als Voraussetzung erwerbbar und lehrbar sein. Heckhausen sieht Motivation aus der Spannung einer Daueinstellung zu oder in einer bestimmten Situation hervorgehen[24], während Vontobel mehr das durchgängige Prinzip betont.[25] Es scheint außerhalb jeden Zweifels, daß „Hochmotivierte ... rascher, fehlerloser und konzentrierter arbeiten als Niedrigmotivierte, (mit) langanhaltendem Einsatz ... (ihre) Ablenkbarkeit vermindert (ist) ..., (sie) engagiert (sind). Hochmotivierte setzen sich im Durchschnitt höhere Ziele als Niedrigmotivierte; sie besitzen also in der Regel ein höheres leistungsmäßiges Anspruchsniveau. Dabei bleiben diese Ziele aber stets realistisch, d. h. mäßig hoch."[26] Hochmotivierte sind mobiler, weniger abhängig von sozialen Beziehungen und sozialer Konformität, rationaler, dynamischer, expansiver.[27]

Warum aber sind die einen hoch, die anderen niedrig motiviert? Die heute meistgegebene, sozialpsychologische Antwort leitet Motivationen von sozialen Verhaltensweisen und Verhältnissen ab, von der Zuwendung der Eltern, ihrem Anspruch, von der sozialen Umwelt. Das Kind, der junge Mensch, der Mensch überhaupt, wird wesentlich als Reaktor auf solche Konstellationen verstanden, weniger als Aktor. Nach Heckhausen entwickelten hohe Leistungserwartungen im Kind am ehesten eine hohe Leistungsmotivation[28], nach Vontobel schwächten Vaterdominanz und Mutter-Sohn-Familie[29] diese, während „hohe Gütemaßstäbe, Wärme und geringe Vaterdominanz die wichtigsten familiären Entwicklungsbedingungen"[30] wären. Die Leistungsmotivation nehme „mit steigender Sozialschicht zu"[31]; man wisse, „daß die Leistungsmotivation in der Mittelschicht größer ist als in der Grundschicht, bei den Juden größer als bei den Nicht-Juden, in vollständigen Familien größer als in unvollständigen, in komplexen Industriegesellschaften größer als in traditionell-feudalen Gesellschaften."[32]

Wenn dies stimmt, dann beurteilen wir im Aufsatz immer auch Motivationen mit, die von außerhalb des Themas und des Unterrichts kommen, ohne daß wir sie exakt erfassen und messen oder sie ausschließen könnten. Greifbarer erscheint das, was Heckhausen *extrinsische* Motivationen nennt, das Bedürfnis

> nach Identifikation mit dem Erwachsenenvorbild,
> Zustimmung zu erhalten,
> nach Abhängigkeit von Erwachsenen,
> nach Geltung und Anerkennung,
> nach Strafvermeidung.

Aber auch derartige „soziale Gegebenheiten der Unterrichtssituation"[33] sind kaum in der Beurteilung des Aufsatzes faßbar. Entscheidend sind in der Leistungsmotivation die *intrinsischen* Faktoren, wie gegenüber dem Sprachwerk Aufsatz die endogenen und sprachbezogenen. Intrinsisch[34] sind:

> Leistungsmotiv(e), Erreichbarkeitsgrad, Zielanreiz.

Dazu kommen:
> Anreiz der Sache und Neuigkeitsgehalt.

Bei der Novation, als der auffordernden Problemstellung durch den Lehrer, „kann es zu effekthascherischen Künstlichkeiten kommen"[35], was auf die Leistung rückwirkt. Als günstigste Motivationshöhe werden ein mittlerer Erreichbarkeitsgrad, der mäßig über dem Ist-Zustand liegt[36], und ein strukturierter Weg dahin[37], also Teilziele und Lernschritte, bezeichnet. „Alle extrinsischen, von außen kommenden Anregungen, Belohnungen und Strafen, haben gegenüber den intrinsischen auf die Dauer weniger Effektivität. Die erzieherische Aufgabe kann deshalb so formuliert werden, alle Motivation für das Lernen mehr und mehr aus der Situation, Aufgabe, Sache selbst abzuleiten, aus dem Gewinn, den sie aus sich selbst zu bieten vermögen."[38] Didaktik des Aufsatzes leitet sich aus der Sache der Gestaltung von Inhalten durch Sprache ab, woraus die Urteile gefolgert werden. Die Steigerung der Sprachbeherrschung, der Sprachperformanz, beim Schüler und sein Bewußtsein dieser Steigerung, dürfte auf die Dauer die entscheidende Motivation der Aufsatzerziehung sein. Die sollte auch durch die Aufsatzbeurteilung gefördert werden.

Auch der Lehrstil wird von der Motivation des Lehrers geprägt[39]. Daß dabei die angebliche Herkunft der Lehrer aus der Mittelschicht, deren Eigenschaften Heckhausen belächeln machen will[40], hinderlich sei, ist nicht einzusehen. Entscheidend ist die Altersgemäßheit der herangetragenen Motivationen. „Die ersten Anzeichen der Leistungsmotivation sind nicht vor Ende des dritten Lebensjahres zu beobachten".[41] Trifft dies zu, dann dürfte die Leistungsmessung, also Bewertung — gleich ob in Ziffern oder Worten — nicht vor dem vierten Schuljahr einsetzen.

Zusammengefaßt: Wir können auf Leistung nicht verzichten, weil auf ihr die Entfaltung unserer menschlichen Möglichkeiten und unser Leben unter den Bedingungen der Industriegesellschaft in der Gegenwart beruht. Wir müssen sie richtig motivieren. *Motivation, Sicherung, Steigerung und Qualifikation von Leistung* ist ein Akt von Gerechtigkeit[42].

Der Lehrer vertritt aber auch das pädagogische Maß gegenüber dem verabsolutierten, einseitigen Leistungsgedanken[43], vertritt den einzelnen, das ungeschützte Kind gegen frustrierende Überforderung, die Individualität gegenüber der organisierten Gesellschaft. „Erziehung zur Leistung wird immer in Zeiten der einseitigen Vorherrschaft des Staates mit besonderem Nachdruck gefordert"[44], behauptet Carl-Ludwig Furck und konkretisiert dies: „Der nationalsozialistische Staat betonte einseitig wie jedes totalitäre System das Leistungsprinzip. Heute ist das Leistungsprinzip in der sowjetischen und in der von ihr beeinflußten Erziehung zur absoluten Herrschaft gelangt."[46] Dieses Prinzip des übergeordneten Allgemeinen begründete besonders der Gymnasiallehrer und Philosophieprofessor Hegel.[46]

Der Lehrer befindet sich in einer dialektischen Spannung: gegen das übermächtige Allgemeine muß er das Individuum verteidigen ebenso wie er das Allgemeine gegenüber einem übermächtigen Individualismus verteidigen muß, beides aus pädagogischer Verantwortung. Er muß Leistung motivieren und sie beurteilen, weil es notwendig ist, auch wenn sich dabei Mängel nicht vermeiden lassen[47]. Er muß aber die Problematik[48] einsehen, den Leistungsanspruch nicht zur Unterdrückung[49] entarten lassen, darf Memorierleistung und Methodenzwang nicht überschätzen[50], muß wissen, daß er aus Zusammenhang und Kontext[51] isoliert, wenn er Leistung mißt. *Zensur ist nicht gleich der Leistung, Leistung nicht gleich dem Menschen.* Der Lehrer muß dem Mißbrauch wehren, Fehlhaltungen, Irrtümern, gerade um der rechten Leistung willen. Der Lehrer ringt um Gerechtigkeit, wenn er gegen Leistungsfanatismus auftritt und doch entschieden Leistung fordert.

Es geht um *gerechte Beurteilung, nicht* um *Abschaffung von Leistung.* „Die Leistungskritiker verwechseln auch das Messen einer bestimmten Leistung mit ihrem Erbringen oder Vollbringen. Es ist dann leicht, eine anfechtbare, eine lächerliche, eine fragwürdige oder sogar inhumane Leistungsmessung zum Anlaß oder Vorwand zu nehmen, um die zu messende Leistung als solche und ihr Erbringen abzulehnen".[52] „Die gegenwärtige neulinke-spätmarxistische Schulkritik versucht Schüler mit der Täuschung zu betrügen, die Entlarvung irgendwelcher unzulänglicher, einseitiger Leistungsmessungen genüge, um das Leisten selber als unnötig, ja unanständig abzutun".[53] Eine derartige Folgerung ziehen beispielsweise Siegfried Jäger und Dieter Duhm, nachdem sie die Beurteilungsprobleme ausschließlich einseitigen Thesen unterwerfen („ . . . die Notengebung erzeugt und verstärkt die soziale Abhängigkeit . . ."[54]) und feststellen: „ . . . so plädieren wir doch . . . dafür, daß die Schule auf die Auslese ganz verzichtet. Die Notengebung entfällt auch aus diesem Grund".[55] Sicher die einfachste, die primitivste Lösung. Lehnen Jäger/Duhm „Auslese wofür?"[56] ab, so lesen wir bei Heinz Joachim Heydorn dagegen: „Es ist besser, zunächst eine Minderheit fähig zu machen, als alle unfähig zu belassen. Die Kräfte sind angesichts der Aufgabe beschränkt."[57] Auslese einer Minderheit. Also doch Elitebildung. Jedenfalls: *die gerechteste Auslese geschieht aufgrund von Leistung.*

Ganz klar formuliert das Werner Klose[58] aus reflektierter Erfahrung: „Es kann deshalb nicht um den Abbau der Leistungen und des Leistungswillens in unserer Gesellschaft gehen, sondern nur um die bessere Motivierung der Leistung und eine gerechte und verantwortungsvolle Verteilung des er-

wirtschafteten Überflusses ... Für diese Aufgabe ist aber nicht der Abbau der Leistungsgesellschaft erforderlich, wie er heute realitätsblind in vielen Publikationen ausgerechnet durch Intellektuelle vertreten wird, die selbst Hochleistungsnachtarbeiter sind. Im Gegenteil: Unsere Gesellschaft und damit unsere Schulen müssen mehr und sinnvoller „leisten" als bisher! ... Für die Schule ergibt sich daraus noch die eigentlich pädagogische Problematik der richtigen Leistungsmessung durch Lernziele, die der Schüler selbst einsehen und bejahen kann, und durch gerechtere Methoden der Leistungsmessung." Es geht, um es nochmals zu betonen, um *Steigerung der Leistung und ihre Motivation durch gerechtere Beurteilung*. „Alle Reformen der Leistungsmessung bleiben Stückwerk der pädagogischen Technokratie, wenn nicht der Leistungswille der jungen Generation durch die demokratische Gesellschaft neu geweckt wird und dabei die verschwitzte Ideologisierung aus unseren Schulen abdampft. Im übrigen sollte, wenn die Erziehung auf Glück und Lustgewinn abzielt, ganz schlicht wieder daran erinnert werden: Sinnvolle Leistung macht frei, macht glücklich und ist soziale Tat für den Mitmenschen!"[59]
Walter Dohse beschreibt die „Grundfunktion der Zensur (als) die rangmäßig einstufende Beurteilung und Bewertung"[60]. Er spricht der Zensur folgende Einzelfunktionen zu:

Auslese, Leistungskontrolle, Anreizfunktion, pädagogische Funktion, rechtliche Funktion.

Das spräche gegen eine Abschaffung der Zensuren. Außerdem fänden sich, auch unter Schülern, immer wieder Mehrheiten für die Beibehaltung der Zeugnisse[61]. Aus den Zensurfunktionen greift Alfred Göller die letztere heraus: „Entscheidend im ursprünglichen Wortsinne wird die Eindeutigkeit und Vergleichbarkeit der Ziffernzeugnisse im öffentlich-rechtlichen Raum".[62] Karlheinz Ingenkamp stellt aber die „nicht vorhandene Vergleichbarkeit von Zeugniszensuren (als) für das Individuum und für die Gesellschaft verhängnisvoll"[63] dar. Die Folgerung könnte nur heißen: *alle Berechtigungen, die mit Schulzeugnissen verbunden sind, aufzuheben* und für die Ausbildung zu Berufen *generell Eingangsprüfungen* der aufnehmenden und ausbildenden Institutionen einzuführen, auch für Kollegstufe und Universität[64], und gerade dafür. Solange aber Gesellschaft und Staat an dem Berechtigungswesen aufgrund von bewiesener „Bildung" festhalten, entkommt der Lehrer nicht dem aufgezeigten Dilemma. „Eine pädagogische Lösung dieser Schwierigkeiten ist nicht einfach, sofern auf die Vergleichbarkeit der Zensuren und schulische Berechtigung nicht verzichtet werden kann."[65] Im Zusammenhang mit den Aufgaben des Lehrers wird das Problem der Beurteilung von Gerhard Bittner[66] als ein Weg zur Beratung formuliert:

„Schule als Institution ist in hohem Maße Instrument des sozialen Aufstiegs und Realisierungsraum individueller Möglichkeiten. Daher muß der Lehrer befähigt werden, seine Schüler richtig zu beurteilen. Er muß Methoden zur Messung der Entwicklungslage, der Entfaltungsmöglichkeiten und der erbrachten Leistungen beherrschen; er muß Möglichkeiten und Grenzen der Objektivierung des Lehrerurteils kennen. Die Beurteilung dient nicht in erster Linie der Zensurerteilung, sondern vorrangig der individuellen Förderung und Weiterführung der Schüler. Insofern führt das Beurteilen direkt in das Beraten hinein. Dieses bezieht sich auf differenzierte Lernmöglichkeiten, Schullaufbahn u. dgl. und das soll dem Schüler alternative Entscheidungsmöglichkeiten und Wege aufzeigen. Damit stehen Beurteilen und Beraten primär im Dienst des Lernenden."

Was kann nun der Aufsatz und seine Beurteilung zu diesen Funktionen der Zensurengebung leisten?
Geht man von der These aus, daß sich in den Aufsätzen der Stil eines Menschen kundgibt, der Stil, der nach der bekannten Wendung der Mensch selber sei, dann wäre der Aufsatz geradezu die geistige Landkarte dieses Menschen, ein entsiegeltes Buch, in dem wir nur zu lesen hätten. Allzuleicht wird der Aufsatz — für den Schüler schriftsprachliches Übungsfeld und für den Lehrer Problem guter Anleitung und gerechter Beurteilung und Feststellung von Leistung, also pädagogische Rechenschaft oder Station — nur noch Mittel zu Einsichten, die außerhalb der Ziele und Möglichkeiten sprachlicher Erziehung liegen. Man benützt ihn zu psychologischen oder soziologischen Untersuchungen, forscht darin nach Reifegraden oder Milieueinflüssen. Wenn auch Beck beispielsweise die psychodiagnostische Auswertung nicht ablehnt, weil ein „Aufsatz vielseitigen und tiefen Einblick in die Gesamtpersönlichkeit gewähren kann"[67], so setzt er doch voraus, daß in dieser Leistung der Schüler mit sich identisch war, fordert die Beiziehung anderer Beobachtungen außer der Aufsatzniederschrift und warnt vor „einseitigen, unvorsichtigen und zu weitgehenden psychologischen Ausdeutungen"[68]. Zu verlockend nämlich ist es auch, Material vor sich zu haben, das sich nicht wehren kann, und in diesem Material Menschen, die man bis in ihr Geheimstes, ihnen Unbewußtes durchschaut. Müßte ein Lehrer, der dies vermöchte, nicht eben deswegen gerecht urteilen? Aber der Gegenstand sprachlicher Leistung gerät dabei aus dem Blick. „Den Lehrer fasziniert der Aufsatz nur noch als eine Äußerung des Innenlebens des Schülers und er übersieht darüber die sprachgestaltende Aufgabe des Aufsatzes."[69] Denn er ist „weder Sachkunde noch Seelenerforschung, sondern sprachliche Gestaltung"[70]. Die Sprachleistung zu beurteilen, ist aufgegeben, nicht den Autor, nicht den Menschen. Und psychologische oder soziologische Absichten des Beurteilers könnten unbesehen Kategorien und Schemata vorgeben, die das Urteil bestimmen, ohne die sprachliche Leistung zu fassen.

Überhaupt scheint es fraglich, ob der Stil, damit der Aufsatz, der ganze Mensch ist. Zwar lesen wir bei Heinrich Roth: „Immer ist der Aufsatz ein Ausdruck des eigenen Wesens ... Im Aufsatz prägt sich unsere Denk- und Lebensart aus. Im Grund entfaltet jeder im Aufsatz nicht nur seinen eigenen Stil, sondern seine eigene Welt."[71] Wir nähmen auch durch Beurteilung eine wesentliche Einwirkung auf die „werdende Persönlichkeit" (Essen)[72]. Gewiß spricht man zu Recht von „einmaliger schöpferischer Leistung"[73], die „immer auch Selbstdarstellung" sei[74] und darum „vielseitigen und tiefen Einblick in die Gesamtpersönlichkeit"[75] gewähre. Daraus wird gefolgert, daß Schüleraufsätze „zu den zuverlässigsten Gradmessern für die geistige Reife, sprachliche Entwicklung und Bildungsstand von Kind und Klasse gehören. Sie sind zugleich", geht die Folgerung weiter, „meist ein untrügliches Spiegelbild der gesamten sprachlichen und darüber hinaus sonstigen Bildungsarbeit des Lehrers und der Schule". Schließlich wird behauptet: „Zweifellos gipfeln im Aufsatz alle übrigen muttersprachlichen Bemühungen und erfahren hier ihre Krönung."[76] Daß der Aufsatz dies sei — Gipfel und Krönung muttersprachlicher Erziehung —, darf man mit Fug bezweifeln: daß es unter den sprachlichen Erscheinungen (Gespräch und Rede, schriftlicher Gestaltung, darstellendem Spiel, Betrachtung der Welt der Sprache), einen Gipfel gäbe, zu dem man über die anderen aufsteige. Wir sollten den Aufsatzunterricht innerhalb des Deutschunterrichts nicht überschätzen, und man sollte darum auf Beurteilungen von Aufsätzen nicht einseitig allzu weittragende Entscheidungen gründen. Denn daß im Aufsatz der ganze Mensch erscheine und beurteilt werde, ist ebenso Hypothese wie die Auffassung, daß der Aufsatz den Deutschunterricht kröne. Die Skepsis richtet sich dagegen, daß in der schriftlichen Äußerung, noch dazu in einer kurzfristigen, themenbegrenzten, gesollten Weise, sich der ganze Mensch verwirkliche, weil nämlich der Reichtum der Person größer sei als eine beschränkte sprachliche Gestaltung, daß das Unaussprechliche, das Gemeinte zwischen den Zeilen, aber auch das Verwehrte und Unausgesprochene, dann das Unbewußte, aber auch das Körperlich-Räumliche sich nicht ausdrückten, das zwischenmenschliche Verhalten und die wirklichen, nicht geredeten Werte kaum transparent würden. Stimmte die Hypothese, dann wäre der beste Stilist, der beste Aufsatzschreiber vermutlich auch der beste Mensch; die Schule brauchte nur Aufsatzerziehung zu pflegen, um gute Menschen zu erziehen[77]. Im Aufsatz begegnen wir der Sprachfähigkeit eines Menschen, die Welthaltigkeit, Logik, Formbewußtsein, akustische Sinnenhaftigkeit, Entscheidungswillen, einem Weltbild und geistigen Strukturen. Gewiß nicht wenig, aber nicht alles.

Als Sprachwerk, erstellt durch Kopf und Feder, rational und logisch, bleibt der Aufsatz wägbares, zum Glück für den Beurteiler auch stummes Ergon. Es weist aber über das Meßbare hinaus. „Wer das Schreiben von Aufsätzen nur als Prüfstein für das sprachliche Leistungsvermögen des Schülers betrachtet, der degradiert es zum Mittel. Sicherlich besitzt gerade der Aufsatz besonderen Testwert, und von daher ist auch seine Bedeutung, die er als zensierte Klassenarbeit besitzt, legitimiert. Aber sein Wesen erschöpft sich nicht durch solche Zielsetzung."[78]
Man sagt, der Aufsatz wäre Darstellung, Sprachgestaltung von eigenem Wert. Eigenes, Einmaliges, Persönliches, das den Geschmack betreffe, nicht allgemein klassifizierbar und in Ziffern faßbar sei, zumal die antwortende Individualität objektive Urteile nicht zulasse. Demgegenüber gilt, daß der Schulaufsatz eben Übung ist, Training unter bestimmten Bedingungen mit begrenzten Aufgabenstellungen und begrenzten Zielen. Übend unterwerfen sich Lehrer und Schüler, Trainer und Trainierte, bestimmten Bildungs- und Unterrichtszielen, die eben deswegen isoliert werden müssen, um eine ganz bestimmte Form sprachlichen Verhaltens als Möglichkeit zu beherrschen. Die Sprechsituation im Unterricht ist fast immer eine künstliche, nicht die natürliche des Lebens, sondern eine eminent kulturelle und gesellschaftliche, und als solche eben die Situation unseres Lebens. Aufsatzschreiben ist eine isolierte Situation zum Training von Sprachformen und -techniken[79]. Der reformpädagogische Ansatz von einem immer ursprünglich künstlerischen, originalen, ja genialen Kinde her verstellt die Erziehungsmöglichkeit der Schule, die unter begrenzter Zielsetzung stufenweise die Fähigkeit im Hervorbringen schriftlicher Sprache nur aufrufen, fördern, üben, anleiten, die nur schulen, nicht schaffen kann. Auch hier muß sich der Lehrer bescheiden. Er ist Trainer, nicht Schöpfer. Er bildet aus. Er beurteilt daher erreichtes Sprachkönnen als ein Stadium in dem Dauerprozeß stilistischer Arbeit.
Der Aufsatz nun, der in solch unübersichtlichen, verwirrenden Bezügen steht, in mannigfachen Relativierungen, soll im System der Gesellschaft als einer Leistungsgesellschaft mit entscheiden über die Zuteilung sozialer Chancen. In einem sozialisierten System kann seine Funktion als Leistungserweis noch wachsen. Damit rückt er weit über die ihm zukommende Bedeutung als schriftliche Sprachübung, als Schreib-Training, hinaus in den Vordergrund als Auslesekriterium[80]. Aufsatz-Beurteilungen werden zu einer permanenten Rechtsprechung. Und zwar wem gegenüber? Kindern, die doch erst mit der Pubertät die Tragweite des sozialen Kampfes um Aufstieg erfassen, vorher wohl auch nicht sollen. Die Urteile treffen also Eltern, die einen bestimmten Weg ihres Kindes wollen; daher oft ihr Aufstand. Sie treffen erst den späteren Jugendlichen, und dann in einer

eigenartigen Verkehrung in Milde, die man vorher den Kleinen zu leicht und unangefochten versagt. Den Schülern der Gymnasialoberstufe wird Milde oft zu billig zugewendet, gerade dort, wo der junge Mensch nach Entwicklung und Bewußtheit gefordert werden kann und eigentlich auch will. Der Aufsatz wird am Gymnasium mit einer Auslesefunktion behaftet, unausweichlich in unserer gesellschaftlichen Entwicklung, auf der Oberstufe sicher zu wenig bewußt. Im Grunde aber widerspricht dies der pädagogischen Aufgabe einer Schreibübung, nämlich Hilfe in der Entfaltung geistiger Kräfte als Sprache zu sein, Übungsfeld, Training, bei dem Anerkennung und Lob meist mehr Energien auslösen als Tadel erzwingen kann. Auslese ist aber eine negative Funktion, auch wenn man sie verbal positiv wendet als Förderung. Die Nicht-Förderung ist eben dann das Negative. Der Deutschlehrer sieht sich in einen Richter über soziale Chancen verwandelt. Das belastet zusätzlich die Problematik. Aufsatzbeurteilung wird eine öffentliche Aufgabe[82]. Das ist zwar der Unterricht im allgemeinen immer, aber kein anderer Teilbereich in diesem Maße. Die Öffentlichkeit, Eltern und Schüler, nehmen am Schulgeschehen teil. Sie fordern das Recht des Einspruchs, der Mitbestimmung, weil zu viel von der Benotung abhängt. Die Schule sucht sich durch Schriftlichkeit zu schützen, soweit daß beispielsweise an einem bestimmten Gymnasium die mündliche Leistung eines ganzen Jahres in der Zeugnisnote soviel zählte wie eine Klassenarbeit von etwa zwei bis drei Stunden Arbeitszeit, deren sechs bis acht geschrieben wurden. Man will die Noten auf Belege „schwarz auf weiß" stützen. Der Aufsatz wird dann ein verwaltungsrechtliches Dokument. Die Verschriftlichung des Lehrens der Muttersprache bedeutet eine Juristifizierung und eine Entpädagogisierung, einen Schwund des Vertrauens.

Der Aufsatz muß also auf seinen ursprünglichen Zweck zurückgeführt werden. „Wir können auf den Aufsatz nicht verzichten, wenn die Schüler sich im schriftlichen Gestalten üben sollen"[83]. Sie brauchen häufiges Training. Dies ist der Aufsatz in erster Linie: Sprachübung, Schreibtraining, seine Beurteilung „in erster Linie Lern- und Lehrkontrolle".[84] Wertmaßstäbe beim Aufsatzschreiben zur Vergabe sozialer Chancen zu gewinnen, überlastet die Schreibsituation des Schülers[85], verkehrt das Wesen des Aufsatzes als Übung und überfordert den Lehrer. Es ist „notwendig, den Lehrer von seiner Rolle als alleinigen Vermittler von Rückmeldung (feedback), von Lob und Tadel und als Gutachter in gesellschaftlichem Auftrag zu entlasten".[86] Als Aussage über Fähigkeiten und Leistung eines Menschen kann dem Urteil über einen Aufsatz begrenzter Stellenwert zukommen im Zusammenwirken mit anderen Faktoren und Urteilen.

Anmerkungen

1 so etwa Jäger/Duhm, Merkelbach
2 Beck (WPB 1971, 559) kritisiert dieses Begriffsverständnis, Schröter (615) verteidigt es, weil der Schüler bereits die Tatsache unterschiedlicher Beurteilung als ungerecht empfinden müsse.
3 Gülland, Fritz: Weg mit den Schulzeugnissen, in: die neue erziehung 1929, 784–788
Heidemeyer: Können Schulzeugnisse abgeschafft werden? in: die neue erziehung 1930, 249–252
Simoneit, Max: Fort mit der Schulzensur! Das Beurteilen von Schülerleistungen. Berlin 1952
Lautmann, Rüdiger: Die institutionalisierte Ungerechtigkeit. Zensuren und Zeugnisse in soziologischer Perspektive, in: betrifft erziehung 3 (1970), 7, 11–17
Köster, H.: Notengebung – ein Würfelspiel, in: Der Junglehrer, 1971, 1/2, 4–6
Singer, Kurt: Diktatur der Schulaufgaben, in: DIE ZEIT, Nr. 48 vom 26. 11. 71, 56
4 Krieger, Hans: Krankenhaus für Gesunde. Das Zensurenunwesen verstellt der Schule ihre eigentliche Aufgabe, in: DIE ZEIT Nr. 26 vom 25. 6. 71, 16
Krug, Gerhard: „Uns stinkt der Leistungsdruck". Abiturienten des Jahrgangs '71: Was sie denken, wie sie reden. in: DIE ZEIT, Nr. 48 vom 26. 11. 71, 56
4a Dietrich, 164: „Denn das Lernen des Lernens bzw. der Aufbau von Problemlösungs- und Entdeckungsstrategien kann nur innerhalb eines Kontextes einer spezifischen Disziplin entwickelt und verbessert werden. Was nützen Lern- und Denkstrategien, wenn sie nicht auf die Bewältigung von Gegenständen ... bezogen werden."
5 so Roth, Begabung und Lernen, 18
6 so Roth, ebd., 18; Heckhausen ebd., 193
7 Göller, 38; Roth, 18
8 Göller, 38
9 Hermann Hesse: „Nein, ebenso wie man neben dem Masseur das Turnen braucht, so braucht die Seele, statt oder neben dem Spiel und allen diesen hübschen Anregungen, notwendig die eigene Leistung. Darum ist hundertmal besser als das Glücksspiel jede aktive Übung der Seele: straffe, scharfe Denk- und Gedächtnisübung, Übung im Reproduzieren gesehener Dinge bei geschlossenen Augen, abendliches Rekonstruieren des Tagesablaufes, freies Assoziieren und Phantasieren. Ich füge dies hei, ebenfalls für die Freunde des Volkswohls ... denn auf diesem Gebiet, dem der rein seelischen Erfahrung und Erziehung, bin ich kein Laie ..." (in: Kurgast, Werkausgabe 7, 84)
10 Göller, 143 (Geltungssucht); 11 (Anmaßung)
11 ebd., 149
12 ebd.: „Überhaupt kann nur eine naive pädagogische Auffassung Arbeit als eine notwendige Folge des Interesses ansehen. Interesse setzt zwar Kräfte frei; Interesse verbürgt aber noch nicht entsagungsvolle, pünktliche Arbeit ... Es ist immer noch besser, ein Schüler arbeitet wegen der Zensuren, als daß er überhaupt nicht arbeitet, weil er aus Mangel an sachlichem Interesse keine Lust dazu verspürt."
13 Schoeck, 19
14 so Heckhausen, in: Begabung und Lernen, 193; Vontobel 130/131; Martin, 53
15 Dohse, 123
16 Schreiner, Sinn und Unsinn, 230
17 Schoeck: „Es gibt wohl kaum *un*sozialere Zeitgenossen als solche, die der Jugend heute Mißtrauen und Widerwillen gegen das Leistungsprinzip einzuimpfen suchen." (72) „Leistung ist nur möglich, wenn eine Anpassung stattfindet." (20)
18 Dohse, 17
19 Ingenkamp, Fragwürdigkeit, 37
20 Dohse, 72, 150; Schreiner, 229; Flitner, 511 ff.
20a so auch Dietrich, 37
21 Martin, 52: „Das Leistungsprinzip ... einziges zentrales Kriterium". Klaus von Dohnanyi, in: DIE ZEIT vom 20. 8. 71, 40: „Gerade deswegen müssen wir den Mut

haben, offen zu sagen, daß schon am Ende der 10jährigen Schulzeit eine erste Leistungsauslese stattfinden wird, die sich in der Gesamtschule wahrscheinlich sogar verschärft. Denn wer die Chancen gleicher machen will und nicht mehr zusehen möchte, daß wenige privilegierte Kinder fast automatisch die Positionen ihrer Väter erben, der muß den Wettbewerb um die hervorgehobene Position in der Gesellschaft wollen. Und mehr Wettbewerb heißt: schärferer Wettbewerb; heißt auch: Leistung und Leistungsmessung."

22 Weber, Max: Die protestantische Ethik und der Geist des Kapitalismus, in: Archiv für Sozialwissenschaft und Sozialpolitik 1904, 20, 1–54; 1905, 21, 1–110, wiedergedruckt in: Winckelmann, J. (Hsg.): Die protestantische Ethik. München-Hamburg 1965
23 Roth, Begabung und Lernen, 31. Dazu Dietrich, bes. 13, 17, 50, 141
24 Heckhausen, in: Begabung und Lernen, 194
25 Vontobel, 22: „Leistungsbezogene Wertungspositionen besitzen einen hohen *Allgemeinheitsgrad*, was bedeutet, daß sie sich relativ leicht von einem situativen Kontext auf den anderen transponieren lassen."
26 ebd., 50
27 ebd., 53, 55
28 Heckhausen, in: Begabung und Lernen, 203
29 Vontobel, 65, 92
30 ebd., 90; nach Toman haben „älteste und Einzelkinder ... höhere Anspruchsniveaus und höhere Leistungsmotivationen" (71)
31 ebd., 114
32 ebd., 65
33 Heckhausen, 195; Gutte, 40: „Wir wissen noch wenig darüber, wie die elementaren sozialen Motivationsstrukturen von Schülern aus verschiedenen sozialen Schichten beschaffen sind ..."
34 ebd., 196
35 ebd., 197
36 ebd., 195, 200
37 Vontobel, 142
38 Roth, Begabung und Lernen, 33
39 Heckhausen, ebd., 198
40 ebd., 211
41 ebd., 203
42 Schoeck, 24: „Zu dem, was sich bei uns heute für ganz besonders fortschrittliche Pädagogik hält, gehört der Irrtum, es sei der ‚Emanzipation', der ‚Mündigkeit', der ‚Selbstverwirklichung' eines jugendlichen Menschen, eines Lernenden abträglich, wenn der Ausbilder von ihm Leistungen verlangt, die der Lernende selbst nicht bestimmen kann."
43 Göller, 148; Lieth spricht von „Verfälschung der ‚Bildungsschule' in eine ‚Leistungsschule' " (30)
44 Furck: Das pädagogische Problem der Leistung ..., 12
45 ebd., 90
46 Georg F. W. Hegel: „Man darf die Eigentümlichkeit der Menschen nicht zu hoch anschlagen. Vielmehr muß man für ein leeres, ins Blaue gehendes Gerede die Behauptung erklären, daß der Lehrer sich sorgfältig nach der Individualität jedes seiner Schüler zu richten, dieselbe zu studieren und auszubilden habe. Dazu hat er gar keine Zeit. Die Eigentümlichkeit der Kinder wird im Kreise der Familie geduldet, aber mit der Schule beginnt ein Leben nach allgemeiner Ordnung, nach einer allen gemeinsamen Regel, da der Geist zum Ablegen seiner Absonderlichkeiten, zum Wissen und Wollen des Allgemeinen, zur Aufnahme der vorhandenen allgemeinen Bildung gebracht werden. Umgestalten der Seele – nur dies heißt Erziehung." (88) Das Kind wird „nur insofern geachtet, als es Wert hat, als es etwas leistet". (103) System der Philosophie, Dritter Teil, Die Philosophie des Geistes. Sämtl. Werke, hsg. H. Glockner, X. Band, zitiert nach Furck, 38

47 Hojer, 838; Schreiner, 236; Ingenkamp, Fragwürdigkeit, 13
48 Furck, 15
49 Hofer, 12; Hojer, 843
50 Furck, 71
51 Hojer, 840
52 Schoeck, 32
53 ebd., 33
54 Jäger/Duhm, 173. (Haueis, 64: „Der Aufsatzunterricht dient der Stabilisierung der Verhältnisse".)
55 ebd., 181
56 ebd., 179
57 Heydorn, Heinz Joachim: Über den Widerspruch von Bildung und Herrschaft, Frankfurt 1970
58 Klose, Werner: Subkultur in der Klasse, in: DIE ZEIT, vom 18. 2. 72, 50
59 ebd., 59
60 Dohse, 62
61 ebd., 100. Auch Tille erörtert das Für und Wider der Zensurengebung (166/7).
62 Göller, 17
63 Ingenkamp, Fragwürdigkeit, 162
64 Dohnanyi, Klaus von (DIE ZEIT vom 20. 8. 71, 40): „Eine Auswahl über eine ‚Benotung' am Ende der Sekundarstufe II kann aber ebenfalls große Ungerechtigkeiten bringen. Denn sie bedeutet, daß die Beurteilung der Schüler in mehr als 2000 verschiedenen Schulen und von mehr als 60 000 verschiedenen Vollzeitlehrern vorgenommen wird ... Wer Chancengleichheit auch hier will und den Zugang zur Hochschule nicht über die Einbahnstraße einer gymnasialen Oberstufe steuern möchte, muß letzten Endes die Hochschule für den Zugang ausschlaggebend verantwortlich machen. In einem auf Chancengleichheit angelegten Bildungssystem führt deswegen kein Weg an der Hochschuleingangsprüfung vorbei."
65 Ingenkamp, Fragwürdigkeit, 162
66 Bittner, Gerhard: Lehrerbildung – Reform im Verzug, in: Politische Studien 1972, 249/250
67 Beck II, 29
68 Beck II, 31
69 Lehmann, 41
70 Lehmann, 42
71 Roth, Heinrich, Pädagogische Psychologie des Lehrens und Lernens, Hannover 1967[10], 67
72 Essen, Methodik, 228
73 Lehmann, 39
74 Sanner, 82
75 Beck II, 29
76 Beck II, 23, auch I, 52 postuliert den „Aufschluß über den geistig-seelischen Reifungsgrad". Auch Tille, 11: „Krone"; Rößling, 1: „Mittelpunkt"
77 Einen Teil dieser Einwände verdanke ich Dietrich Pregel in der Diskussion am 19. 2. 1969 in der Reinhardswaldschule
78 Sanner, 81
79 Dohse, 154: „... nicht nur das erwartete Können des Schülers, sondern auch das kategoriale Sollen maßgebend ..." Jensen, Aufsatzzensuren: „Was eine neuzeitliche Aufsatzlehre braucht, sind operationalisierte, altersspezifische Lernziele." Schreiner, Sinn und Unsinn, 228: „Die allgemeinen Lernziele müssen in die Leistungsbeurteilung übersetzt werden ... Die *Operationalisierung der Lernziele* ... hilft dem Lehrer, sich präzise bewußt zu machen, was er für den und von dem Schüler eigentlich will."
80 dazu auch: Twellmann, Walter, Aufsatz und Diktat – Hilfsmittel bei der Begabtenauslese, in: Neue deutsche Schule 1963, 324–327
81 Dohse, 155: „Wesentlich ist, daß die Steigerung der Anforderungen in harmonischem Verhältnis zur Entwicklung der Leistungsfähigkeit geht."

82 Beck II, 15: „Über die Diskussion in Fachkreisen hinaus ist der Aufsatz in letzter Zeit auch in der Öffentlichkeit zum umstrittensten Bereich der muttersprachlichen Bildung geworden. Man erinnere sich nur an die harten Auseinandersetzungen über die Frage, ob die Deutschzensur, die vornehmlich durch die Aufsatzleistungen bestimmt wird, ein Kriterium bleiben oder werden soll."
83 Ingenkamp, Probleme, 64
84 Schreiner, Sinn und Unsinn, 231
85 ebd., 230
86 Ingenkamp, Zur Problematik, 455

Stil und Inhalt

Stilalter als Beurteilungsrahmen

Dem Beurteiler- und Stiltyp des Lehrers antworten oder stehen gegenüber immer auch Stiltypen der Schüler, Stiltypen, die durch verschiedene Stilarten, wie sie Dietrich Pregel für ca. $6^{1}/_{2}$ bis $8^{1}/_{2}$jährige unter der Bezeichnung Fresko-Stil, für $8^{1}/_{2}$ bis 11jährige unter Reliefstil beschreibt[1]. Das Stilkontinuum eines Schülers läuft durch, es wird bestimmbar durch die Konstanten *Stiltyp* und *Altersstil*. Auch die Begegnung zweier verschiedener oder gleicher Stiltypen und die zweier Alters- und Generationsstile müßte in der Relation Lehrer-Schüler reflektiert werden. Oswald Beck erwähnt schließlich noch Geschlechtsspezifika, die sich im Aufsatz niederschlügen[2], auf die ebenfalls reflektiert werden müßte.

Obwohl sich dieser, hier nochmals unverändert abgedruckte Absatz in „Das Problem der Aufsatzbeurteilung" findet, behauptet Jean Firges[3], „Weber sieht als einzigen Ausweg, daß beim Lehrer ein Problembewußtsein geschaffen werde, daß er lerne, Distanz von sich selbst zu gewinnen und sich in seiner Eigenschaft als Faktor in das System der Beurteilungen einzubeziehen ... Wie unbefriedigend und nahezu utopisch dieser Appell an die Selbstkontrolle des Lehrers ist, der selbst versucht hat, diese Selbstbeobachtung bei der Aufsatzbeurteilung zu praktizieren. Appelle an das selbstkritische Bewußtsein der Lehrer werden, so muß man befürchten, die Objektivität der Beurteilungen nur geringfügig fördern. Eine Veränderung der Lage kann nur von objektiven, sprachlichen und stilistischen Kriterien her erwartet werden ... Mit anderen Worten: Wenn sich von einer Seite ein Ausweg aus dem Dilemma abzeichnet, dann am ehesten von der Seite der Kindersprach- und Stilforschung."

„Ausweg aus dem Dilemma"? Zunächst einmal muß es als solches erkannt sein. Es galt, und gilt heute genauso, das Problem als solches zu zeigen, das Problembewußtsein[4] zu wecken und dann durch differenziertere Fragestellung mehr und mehr zu schärfen. Appell oder nicht: ohne die Erkenntnis des Problems keine Lösung. Problemerkenntnis und richtige Fragestellung gehen vor und gehen voraus. Vielleicht leistet, gründlich befragt, die Stilalterforschung mehr als nur einen Ausweg oder ein Rezept. 1968 zeichneten sich erste Ergebnisse breiterer Untersuchungen ab. Sie waren keineswegs so gesichert, daß man daraus bereits anwendbare Kriterien für die Aufsatzbeurteilung hätte ableiten können. Solche hat auch Jean Firges nicht abgeleitet, sondern die Forderung danach als Appell ausgesprochen. Die Forschungen sind heute zweifellos einen Schritt weiter. Dennoch ist die Anwendung ihrer Ergebnisse mit Vorsicht und Zurückhaltung zu diskutieren.

Der von Hermann Helmers herausgegebene Band „Zur Sprache des Kindes"[5] macht ältere Arbeiten leichter zugänglich und ermöglicht einen Überblick über die Entwicklung der Kindersprachforschung. Dabei zeigten sich die Mängel der früheren Arbeiten, die von entwicklungspsychologischen Grundthesen her die Kindersprache befragten. So widerlegt der Beitrag von Franz J. Bakker (1965) Busemanns Aktions- und Qualitätsphasenhypothese (1925), worauf, wie auf ähnlichen Vorstellungen von Charlotte Bühler oder Elisabeth Schliebe-Lippert, wichtige Vorstellungen der Sprach- und Literaturdidaktik beruhen. Für die Aufsatzerziehung hatte Bakker schon 1962 festgestellt: „1. Beim Aufsatz gilt, wie überall im Psychischen, daß Symptome vieldeutig sind. Es gibt keinen starren, gesetzmäßigen Zusammenhang zwischen Symptomen und Eigenschaft. 2. Das Ausdruckssymptom sagt nichts über den Grund der Eigenschaft und über ihr Gewicht im gesamtseelischen Strukturzusammenhang aus."[6] Zumindest in Frage gestellt ist, daß die Aufsatz-, Stil- und Literaturformen bestimmten Entwicklungsphasen entsprechen und didaktisch kongruent einzusetzen wären. In Frage steht die Vorstellung, daß sich „Reifung" absolut, d. h. nur von innen her als Ausfaltung einer vorgegebenen Seele und unabhängig von der Einwirkung der Umwelt geschähe, daß der Mensch in bestimmten Reifungsphasen „reif" sei für bestimmte Formen, die ihm dann notwendig würden, worauf die Didaktik hinzuführen und dem sie zu entsprechen hätte. Dietrich Pregel, mit dessen Arbeiten (1958, 1963, 1966) die methodologische pragmalinguistische Besinnung der Sprachdidaktik hauptsächlich einsetzte, zieht entschieden den Trennungsstrich gegenüber den entwicklungspsychologischen Fragestellungen. Nach ihm ist die Auffassung der „Entwicklung der kindlichen Sprache als organische Reifung oder Ausfaltung einer Disposition ... aus der irrigen Verlagerung der kindlichen Sprache in den Bereich der allgemeinen ‚Sprachfähigkeit' (zu) verstehen" und es „verlören zweifellos auch jene ontogenetisch bestimmten Versuche den Boden unter den Füßen, die in der kindlichen Sprachentwicklung übersprachlich identische Phasen oder Stufen verzeichnen, deren Abfolge sich mit einer Art von naturwissenschaftlicher Gesetzlichkeit ... regle".[7] In der Auseinander-Setzung mit der Psychologie betont er „immer wieder": „Einen unmittelbaren Rückschluß von einem Symptomkomplex auf einen besonderen psychischen Zustand kann es in dem Verhältnis von Sprache und Stil zu psychischen Verfassungen (Altersstufe oder Persontypus) aus zweierlei Gründen nicht geben: Einmal sind Sprache und Stil an überpsychisch bestehende Sprachsysteme und Werkstrukturen gebunden ..., zum anderen wird sich nie das Psychische in seiner Totalität voll in der Sprache äußern."[8] Durch Methodenkritik und Empirie seiner Forschungen zur Kindersprache hat

Pregel begonnen, die Sprachdidaktik aus der ausschließlichen Fixierung durch die Entwicklungspsychologie zu lösen, um sie abzugrenzen und auf eigene Grundlagen zu stellen. Jede junge Wissenschaft kann nur durch Grundlagenforschung ihrer selbst sicher werden. Die Fachdidaktik benötigt dies umso mehr, als sie unter der Dominanz des Aspektes der Anwendung ins Leben trat. Dennoch und vielleicht auch deswegen sollte sie sich offenhalten für genetische Auffassungen, für die Möglichkeit von Komponenten, die anthropologisch-biologisch, onto- oder phylogenetisch zu beschreiben wären. Wie andere Gegenwarts-Wissenschaften verlöre sie sonst die Möglichkeit einer anthropohistorischen Dimension und damit die einer Orientierungshilfe. Dietrich Pregel selbst verliert diese Komponente nicht aus dem Auge. 1969 stellte er fest: „Das Kind erwirbt seine Muttersprache nicht in der Form reihender Anreicherung, sondern in der Form einer genetischen Folge aufeinander aufbauender Sprechlagen."[9]

Pregels methodologische Kritik trifft weiterhin die zu schmale und geographisch nicht gestreute Materialbasis der bisherigen Kindersprachforschung, die erst aufgrund breiter Textkorpora — worüber vergleichsweise das Institut für deutsche Sprache (Mannheim), Harald Weinrich (Bielefeld) oder Hugo Steger (Freiburg) verfügen — gesichertere Aussagen machen kann. Die versuchte *Skizzierung schulischer Stilalter* folgt darum den Ergebnissen von Dietrich Pregel (1969 in WPB und WW; 1970); die Arbeiten von Ilse Obrig (1934), Anna Krüger (1955), Klaus Doderer (1960/61), Christian Winkler (1961), Peter Braun (1965) und M. J. Hillebrand (1955/1966) können punktuell und exemplarisch zum Bild beitragen.

Das *erste schulische Sprach- und Stilalter* liegt zwischen dem Alter von 6;6 (/7) und 8;6 (/9) Jahren[10]. Pregel beschreibt die sprachliche Darstellung als „flächiges Nebeneinander"[11], in dem punktuell örtlich festgelegt und beglaubigt wird, „... in einem Raum als Rahmen, aber ohne Tiefe, Aufenthalts-, Durchgangs-, Richtungsraum der Figuren oder nur Zugangstür zur Erzählwelt".[12] Die Ereignisse sind gleich wiederholbar und fast formelhaft, die Verhaltensweisen typisch. Der reihenden Aufzählung entsprechen die eckigpunktuell und sprunghaft dargestellten Ereignisse und die „linear auf einer Darstellungsleiste in ruckartigen Einzelphasen erzählte Begebenheit".[13] Auch die Zeit ist auf Punkte gerafft. „Alle oben genannten Strukturtypen treffen sich in einer gemeinsamen Aufbauform der Darstellung: in der parataktisch additiven Verknüpfung ... ‚und da' — Satzanschlüsse und durch den dominierenden Gebrauch des Perfekts als Darstellungstempus".[14] Pregel kennzeichnet dieses Stilalter als *Freskostil*[15].

Auch Ilse Obrig (1934) betonte für dieses Alter (7—9 Jahre) das lineare Erzählen, von dem „man doch nicht von einer wirklich gestalteten Gliederung des Ganzen sprechen"[16] könne. Die Satzkette ist auch nach Klaus Doderer Hauptkennzeichen der Schulanfänger, dazu „die vollendete Vergangenheit" (Perfekt), die den Satz isoliere, weswegen der Und-Stil notwendig sei[17]. Doderer[18] und Krüger[19] stimmen überein, daß im 3. und 4. Schuljahr gewisse Strukturen (Anfang, Aufgipfelung, Schluß), Abstraktionsvermögen und konzentriertere Ausdrucksweisen aufträten und das Imperfekt entdeckt würde.

Während nach Doderer das kurze Erzählfeld der Schulanfänger „Gewöhnlich zwei bis acht Sätze umfaßt"[20], können wir nach Pregel „bei Schulanfängern bei Themen, die zum Erzählen führen, mit durchschnittlich 70 Wörtern, bei berichtenden Darstellungen mit rund 50 Wörtern Textumfang rechnen."[21] Schon der Umfang ist „eine von Thema und Stilform abhängige Größe".[22] Der Unterschied von der Erzählhaltung zur (noch ungeübten) Schreibhaltung, die erst etwa im 3. Schuljahr zum Tragen kommt, ist erheblich.

Dazwischen liegt, auch verzögernd und ausdruckshemmend, die Mühe des Lesen- und Schreibenlernens, von „entscheidendem Einfluß auf die sprachliche Entwicklung" (Doderer)[23]. Dabei wirkt sich im ersten Stilalter bereits der Unterricht aus, dessen Einfluß als Stilvariable experimentell kaum faßbar scheint[24], aber nicht unterschätzt werden darf[25]. So dürfte das Formelhafte[26] (mit Märchen und Anekdote Vergleichbare) in diesem Stilalter auch *mit* vom Unterricht und seinen Stoffen geprägt sein.

Die Entwicklung innerhalb des ersten Stilalters und die Wirkung des Unterrichts tut eine Untersuchung dar, die Peter Braun an geläufigen Satzbauplänen Sieben- bis Zehnjähriger unternommen hat. Er legt die 31 Grundformen deutscher Sätze der Duden-Grammatik zugrunde und kommt, hier von mir tabellarisch zusammengefaßt, zu folgenden Ergebnissen:[27]

Zahl der verschiedenen Satzpläne je Arbeit	7	8	9	10jährige
1	37	1	8	—
2	45	18	1	2
3	33	22	7	3
4	15	25	25	7
5	3	26	28	12
6	2	17	23	16
7		14	19	19
8		2	14	20
9		2	6	8
10			1	2
11				
12				1

Eine Interpretation der Tabelle zeigt, daß sich die Kolonnen nicht einfach linear dem Alter nach verschieben, sondern ausdehnen und ausdifferenzieren, bei etwa gleicher Verschiebung der Schwerpunkte. (Die Siebenjährigen haben an 6 Modellen teil, die Acht- und Neunjährigen an 9, die Zehnjährigen an 10. Der Zugewinn (12 Modelle!) durch Unterricht und Lernen ist beträchtlich, das Festkleben an einfachen Strukturen doch auch erheblich, trotz Unterrichts und Lernens.

Die Beschreibung des ersten Stilalters gibt sicher *Grundlagen* ab *für die Beurteilung von mündlicher und schriftlicher Sprachgestaltung:* einen Stilrahmen, mögliche Wortmengen oder Satzmodelle. Dem Kind, das sich in dem Rahmen seines Stilalters bewegt, gebühren für seine sprachlichen Leistungen durchaus Urteile mit Gut und Befriedigend. Was erheblich darüber oder darunter liegt, verdient besondere und besonders begründete Kennzeichnung. Zugleich wird die Frage, warum dies so ist, wichtig. So scheint beispielsweise dem Entwurf des ersten Stilalters ein Fall entgegenzustehen, wie ihn Christian Winkler in „Zwei Bilderbücher von Hartmut" berichtet. Hartmut, vor seinem sechsten Geburtstag, behandelt „mit aller Selbstverständlichkeit Gliedsatzformen wie schlichte Satzglieder"[28], „besitzt praktisch alle geistigen Grundbilder seiner Muttersprache zur Satzprägung"[29]. Hartmut ist „seinen Jahren voraus."[30] Er gehört ins zweite Stilalter in dem Sinne, wie Pregel feststellte: „Ein siebenjähriges Kind kann sich durchaus schon im zweiten, ein zehnjähriges noch im ersten Sprach- und Stilalter befinden."[31] Wir können innerhalb einer Klasse oder Lerngruppe die jeweiligen Stilalter kaum getrennt beurteilen, aber wir können von der Sprach- und Stilnorm aus erhebliches Voranschreiten oder Zurückbleiben feststellen. Dort setzt die Frage nach den Ursachen ein und im negativen Falle die unterrichtliche Bemühung um das betreffende Kind, besonders durch intensivere Beteiligung am Unterricht. Hartmut wäre seinem Stilalter voraus, und wir vermuten, daß die soziokulturellen Bedingungen günstiger waren (Vielfalt der als Bilder gemalten Inhalte, Bilder und Beschreibung zum Geburtstag der Großmutter, jemand der seine Erzählung — er kann noch nicht schreiben — geduldig aufschreibt, vielleicht wohl auch anregt und verbessert). Die Sprachleistung wäre unbestritten. Aber: wie ihn im Rahmen seines Stilalters fördern?

Das zweite schulische Stilalter läßt Pregel mit 8;6 Jahren beginnen und etwa bei 10;6 (bis 11) enden. Er beschreibt es als Gewinn an Material (Substantivkomposita), Perspektive (unbestimmter Artikel), und Tiefe, vor allem zeitlicher (Temporalsätze, steigender Gebrauch des Präteritums im Anschluß an die sprachliche Umwelt), genauere Raumbestimmungen, mehr Distanz (Er-Erzähler, Vorausschau, Rückschau, Kommentare), modale Abstufung (Konjunktiv), Innensicht und zitierte Personenrede. „Wie die flächigen Konturen gebrochen, das dargestellte Geschehen in sich räumlich aufgefaltet wird und Tiefe erhält, wie es von einem eigenen gegliederten Zeitbereich in detailliertere Ablaufstadien gedehnt wird — so gewinnt der Erzähler perspektivische Tiefe, indem er in seiner vom Vorgang abgehobenen Eigenposition das erlebende Ich und dessen innere Welt erinnernd zu objektivieren vermag, indem er sich mittels ordnender Vorausschau, Rückschau und modaler Stufung aus der Vorgangsunmittelbarkeit zurücknimmt und das Geschehen von einem Standort an der Peripherie aus erblickt und vermittelt".[32] Dietrich Pregel faßt die Beschreibung unter *Reliefstil* zusammen.

Nach Anna Krüger[33] treten in diesem Stilalter deutliche Gestaltungsabsichten auf, Erzählzusammenhang und Verknüpfung sind ausgeprägt, Mehrschichtigkeit und Gegenständlichkeit zeichnen sich ab.

Für die Aufsatzerziehung und -beurteilung läßt sich folgern: Konturierung von Dingen, Beschreibung, Vergleich, auch kausale Folgen müßten in dem Alter bereits angegangen werden, aber auch erste Aufgaben der Reflexion, des Erörterns von Gedanken im Dialog, knappe, in sich durchorganisierte Gestaltungen. Nacherzählungen, Weitererzählungen als dominierende Aufgaben könnten in diesem Stilalter bereits die Sprachentwicklung hemmen, Erlebniserzählung oder Erzählen als ausschließliche Stilform würde das Kind zu einseitig auf ein naives Ich festlegen.

Das dritte und die folgenden Stilalter sind von Pregel noch nicht untersucht, vielmehr Gegenstand weiterer Forschungsvorhaben. Hillebrand spricht von einem reflektierenden Stil bei Dreizehn- bis Sechzehnjährigen, mit Verlagerung des Interesses auf die Innenwelt, mit Kompensationserscheinungen wie Phrasen, Kraftausdrücken, Wortaufwand[34], offenbar Merkmale Pubertierender. Wie aber wäre Pubertät linguistisch und stilistisch zu verifizieren? Reflexion als Kennzeichen reicht nicht aus; denn sie gilt auch für spätere Stilalter des Menschen. Damit rückt die Sprachforschung unter entwicklungspsychologische Kategorien, und über den Zusammenhang von Denken, Sprache und Stil in diesem Alter liegen keine Ergebnisse vor.

Längst sprechen wir von Altersstil, denken wir etwa an Goethe, Hesse oder Brecht. Dazwischen mögen Stilalter liegen wie auch verschiedene von den Berufen her geprägte Stile, nicht nur Fachsprachen, sondern womöglich Stilgruppen, die Altersstile überdecken könnten. Müßig, dies weiter zu verfolgen. Dort, wo die Aufsatzbeurteilung schwierig wird, vom 6. Schuljahr aufwärts, hilft uns jedenfalls die Stilaltersforschung noch nicht weiter (oder doch negativ, indem wir unter Umständen Jugendliche oder Erwachsene noch immer dem ersten oder zweiten Stilalter zurechnen müßten, was bestimmte Urteile begründen könnte).

Vielleicht hilft eine Anleihe aus der Kunsterziehung in Andeutungen weiter. Ernst Nündel zeigt in seinem Aufsatz „Das formprägende Bewußtsein und der Deutschunterricht"[35] zehn Darstellungen einer Katze aus dem 1. bis 12. Schuljahr, in der sich Individualgestaltungen aus offenbar gemeinsamen Stilphasen abheben. Dabei wird die Isolierung der Teile (Abb. 1,2) deutlich, dann die beginnende und zunehmende Elastizität und Einpassung in den Raum (Abb. 3.—8., wobei 3 und 4 sich näherstehen), bis im 9./10. Schuljahr die „Realisation räumlich-plastischer Urteile"[36] erreicht wird (Abb. 9). Die dominierenden Gestaltzüge summiert Nündel so:

1. Die von additiven Ordnungen bestimmte. Ihre Merkmale sind Isolierung, Punktualität, Situativität.
2. Die durch Richtungsbeziehungen charakterisierte Ebene. Ihr gehören bereits Ordnungen an, die größtmögliche Richtungsunterschiede konstituieren, und ihr gehören noch Ordnungen an, die durch Richtungsveränderlichkeit bestimmt sind.
3. Die durch Figur und Grund übergreifende Verklammerungen und Raum durch Richtung realisierende Qualitäten ausgezeichnete Ebene.
4. Die Ebene der Ausdehnungsveränderlichkeit ... innerhalb derer Raum-Körper-Beziehungen und Lageverhältnisse verwirklicht werden[37].

Nündel will diese Folge nicht auf bestimmte Lebensalter oder gar Schuljahre projeziert wissen, aber als „Ebenen bildnerischer Ordnungsgesetzlichkeit ... ist ihre Abfolge nicht austauschbar."[38] Nündel verweist auf

die Abhebung der Kreativität von der Norm, „Eigenständigkeit und Vorgegebenheit" auch in der Sprachforschung: „Die didaktischen Folgen könnten schwerwiegend sein" bis zur Umstrukturierung der Schule und bis zur Überzeugung „von der Unbrauchbarkeit der Kriterien eines normativen sogenannten guten Stils im Deutschunterricht".[39] So können verschiedene Gestaltebenen gleichzeitig nebeneinander in derselben Altersphase, ja im selben Werk bestehen, und Ernst Nündel hat bis jetzt dies noch nicht schichtspezifisch zu erklären versucht. Konsequenzen für die Aufsatzbeurteilung deuten sich noch kaum an.
An dem Ansatz Dietrich Pregels zur Kindersprachforschung übt Valentin Merkelbach harte Kritik, weil „die Schwerpunktverlagerung von der Psychologie auf Sprachwissenschaft und Stilistik ... sich gegenüber einer Sprach- und literatursoziologischen Fragestellung als absolut immun erweise."[40] Er beanstandet eine „objektivistisch-metaphysische Position" (!?) und „das ausschließliche Interesse an alters- und typenspezifischen Sprach- und Stilhaltungen sowie das theoretische Desinteresse gegenüber jedem sprachsoziologischen Aspekt der Kindersprachforschung." Merkelbach sieht die Ursache solcher Einstellung „zweifellos nicht in einer individuellen Aversion, sondern ... bedingt durch die Methodengeschichte deutscher Sprach- und Literaturwissenschaft, die sich ja auch seit Jahrzehnten weigert, den schichtspezifischen Charakter der Literatur als legitimen Gegenstand der Forschung zu akzeptieren."[41] An Pregels Aufsatz „Offene Fragen der Kindersprach- und Stilforschung" (1966) kritisiert Merkelbach, daß „die Sprachsoziologie zum extremen Behaviorismus verkürzt wird und in dieser Ausprägung nicht mehr ernsthaft diskutiert zu werden braucht."[42] Auch in Pregels Veröffentlichungen 1969 fehlt ihm die Einbeziehung der sprachsoziologischen Komponente. „Um diese Normal- und Durchschnittsmodelle geht es Pregel ausschließlich, nicht aber um die Ursachen für individuelle Differenzen im Sprachverhalten, die man in der Tat ‚nur schwer voneinander abheben' kann, die aber für die Spracherziehung und den Aufsatzunterricht mindestens ebenso wichtig sind wie das Wissen um Stilalter".[43]
Nun war der in der Kölner Zeitschrift für Soziologie und Sozialpsychologie 1959 in deutscher Übersetzung erschienene Aufsatz von Basil Bernstein noch nicht rezipiert, nicht nur bei Pregel, als er 1962 den 1963 veröffentlichten Vortrag hielt. Pregel ist seitdem über Weisgerber oder Brinkmann hinaus Pragmalinguist geworden.
Man kann sich andererseits 1972 (!) nicht mehr wie Merkelbach für die Weigerung der Germanistik gegenüber der Sprach- und Literatursoziologie noch des Präsens („die sich ja auch seit Jahrzehnten weigert") bedienen. Daß sich die soziologische Fragestellung an Sprache und Literatur

über Lukàcs, Adorno, Fügen usw. längst, wenn auch nicht ausschließlich, durchgesetzt hat, ist heute außerhalb der Diskussion. Kennzeichnung von Lehrstuhlausschreibungen, die Fülle von Neuerscheinungen auf diesem Gebiet, nicht zuletzt auch Merkelbachs Schrift und deren Quellen (Akzente, Argument, Kursbuch, Spiegel, Diskussion Deutsch) belegen dies zur Genüge. In Sprache und Literatur erscheint Schichtspezifik allerdings nur als Stilistikum.

Liest man angesichts des Vorwurfs der Immunität gegenüber den soziokulturellen Komponenten Pregels Schriften nach, so findet man 1966 kindliche Sprache definiert „als einen Prozeß sich individuell und gruppentypisch wandelnden Sprachgebrauchs im Bereich überpersonal geltender Sprachsysteme"[44] – die Definition könnte ein Soziolinguist übernehmen – daß „ein Stilbegriff, der im Gestalten als Akt gründet ... für die Didaktik relevant geworden" sei. „Stil als ‚effect' dagegen setzt ein soziales Verhältnis von sprachlichen Partnern voraus ... Die soziale Interaktion ... bestimmt den Stil. Es liegt auf der Hand, daß besonders die Sozialpsychologie einen derartigen Forschungsansatz vertreten wird."[45] Zu den Stilvariablen zählen „Einflüsse der Umwelt"[46]. „Der geistige Horizont eines Kindes in einem Sprachalter ist abhängig von dem in seiner Muttersprache gegebenen Welthorizont"[47]. Das kann kein anderer sein als der konkrete, immer auch sozial bedingte. Die sprachsoziologische Fragestellung in Pregels Forschungsvorhaben wird von ihm 1969[48] unübersehbar bzw. unüberlesbar als vollzogen dargestellt:
„Bei der inneren Aufschlüsselung des Materials im Sinne einer möglichst großen Streuungsbreite waren folgende Einteilungsgesichtspunkte maßgebend:

a) Herkunft aus geographisch verschiedenen Sprachumwelträumen ...
b) Berücksichtigung verschiedener Schultypen in Stadt- und Landgemeinden unterschiedlicher Größe ...
c) Altersgruppe des Kindes (nach Lebensmonaten)
d) Schuljahrgang
e) Darstellungsimpulse als Aufgabenstellung ...
f) Geschlecht des Kindes
g) Stellung des Kindes in der Geschwisterreihe
h) Sozioökonomischer Status (Berufsgruppe) der Eltern".

Nach meinem Verständnis gehören davon mindestens a, g, h, wenn nicht auch b, c, d, f, zu den soziokulturellen Faktoren. (Das Material ist bzw. wird in einem langwierigen Verfahren an Computer verfüttert, die Ergebnisse werden in absehbarer Zeit vorliegen[49].)

Was den Vorwurf betrifft, Pregel gehe es um „Normal- und Durchschnittsmodelle", nicht aber um „individuelle Differenzen im Sprachverhalten" und deren Ursachen, so findet sich bei Pregel das genaue Gegenteil der Behauptung. Dazu einige Zitate: „Stil ... Dabei ist nicht nur an eine Erscheinung personaltypischer Art gedacht, welche die Alterssprache individuell oder typologisch differenziert, sondern auch an einen ‚Altersstil ..."[50] „Kindlicher Stil ... meint ... den individuell charakteristischen Gebrauch von Wortschatz, Syntax und Bauformen der Darstellung".[51] „Der Sprachwissenschaftler zielt auf das hinreichend Systematisierbare ... der Stilforscher bemüht sich um das Einmalig-Besondere ..."[52]. „Was also in der linguistisch deskriptiven Zusammenstellung der aufgewiesenen sprachlichen Mittel zum Nachweis der allgemein möglichen Leistungen dient, muß in der stilistischen Interpretation in seinem individuell differenzierten Aussagewert bestimmt werden."[53] „Wie jedoch im einzelnen Sprachwerk personaltypische Konstanten zusammenspielen mit typischen Konstanten der Stilalter, wird sich nur sehr schwer genauer klären lassen."[54] Pregel lehnt dabei „ein bloß vergleichendes Messen an der Norm der Hochsprache"[55] und ein „bloßes Messen der Sprachalter an der Norm der Erwachsenensprache"[56] ab, sondern postuliert die „eigene innere Ordnung"[57] der kindlichen Sprachalter.

Der Vergleich der individuellen mit der allgemein möglichen Leistung, die nicht oder nicht ausschließlich an der Norm der Hoch- bzw. Erwachsenensprache zu messen wäre, und ein Urteil darüber zu finden, das ist die Aufgabe des Lehrers bei der Aufsatzbeurteilung. Dazu braucht er das Maß des möglichen Altersstils, wie ihn Pregel bisher für das erste und das zweite schulische Stilalter beschrieben hat. Wenn der Lehrer Hilfe erwarten darf, dann eben von diesem eingeschlagenen Wege. Um die Norm ausreichend zu beschreiben, müssen die gemeinsamen Stilkriterien linguistisch deutlich herausgearbeitet werden. Das ist nur möglich, wenn der Forschungsgegenstand Kindersprache von der *Dominanz* nicht-linguistischer Fragestellungen freigehalten wird, ohne daß die nicht-linguistischen *Komponenten* im Kommunikationsfeld Sprache geleugnet, übersehen oder unterwertet würden. Dietrich Pregel löste darum den Forschungsansatz von der entwicklungspsychologischen Dominanz und wollte zugleich verhindern, daß er unter die soziologische Dominanz geriet, daß also die Herrschaft einer nicht-linguistischen Fragestellung bloß durch die einer anderen nicht-linguistischen ersetzt wird. In diesem methodisch-notwendigen Bestreben scheint mir Pregels theoretischer Ansatz, von heute gesehen, ein wenig überspitzt, so wie er die Dialektik der Rollen der Psycholinguistik und der Soziolinguistik nicht leugnen wird. Im übrigen ist der abgelehnte Behaviorismus nicht unbedingt mit Soziolinguistik gleichzuset-

zen; denn Pregel bezieht den Begriff aus oder auf einen Aufsatz P. R. Hofstätters[58] aus dem Jahre 1956 (!).
Zitieren wir Pregel[59] selbst: „Ebenso unbrauchbar ist freilich für unsere Thematik jener Sprachbegriff behavioristischer Herkunft, der in der Sprache nur ein mit anderen Menschen geteiltes Bezugssystem sieht und die sprachliche Eigenart von der ökonomischen Anpassung her begründet. Wenn Sprache tatsächlich über bestimmte Reiz- und Reaktionsformen als Verhaltensweisen entwickelt und gesteuert werden sollte, die in einer bestimmten sozialen Gruppe von Menschen gepflegt werden, dann läge das Auswahlprinzip, das über Bestand und Entwicklung einer Sprache entscheidet, in der ökonomischen Anpassung an die gebräuchlichen Verhaltensweisen. Für die kindliche Sprache bedeutet das: Erlernen nach bloßem Erfolgsprinzip; eine gegebene Sprache wäre gleichsam ein Dressurmuster. Ein Kind übernähme danach aus seinen Sprechversuchen (schon bei den Lallgebärden) schließlich nur jene sprachlichen Formen, die bei den Mitmenschen Reaktionen gewünschter Art hervorrufen. Sprache entwickelte sich also im Maße von Erfolg und Mißerfolg der kindlichen Sprechversuche im Reaktionsverhalten der Mitmenschen. Das bestimmende Moment für Spracheigenarten wäre das Reiz- und Reaktionsverhalten von Gruppen. Völlig außerhalb der Betrachtung blieben dabei das Zustandekommen, das Dasein, die inhaltliche Struktur und der Einfluß bestehender Sprache sowie intraindividuelle Unterschiede in derartigen situativen Reiz- und Reaktionssystemen sozialer Gruppen. Es gälte auch im sprachlichen Bereich der homo faber, nicht der homo sapiens oder homo loquens".
Man könnte hinzufügen: oder homo ludens. Denn Sprache ist auch Spiel mit Möglichkeiten, gehört als akustische Formenwelt auch in den Bereich der Ästhetik, als Literatur in das Reich fiktiver Modelle, als Denkspiel zum Fortschritt. Pregel wollte einer Verkürzung und Verengung des Sprachbegriffs, damit des Forschungsansatzes, begegnen. „Sofern wir zur Bestimmung der *Eigenart* des kindlichen Sprachgebrauchs *artbeschreibende* Kriterien entwickeln wollen, können wir uns weder in den Denkbahnen behavioristischer Lernmodelle bewegen noch der evolutionistisch-genetischen Entwicklungsmodelle bedienen."[60]

Anmerkungen

1 Nach Vorträgen von Dietrich Pregel am 2. 5. 1968 in Frankfurt/M. über „Das erste Stilalter" und am 21. 2. 1969 in der Reinhardswaldschule über „Das zweite Stilalter".
2 Beck II, 26
3 Firges, Bedeutung der Kindersprach- und Stilforschung, 16/17
4 Essen, Beurteilung, 36: „Voraussetzung für die immer wieder geforderte Gerechtigkeit der Beurteilung ist das wache Bewußtsein, wie weit das Maß seiner eigenen Leistung im Urteil mit enthalten ist."
Ingenkamp, Zur Problematik 456: „Wir können nur zur intensiveren Beschäftigung mit diesen Problemen aufrufen und Wege andeuten, deren Beschreiten uns möglicherweise der Lösung näherbringt."
5 Wege der Forschung, Band 42, Wiss. Buchgesellschaft, Darmstadt 1969
6 Bakker, Die psychologische Grundlegung des Aufsatzunterrichts, 43
7 Pregel, Offene Fragen, 431
8 ebd., 449
9 WW 1969, 73
10 WPB 1969, 370; WW 1969, 79
11 WW 1969, 82
12 ebd., 83
13 ebd., 85
14 ebd., 87
15 ebd., 91
16 in: Zur Sprache des Kindes, 204
17 in: Zur Sprache des Kindes, 3/6
18 ebd., 320, 325
19 Harms Päd. Reihe 9, 1961
20 in: Zur Sprache des Kindes, 316
21 in WPB 1969, 371
22 ebd., 330
23 Zur Sprache des Kindes, 316
24 so Pregel, WPB 1969, 329
25 so auch Ernst Nündel in einem Vortrag am 29. 11. 71 in Augsburg
26 Doderer: „Weder das Volksmärchen noch die Anekdote sind übrigens im Grunde viel anders gebaut als die Geschichten dieser Acht-, Neun- und Zehnjährigen" (320). „Dieses Formelhafte ist ein Kriterium aller naiv volkstümlichen poetischen Äußerung und zugleich des kindlichen literarischen Elementarlebens" (321).
27 in: Zur Sprache des Kindes, 409/410
28 in: Zur Sprache des Kindes, 344
29 ebd., 348
30 ebd., 352
31 in WPB, 371
32 WW 1969, 104
33 Harms, 1961, 21, 27, 83
34 Hillebrand II, 83. Dazu Dietrich, 85, Reflexions- und Abstraktionsbeginn bei 11/12 Jahren, aber auch Krise der Leistungsmotivation zwischen 12 und 14 (44–46)
35 WPB 1970, 10–20
36 ebd., 18
37 ebd., 19
38 ebd., 19
39 ebd., 20
40 Merkelbach, Kritik, 40
41 ebd. 41; auf S. 73 wird die These in Variation wiederholt, daß „der ideologische Kern des Formalismus in der Aufsatzdidaktik ... die herrschende Tendenz in der deutschen Sprach- und Literaturwissenschaft widerspiegelt". Gisela Wilkending weist demgegenüber darauf hin, daß der Mangel nicht im theoretischen Ansatz der Literatur-

wissenschaft läge, „sondern vielmehr darin, daß die Theorie des literarischen Textes nicht soweit differenziert worden ist, daß die situativen Bedingungen für die Entstehung literarischer Erscheinungsformen mit strukturellen Merkmalen in Beziehung gesetzt werden konnten." (215)
42 ebd., 42
43 ebd., 42
44 Pregel, offene Fragen, 433
45 ebd., 439
46 ebd., 442; in WW 1969 wird das wiederholt (76, 91) und auf den „Sozialstatus der Eltern" (77) hingewiesen.
47 ebd., 457
48 in WPB 1969, 329/330
49 nach einer Mitteilung Pregels in einem Gespräch am 5. 3. 1972
50 Pregel, offene Fragen, 437
51 ebd., 441
52 ebd., 464
53 ebd., 465
54 ebd., 477
55 ebd., 462
56 ebd., 475
57 ebd., 462
58 Pregel, Offene Fragen, 432 Anm. 5.: P. R. Hofstätter, Behaviorismus als Anthropologie, Jb. f. Psychologie und Psychotherapie, 4. Jg., 1956. Vgl. auch die Kritik Gerhard Helbigs (zur Anwendbarkeit moderner Linguistik im Fremdsprachenunterricht, in: Sprache im techn. Zeitalter 1969, 287–305) an Skinners Behaviorismus. Rolf Oerter will „heute, da der Behaviorismus selbst in seiner Heimat überwunden ist ... allzu eingeengte Vorstellungen über Lernen als blinde Reiz-Reaktions-Koppelung korrigieren" (11).
59 Pregel, Offene Fragen, 431/2
60 ebd., 432. Auch Oevermann bezeichnet den Spracherwerb als „eine systematische, in irreversiblen Sequenzen ablaufende Entfaltung des Regelsystems ‚Sprache' ... während die lerntheoretischen Erklärungsversuche im Stimulus-Response-Modell bisher gescheitert sind" (in: Begabung und Lernen, 330).

Schichtenkodes als Beurteilungskriterien?

Zweifellos ist die Frage des Stils die zentrale Frage bei der Beurteilung eines Aufsatzes. Daß „Stil" ein Problem ist, macht die Aufsatzbeurteilung wesentlich zum Problem. Wir versuchen dabei einen Gattungs- und Sachstil — von der Perspektive und dem Gegenstand her — als Übungsaufgabe und Lernziele und einen Individualstil als die originäre Weise eines Menschen zu beschreiben und zu werten und dazu als Pädagogen, die Stilmöglichkeiten eines Lebensalters als Rahmen zu erfassen. Daß Kultur, Nation (Sprachgemeinschaft, Sprachgesellschaft), Epoche, Generation jeweils und zugleich ihren Stil haben, lassen wir außer acht, gleich ob unbewußt oder bewußt. Selbstverständlich beruht die im Aufsatz erscheinende Kombination, der spannungsvolle Kompromiß von Gattungs-, Sach- und Individualstil, auf dem geltenden Kultur-, National-, Epochen- und Generationsstil, wird von ihnen bedingt und vorbestimmt. Das gilt auch von den sozialen Ständen, Schichten, Gruppen, von ihrer Sprache, ihrem Stil. Stil entscheidet und profiliert zweifellos sich in der Sprachsituation. „Die Frage nach der Verwendbarkeit eines sprachlichen Mittels in einer bestimmten gesellschaftlichen Situation, also unter bestimmten außersprachlichen Bedingungen, ist eine spezifisch stilistische Frage"[1].

Stil ist gesellschaftliche Übereinkunft, Konvention und deren Macht, und Stil ist die seinem Wesen gemäße Antwort des Individuums, des Einzelnen. Die Erforschung dieser Zusammenhänge aber hat kaum begonnen. Die strukturelle Linguistik bleibt in den „meisten Arbeiten zunächst ganz bei der Beschreibung der *sprachinternen Bedingungen*' stehen und entwickelt bisher keine nennenswerten Ansätze einer Theorie der Beziehbarkeit der sprachlichen Strukturen auf die objektive gesellschaftliche Realität, einer Theorie der *sprachexternen* Bedingungen' des *Sprachverhaltens*' "[2].

Diese gesellschaftlichen Bedingungen versucht die Soziolinguistik ins Auge zu fassen.

Die „Hypothesen"[3] von Basil Bernstein beruhen wesentlich auf amerikanischen Untersuchungen. Darnach erwiesen sich die Verhaltensstandards und Erziehungspraktiken in Familien der Mittelschicht und der Arbeiterklasse, abhängig von unterschiedlicher Umwelt (Subkultur), auch unterschieden: Eltern aus der Arbeiterklasse handelten nach Gesichtspunkten der Achtbarkeit oder Respektabilität, reagierten eher auf die Folgen einer Tat, griffen häufiger zur körperlichen Bestrafung, während Eltern aus der Mittelschicht von verinnerlichten Standards ausgingen, eher die

Absicht werteten, und bewußt, überlegt und mit Vernunftsgründen durch Appelle an das Gewissen und Androhung des Liebesentzuges vor allem durch Worte das Kind zur Selbstkontrolle bringen wollten[4].
Daraus ergäben sich unterschiedliche Motivationen[5]. „Es besteht kein Zweifel, daß sozio-kulturelle Faktoren das Niveau der Schulleistungen drücken oder heben. Kinder, die aus den beiden extremsten sozialen Gruppen stammen, werden schon in einem frühen Alter, und zwar bevor die offizielle Erziehung beginnt, völlig verschiedenen Lernmustern ausgesetzt"[6]. „Sprachliche Unterschiede gibt es normalerweise in jeder Gesellschaft ... Der Unterschied ist dort am größten, wo der Abstand zwischen den sozio-ökonomischen Niveaus am weitesten ist"[7]. Die Unterschiede wirkten sich vor allem sprachlich und damit schulisch aus[8]. Bernstein generalisiert[9] das unterschiedliche Sprachverhalten auf nur zwei Kodes, die von der Sozialschicht abhängen, die Subsprachen der Mittelschicht und der Unterschicht, die sich wie folgt gegenüberstünden (hier verkürzt wiedergegeben):

Mittelschicht	Unterschicht
1 Genaue grammatische Ordnung und Syntax	Kurze, einfache Sätze, dürftige Syntax, additiv
2 Logische Modifikationen, komplexe Satzkonstruktionen, Konjunktionen, Nebensätze	Kurze Befehle, Fragen wenig Nebensätze, einfacher Gebrauch sich wiederholender Konjunktionen (so, dann, und, weil)
3 Häufig Präpositionen (logisch, zeitlich, räumlich)	
4 Häufig unpersönliche Pronomina (es, man)	Selten unpersönliche Pronomina, konkretes Subjekt
5 Qualitativer Gebrauch von Adjektiven und Adverbien	Starrer und begrenzter Gebrauch weniger Adjektive und Adverbien
6 Individuelle Qualifikation wird sprachlich durch die Struktur vermittelt.	Behauptung und wiederholende Verstärkungen. Verkehrung von Begründung und Folgerung. Verzerrungen des Mitteilungsgehalts
7 Der expressive Symbolismus differenziert mehr nach Bedeutungen. Argumente.	Auswahl aus Formeln (Redewendungen, Sentenzen, Schlagwörter). Keine Erläuterungen, kaum Argumente
8 Sprache einer komplexen Begriffshierarchie zur Organisation der Erfahrung	Sprache impliziter Bedeutungen
formal code	public code
später: elaborated code	später: restricted code

Der eingeschränkte (restricted) Kode fördere Unmittelbarkeit und Solidarität, aber auf Kosten der logischen und gefühlsdifferenzierenden Qualität der Kommunikation, verhindere Reflexion und binde an Konventionen. Das Kind aus der Arbeiterklasse sei darauf fixiert, von einer *Sprachbarriere* behindert. Dadurch, daß das Mittelklassenkind beide Kodes lerne, vermöge es sich zahlreichen Situationen verbal gewandter anzupassen, könne die gleichartige Sprachstruktur des Lehrers (Mittelklasse!) an- und aufnehmen, während das Unterschichtenkind Konflikte, Schwierigkeiten im Verständnis beiderseits habe, weil es den elaborated code nicht spreche, kognitiv verarme, an Lernmotivation mangle, dem mit Strafmaßnahmen begegnet werde[10]. Bernsteins Folgerungen: „Trotzdem kann nicht genug betont werden, wie nötig es ist, die Schwierigkeiten zu verstehen, mit denen das Kind aus der Arbeiterklasse bei der Bildung elementarer Begriffe zu kämpfen hat, und wie wichtig es ist, ihm eine adäquate Verbalisierung zu erleichtern, und zwar unter Bedingungen, die ein Verhältnis *gegenseitiger Achtung und gegenseitigen Vertrauens* zu schaffen vermögen. Die Schule sollte nicht versuchen, den *öffentlichen* Sprachgebrauch auszurotten, der ja nicht nur seine eigene Ästhetik besitzt, sondern den Sprechenden auch psychisch mit seinesgleichen und mit seinen lokalen Traditionen verknüpft. Es handelt sich vielmehr darum, diesen Sprachgebrauch zu ergänzen"[11].

Um Bernsteins Gegenüberstellung fortzusetzen und zu erweitern (Roeder, Oevermann, Mollenhauer), wäre zu ergänzen: daß die Unterschicht ihrer Rolle verhaftet sei, sprachlich allgemeine, konventionelle Normen reproduziere, sich statisch verhalte, wenig mobil, augenblicks- und umweltabhängiger, passiv bis apathisch, während die Mittelschicht die Rolle reflektiere und transzendiere, die Sprache individuell handhabe, sich elastischer verhalte, beispielsweise durch Verzicht auf gegenwärtige Wünsche zugunsten einer Zukunftsperspektive. Peter Martin Roeder („Sprache, Sozialstatus und Schulerfolg", 1968) bestärkt Bernsteins Thesen. Nach ihm „ist anzunehmen, daß der Sprecher des restringierten Kode bei gleicher Intelligenz in all diesen Bereichen schwächere Leistungen erbringt, oder zumindest schlechter beurteilt wird als der des elaborierten Kode"[12]. Roeder bezieht das Problem auf die Aufsatzbeurteilung. „Wir müssen annehmen, daß diese stilistischen Kriterien denen des Aufsätze beurteilenden Lehrers ähnlich sind, sich also in der Zensur niederschlagen. Die Sprache des Schülers der Unterschicht wird also, an den Maßstäben des elaborierten Kode der Mittelschichten gemessen, als inferior eingestuft. Und da wir annehmen müssen, daß diese Einstufung sich nicht auf Aufsätze beschränkt, sondern auch durch mündliche Äußerungen provoziert wird, dürfte der negative Effekt selbst rein stilistischer Unterschiede auf den

Schulerfolg beträchtlich sein"[13]. Die gefolgerte Forderung Roeders, „sprachliche Leistungen nicht mehr wie bisher als Hauptkriterium der Selektion zu handhaben"[14], ist von mir für die Aufsatzerziehung dahin formuliert worden, daß es sich in erster Linie um ein Schreibtraining handele. Im übrigen deckt sich Roeders Forderung mit der Bernsteins nach Kompensation: „Der Sprachunterricht hat also, soziologisch interpretiert, die Aufgabe, den einzelnen aus einer durch die Herkunft zugeschriebenen und sprachlich fixierten Rolle zu lösen, ihn in den Stand zu setzen, prinzipiell beliebige Rollen in unterschiedlichen sozialen Subsystemen einnehmen zu können"[15].

Ebenso forderte Ulrich Oevermann („Schichtenspezifische Formen des Sprachverhaltens und ihr Einfluß auf die kognitiven Prozesse", 1968), der Bernsteins Beschreibungen schärfer formuliert, kompensatorischen Unterricht zusammen „mit der Reflexion und Modifikation von schulischen Leistungskriterien"[16], die „Leistungskriterien einer kritischen Revision zu unterziehen" und „sich der sprachlichen Förderung der Unterschichtkinder besonders zu widmen"[17]. Oevermann zieht pädagogische und sprachdidaktische Folgerungen: der Lehrer müsse „zunächst auf die typische Sprache der Unterschichtkinder eingehen"[18], „die ‹negative Sanktionierung der restringierten Sprachformen› ... muß sich allmählich aus der Erfahrung von Erfolg und Mißerfolg im Problemlösen selbst ergeben"[19]. Es dürften „die Inhalte der Spracherziehung bei Aufsätzen und Lesestücken nicht wie bisher weitgehend außerhalb des Erfahrungsmilieus dieser Kinder liegen"[20]. Die Details kompensatorischer Spracherziehung beziehen sich fast völlig auf die Vorschul-Erziehung, außer den Forderungen nach „Sonderkursen im Lesen und Schreiben während der ersten Grundschuljahre"[21] und nach der Entwicklung eines „an der modernen generativen Grammatik orientierten Unterrichts"[22].

Daß die Auslese für die weiterführenden Schulen und die dort höheren Lernleistungen die Unterschiede verfestigen, vielleicht sogar erhöhen, dürfte nach Erfahrungen und Untersuchungen kaum noch bestritten werden. Das muß nach englisch-amerikanischen Ergebnissen auch für die integrierte, in Kursen differenzierende Gesamtschule gelten.

Wenn man davon ausgeht, daß Sprache Kommunikation ist und sich wesentlich in sozialer Interaktion ausbildet, dann legt ohne Zweifel die Soziolinguistik mit der Hypothese von den schichtspezifischen Sprachkodes eines der schwierigsten Probleme der Spracherziehung bloß, wovon Aufsatzlehre und -beurteilung betroffen sind; sie berührt einen neuralgischen Punkt. Die Gerechtigkeit der Urteile scheint noch fragwürdiger, weil weder die Beurteilten die gleichen Chancen der Sprachausbildung hatten noch die Beurteiler sich von ihrem Status lösen könnten[23]. Die Leistungsdifferenzen verlangen die ständige Frage nach den nicht nur individuellen, sondern soziostrukturellen Gründen und deren pädagogische Wertung. Für die Beurteilung von Leistungen werden sie immer ein offenes Problem sein[24]. Das gälte auch, wenn man eine genetische Komponente nicht völlig ausschlösse. Je mehr determinierende Faktoren, desto schwieriger ein Urteil über individuelle Leistung.

Bringt man Stilalter und Schichtenkode zur Deckung, dann scheint die Beschreibung des ersten Stilalters der des restricted code in manchen Zügen ähnlich, die des zweiten Stilalters der des elaborated code. Erstes Stilalter/restricted code wären ein Grundstadium, in das man zurückfallen könne, das aber nicht alle durchschritten. Bleiben zu viele sprachlich stehen? Sind sie zum elaborated code unfähig? Versagte die breite Volkserziehung, die Schule[25]? Die soziale Determinierung aber ist weder absolut noch in einer offenen Gesellschaft unaufhebbar, und es steht außer Zweifel, daß fast alle Kinder, und nicht nur die aus der Mittelschicht, das zweite Stilalter erreichen. Das Unterrichts- und Beurteilungsproblem spitzt sich also auf die Kinder zu, die nach der Grundschule im ersten Stilalter verharren. Neben den schichtspezifischen Bedingungen müssen dann aber zugleich solche der Motivation und des Willens wie die Leistung des Unterrichts befragt werden. Es wäre ebenso unbillig und ungerecht, das Versagen des Lehrers, der sich nicht mehr um Lernintensität müht, völlig auf den Schüler, seine mangelnde Motivation, vor allem seine Barrieren, abzuwälzen, wie ehedem auf mangelnde Begabung. Wer nicht will oder nicht kann, wäre dann lediglich so oder so – sozial oder biologisch – determiniert. Das kann nicht Antwort des Pädagogen sein. Er ist herausgefordert. „Es ist denkbar, daß der Aufsatzunterricht, der Sozialisationsstile und die daraus resultierenden Formen des Sprachverhaltens nicht zur Kenntnis nimmt, mit bestimmten Aufsatzformen vor allem Kinder der Unterschicht (aber nicht nur diese) dauernd überfordert, ohne sie sprachlich zu fördern. Es ist denkbar, daß die Kinder über Jahre hin mit Erlebniserzählungen gequält und für trockene und farblose Erlebnisberichte ohne richtigen Höhepunkt usw. mit schlechten Zensuren bestraft werden, obwohl sie vor und außerhalb ihrer Schulzeit nie Gelegenheit hatten, ihre Erlebnisse und Erfahrungen, selbst wenn sie einen richtigen Höhepunkt hatten, zu verbalisieren – zumindest nicht so, wie es Lehrer einer Mittelklassen-Institution für wünschenswert halten"[26]. Es ist denkbar. Ist es denkbar? „Von daher wäre insbesondere die Beurteilung ... des sogenannten mündlichen Ausdrucks und des Aufsatzes neu zu überdenken"[27].

Diese pädagogische Seite des Problems muß für sich bestehen und ausgetragen werden, ungeachtet der *Kritik*, die Bernsteins (und anderer) „Hypothese" erfahren hat und erfährt. Bernsteins eigene Untersuchung stützt sich lediglich auf 300 Versuchspersonen zwischen 15 und 18 Jahren mit je einem sprachlichen Intelligenztest und einem nicht-sprachlichen Test[28]. Er spricht von „den beiden *extremsten* sozialen Gruppen"[29], und von den größten Unterschieden, „wo der Abstand zwischen den sozio-ökonomischen Niveaus *am weitesten* ist"[30]. Demnach gibt es mehrere soziale Gruppen, wovon die extremsten jenen Unterschied der Kodes möglicherweise haben, Bernstein und seine Nachfolger aber polarisieren generalisierend Sozialschichten und Sprachkodes. Bernstein „*vermutet*, daß dieser Unterschied ... auch für andere Länder zutrifft"[31] und deutet abschließend darauf hin, „daß diese Hypothesen in Betracht gezogen werden sollten"[32]. Schließlich distanziert er sich vom „Unfug mit der ‹kompensatorischen› Erziehung" seiner Jünger, weil dadurch „ein Keil getrieben (werde) zwischen das Kind als Mitglied einer Familie und Gruppe und das Kind als Mitglied einer Schule", das seine „soziale Identität" nicht „am Schultor abgeben" könne[33]. Diese Konsequenz — andersherum — ist letztlich schul- und erziehungsfremd, ja — feindlich. Roeder spricht zweimal selbst von Annahmen[34] und im Konjunktiv, und kritisiert, in Bernsteins Ansatz seien eine Reihe von Annahmen eingegangen, die noch nicht ausreichend durch konkrete Forschungsergebnisse gesichert sind"[35], so die „linguistische Annahme" der Definition dieser Kodes. „Allerdings ist der Beweis dafür, daß subkulturell unterschiedliche Sprechweisen, um die es ja hier primär geht, einen unmittelbaren Einfluß auf die Art und Qualität von Wahrnehmung oder Problemlösung haben, bisher nicht geführt worden; wir stehen hier vor dem kaum lösbaren methodischen Problem, gänzlich sprachfreie Intelligenzleistungen experimentell zu kontrollieren"[36]. Man müßte „alle sprachlichen Kodes als ‹restringierte› auffassen" und „die Beherrschung möglichst vieler" wäre erwünscht[37]. Auch für Oevermann steht dieser Forschungszweig „erst in den Anfängen"[38]. Es sei „überwiegend mit ad hoc konstruierten linguistischen Maßen gearbeitet worden"[39]. Der Nachweis linguistischer Kodes „fehlt bisher für die subkulturellen Milieus der sozialen Schichten"[40]. Er spricht von einer „allgemeinen Annahme"[41], von einem „idealtypisch gezeichneten Bild"[42] und schneidet die Frage der Übertragbarkeit der Ergebnisse ebenfalls an: „In Westdeutschland *wird* der Anteil der unter Subsistenzminimum lebenden Gruppen *wesentlich geringer* sein, wenn wir ihn auch *nicht genau kennen*"[43]. (Sperrung AW).

In „Sprache und soziale Herkunft" erörtert Oevermann breit[44] das Für und Wider von Bernsteins Theorie, unterzieht die Hypothesen und seine eigenen Ergebnisse einem grundsätzlich kritischen Diskurs: die Probleme der linguistischen Methode, der Validierung linguistischer Kodes, den

Mangel einer Dimensionsanalyse, die Frage des Zusammenhangs von Kode und sozialer Rolle, von Kode und psychischer Funktion, den Untersuchungsansatz als Theoriegrundlage (sehr kleiner Ausschnitt, keine kontrollierten Veränderungen der Kommunikationssituation, keine explizite Analyse der Sozialbeziehungen im Herkunftsmilieu, keine Entscheidung, ob grundlegende Sprachfähigkeit = Kompetenz oder situativer Sprachgebrauch = Performanz untersucht), das Verhältnis von Sprache und Denken und von Sprache und Intelligenz. „Die Systematik der Regeln zu entdecken, durch die soziokulturell bedingte Rollenbeziehungen mit konkreten linguistischen Mustern zusammenfassen", formuliert Oevermann als „Programm der Soziolinguistik"[45]. Das besagt, daß er es für entworfen, nicht verwirklicht hält. Nach seiner Kritik wurden „weder Rolle und Kode klar definiert noch die deren Zirkularitätsproblematik analysiert; dennoch werden Kodes konkreten Rollen zugeordnet; es werde die Differenz zwischen einer komplexen und einer elementaristischen Version der Theorie der linguistischen Kodes nicht gesehen"[46]. Dialekte, regionale und berufssprachliche Besonderheiten seien im weiten Begriff des Kode subsummiert ohne effektive und kognitive Qualitäten zu erweisen[47]. Nach Oevermanns Untersuchungen waren beispielsweise „die Jungen im Geschlechtsvergleich theoretisch der Unterschicht im Schichtenvergleich ähnlich"[48]. Es scheinen ihm zutreffend, daß das Mittelschichtkind eine Dürftigkeit durch den verfügbaren elaborierten Kode leichter kaschieren könne[49], und die Annahmen bestätigt, daß „Schichtdifferenzen unabhängig von der gemessenen Intelligenz bestehen" und „unabhängig von im großen und ganzen gleichen schulischen Bildungsprozessen gelten", ja „sich trotz möglicherweise gegenläufiger Einflüsse in der schulischen Spracherziehung in der weiterführenden Schule noch durchsetzen"[50], ebenso, daß „die soziale Herkunft die Zugehörigkeit zu einem der beiden Kodes bestimmt, die Intelligenz aber das Niveau innerhalb des jeweiligen Kodes"[51]. Er äußert Bedenken gegen die übertriebene Auslesefunktion sprachlicher Kriterien in der Schule — wie wir sie gegenüber der Überwertung des Aufsatzes vorgebracht haben — und formuliert als „praktische Schlußfolgerungen": „Einerseits stellt sich der Schule die Aufgabe, etwa auf dem Wege vorschulischer Erziehung, den Kindern der Unterschicht resozialisierend eine die ungünstigen Lernbedingungen des Elternhauses kompensierende Umwelt zu bieten, andererseits aber auch, die eigenen Leistungs- und Auslesekriterien so zu öffnen, daß darin die spezifischen Formen des intelligenten Verhaltens der Unterschicht ihren Platz finden, die zwar immer auf der einen Seite Resultat ungünstiger Lernbedingungen, auf der anderen Seite aber auch eigenständige Lösungen von Problemen, die das spezifische Milieu stellt, bedeuten. — Gleichzeitig ergibt sich aus den theoretischen Erörterungen zu Bernsteins Theorie und in Verbindung mit unseren Daten für die resozialisierende und kompensierende Funktion der Schule die Folgerung, die Sprache der Kinder aus der Unterschicht als Resultante der in diesem Milieu bestehenden spezifischen Lebensbedingungen und Problemstellungen und als Instrumentarium zu deren Bewältigung zu begreifen"[52]. Oevermann schränkt aber immer wieder ein, etwa daß, „solange wir ... nicht über ein präziseres Wissen ... verfügen, wir als Möglichkeit immer noch einräumen müssen, daß es sich bei den festgestellten schichtenspezifischen Differenzen um stilistische Unterschiede handelt, die für die Struktur des kognitiven Apparates und der kognitiven Stile nicht so relevant sind, wie im Anschluß an Bernstein implizit immer angenommen worden ist"[53], oder daß „die Möglichkeit besteht, daß die Bernsteinischen Annahmen ... zum Teil nur ein Vorurteil widerspiegeln", und ob nicht von Mittelschicht-Mustern aus bei davon abweichenden Verbalisierungen „auf eine undifferenzierte und unzureichende Kognition geschlossen" werde. „In diesem Fall würde sich — in überspitzter Formulierung — Bernsteins These als die zur wissenschaftlichen Pseudo-Objektivität erhobene Arroganz derjenigen erweisen, die nun einmal die kulturellen Muster der legitimen Statuszuweisungsmechanismen definieren und die erfolgreich die Beherrschung der ihnen eigenen Symbolik als die einzig mögliche Form intelligenten Verhaltens erscheinen lassen"[54]. Im Vorwort 1970 mahnt Oevermann zu „aller Vorsicht"[55], im Vorwort 1972 hofft er, „Ergebnisse, die tatsächlich nicht unerhebliche Revisionen der Theorie der sozialen Strategien des Sprachgebrauchs notwendig machen, demnächst vorlegen zu können"[56].

Helmut Hartwig[57] kritisiert an Bernsteins Theorie, daß die Kodes Abstraktionen seien und fragt, „inwiefern schichtspezifisches Sprachverhalten an bestimmte, sozial definierte Situationen gebunden ist und gegebenenfalls Sprachverhalten durch Situationen modifiziert werden kann"[58]. Er kritisiert, daß bei Bernstein „keine sprachlichen Makrostrukturen, Schreibmuster, ‹stilistische› Konventionen berücksichtigt werden"[59], daß die Situation eine geringe Bedeutung habe und „es sich offensichtlich um Testsituationen einer vorweg sozial definierten Gruppe handelt"[60]. Er betont die „Differenz zwischen Kode und Stil"[61] und sieht die „Gefahr, daß Sprachwissenschaftler und Pädagogen glauben, die Beherrschung des elaborierten Kodes sei bereits Beweis und Grundstein für differenziertes Denken"[62].

Trotz der vorsichtigen Zurückhaltung in den Aussagen der führenden Soziolinguisten und der von ihnen vorgetragenen Selbstkritik an Forschungen, die in Anfängen stecken, wurden und werden weitreichende Thesen und Theorien, Folgerungen und Forderungen abgeleitet. Deswegen zusammengefaßt: Die *Kritik* richtet sich auf die Frage simpler Übertragung englisch-amerikanischer Ergebnisse auf westdeutsche Verhältnisse, auf die schmale Materialbasis (Bernstein: 300 Versuchspersonen, Oevermann: vier Realschulklassen), gegen die linguistisch unzureichende Methode, gegen ein bloß polarisierendes soziologisches Schichtenmodell — Pregel arbeitet dagegen mit fünf Schichten — gegen damit verbundene Qualitätsfiktionen[62], und gegen die Methode der Befragung (Tests oder nur Aufsätze), anstatt ausreichendes und ausreichend gestreutes mündliches und schriftliches Material zugrundezulegen, gegen die Idealtypisierung[63] anstatt empirischen Verfahrens.

Dietrich Pregel arbeitet demgegenüber mit einem Sprachkorpus von 3000 mündlichen Darstellungen von etwa 700 Informanten (6—11 Jahre alt) mit einem Gesamtwortbestand von etwa 240 000 Wörtern und 1 800 schriftlichen Darstellungen von etwa 600 Informanten (8—11) mit einem Gesamtwortbestand von etwa 125 000 Wörtern[64]. Die Lüneburger Forschungen (Nündel) erfassen mündliches und schriftliches Material von allen Schülern des 4. Schuljahres eines Schulaufsichtsbezirks (bei einem Fragebogenrücklauf von 80,5%). Aufgrund einer Vorauswertung hat Ernst Nündel folgende „Vermutungen" ausgesprochen[65]:

1. Die Sprachmerkmale deckten sich nicht mit dem Schichtenmodell.
2. Sprachunterschiede bestünden weniger in der Sprachkompetenz als in der Performanz.
3. Anlässe und Motivationen könnten dominieren oder überdecken.
4. Die Unterschiede seien mehr die zwischen gesprochener und geschriebener Sprache als die von Schichten.
5. Der Einfluß von Schule und Lehrer sei bisher unterschätzt bzw. übersehen. Der Lehrer spiele doch häufig die Rolle der eigentlichen Bezugsperson.
6. Auf verschiedenen Entwicklungsstufen ergäben sich verschiedene Gestalten, wobei sowohl schichtenspezifische als auch autogenetische (Sprachalter) Komponenten wirksam seien.

Nach Nündels Vermutungen relativieren sich die bisherigen Ergebnisse soziolinguistischer Kindersprachforschungen zu der Einsicht, daß Spracherwerb und Sprachgebrauch auf mehr als auf sozialen Umständen beruhen. Dietrich Pregel[66] bestätigt in etwa diese „Vermutungen" im Vorblick auf Veröffentlichung entsprechender Ergebnisse in absehbarer Zeit.

In der Diskussion kam bisher die Frage der Lerntheorie, der Unterrichtswirkung wegen mangelnder Unterrichtsforschung zu kurz, ausgeschlossen scheint die der Genetik, der Erbbiologie. Wenn das von Heinrich Roth herausgegebene Gutachten „Begabung und Lernen" viel aufzeigte, so zeigte es doch auch, daß dort, wo nicht gefragt wird, auch keine Antworten erfolgen. Die Biologie hat nach bekannten Verirrungen die Frage der Vererbung von Eigenschaften kaum noch verfolgt, eine Frage, die schon methodisch schwerlich einwandfrei als Forschung ansetzbar ist und langdauernder Versuchsreihen bedarf (mehr als die linguistischen oder soziologischen) und daher offen scheint. Der Laie horcht immerhin auf, wenn er bei Klaus Foppa quer zu allen anderen Ergebnissen liest, daß „Lernvorgänge ... Modifikationen angeborener (oder früher gelernter) Verhaltensmöglichkeiten darstellen ...., daß kaum zwei Menschen sich einer Aufgabe gegenüber gleich verhalten können"[67].

„Tyron (1940) konnte in einer eindrucksvollen Untersuchung den Erbgang hoher und niedriger Lernleistungen bei Ratten demonstrieren. Er ließ 142 Ratten den Weg durch ein Labyrinth lernen und stellte dabei die Anzahl falscher Reaktionen (= Häufigkeit, mit der ein Versuchstier in eine Sackgasse läuft) in 19 Durchgängen fest. Nach diesem Versuch paarte er sowohl die Tiere mit den besten als auch diejenigen mit den schlechtesten Leistungen untereinander und wiederholte das Experiment mit den Nachkommen der ersten Versuchstiere. Der beschriebene Vorgang wurde bis zur siebenten Filialgeneration wiederholt. Dabei stellte sich heraus, daß die Fehlerskores der intelligenten und der dummen Gruppe immer weiter auseinanderfielen, bis sich schließlich in der letzten Generation die Fehlerverteilungen kaum mehr überschnitten: die ‹gescheiten› Ratten waren nunmehr mit den ‹dummen› nicht mehr zu verwechseln"[68]

„Aus diesen Ergebnissen gewinnt man den Eindruck, daß die Lernkapazität in hohem Maße von der allgemeinen Intelligenz abhängt. Gescheiten Leuten billigt man ja auch in der Regel eher zu, verschiedene Lernprobleme adäquat zu bewältigen, als unintelligenten. Diese Überzeugung scheint so weit verbreitet zu sein, daß der Zusammenhang zwischen Gedächtnis bzw. ‹Übungsfähigkeit› und Begabung bisher *nur recht unzulänglich untersucht* wurde"[69] (Sperrung A. W.). „Das Individuum ist allerdings schon zu Beginn der Verhaltensformung durch eine Reihe genetisch festgelegter Merkmale ausgezeichnet. Sie bestimmen, wie die Dinge und Ereignisse verarbeitet werden *können*, denen das Kind begegnet".

Vor solchen Aussagen fragt man sich, ob die fixierten und als Tatsachen verbreiteten „Hypothesen" nicht auch andere Erklärungsmöglichkeiten und -züge übersehen oder verdrängen. Denn Soziolinguistik und Pädagogik gehen davon aus, daß bei allen eine annähernd gleiche Intelligenz vorgegeben sei und nur soziale Herkunft und Erziehung determinieren. Wäre für die Sozio- und Psycholinguistik nicht gerade hier eine aufzuklärende Unbekannte?

Hypothesen sind notwendig zu Theoriebildung und Erkenntnis; sie sind aber kritisch an der Wirklichkeit zu prüfen. Schule und Schulalltag lassen sich in auf Leistung angewiesenen und davon lebenden Industriegesellschaften nicht schlechthin und auf Knopfdruck zum Paradies umfunktionieren. Dennoch wäre vieles zu ändern, besser zu machen im Sinne von Reform. Wenn aber Oevermann fordert: „Der Lehrer muß zunächst auf die typische Sprache der Unterschichtkinder eingehen"[70], dann fordert er etwas in der Grund- und Hauptschule, hoffentlich auch Realschule und Gymnasium, Selbstverständliches. Wie sollte sonst Verständigung, also Unterricht, überhaupt zustandekommen, wenn man sich nicht verstehen kann. Gerade Angehörigen jener „Mittelschicht" wird Verfügung über beide Kodes (oder mehr) zugebilligt; der Lehrer, stets als Repräsentant des „Mittelschichtkode" apostrophiert, müßte daher jederzeit in der Lage sein, in der Sprache der „Unterschicht" mit dem Kinde zu reden, bis sich dieses langsam zu einer freieren Verfügung über die Sprache löst. Er darf dabei nicht zu hoch ansetzen, muß intersubjektiv verständlich und situationsbezogen sprechen. Nach Roeder „werden wirklich gelernt nur die Sprechweisen, die zu relevanten sozialen Bezugssystemen funktional sind. Der Erfolg des Sprachunterrichts hinge also davon ab, daß es der Schule gelingt, solche Bezugssysteme zu schaffen. Sie tut das teilweise durch ihre bloße Existenz"[71].

Der Lehrer wird doch manchmal zur eigentlichen Bezugsperson[72] für das Kind, mehr als Eltern, Großeltern, Geschwister, neben Spielgemeinschaften, Freundschaften usw. Er kann „nicht als emotional unbeteiligtes Subjekt"[73] gelten. „Nicht so sehr die Tatsache der Strafe oder der Belohnung als solche bestimmt die Richtung der Verhaltensselektion, sondern vielmehr die (emotionale) Beziehung zum lobenden oder tadelnden Lehrer"[74]. Das gilt in jeder Variante. „Man denke hier nur an den Einfluß der aus der Psychoanalyse abgeleiteten Theorie der aggressionslosen Erziehung, die sich zwar im Endeffekt als falsch erwies, trotzdem aber das Erziehungsverhalten nachdrücklich (und nachteilig) beeinflußt hat"[75]. Die Wirkung des Unterrichts — darauf ist schon hingewiesen worden — wird allgemein unterschätzt, weil sie schwer nachzuweisen ist. Der Lehrer könnte sich wenigstens selbst kontrollieren, wenn er am Anfang und am Ende eines Schuljahres denselben Aufsatz oder dieselbe Nachschrift schreiben ließe und frühere und spätere Leistung jedes Schülers sorgfältig vergliche. Die Einsicht in das Mögliche für den Lehrer und für den Schüler wäre kein geringer Gewinn. Wenn der Vorsprung der anderen von Kindern aus sprachlich ungünstigem Milieu selten während der Schulzeit aufgeholt werden könnte, so vermöchte planmäßiger Unterricht doch viel zu leisten. Auch hier fehlen längerdauernde und breite Untersuchungen, für die gerade die Modelle der Sprach- und Stilalter sich eignen. Jedenfalls verlief, nach einer amerikanischen Untersuchung, die Sprachentwicklung von Kleinkindern der Unterschicht, denen täglich zehn Minuten vorgelesen wurde, schneller als die von solchen aus der gleichen Gruppe, denen nicht vorgelesen wurde. Noch auf dem Gymnasium haben tägliches häusliches lautes Lesen und die Forderung des Vortragens, wenn sie über längere Zeit (Schuljahr) andauerten, die Sprachleistung (Lesen und Aufsatz!) deutlich gefördert. Es lassen sich auch Leseleistungen eines Jahres am selben Text auf Tonband festhalten und vergleichen. In dem, was der Unterricht, „generell als Sprech- und Sprachlernsituation betrachtet"[76], spracherzieherisch zu leisten hat, sind Aufsatzerziehung und -beurteilung ein erheblicher Faktor.

Die Forderung, auf die Sprache der Kinder, die den „restricted code" sprechen, einzugehen und ihre Sprache gelten zu lassen, wiederholt nur Selbstverständliches. Damit ist seit je der pädagogische Ansatz verbunden. Wir verhalten uns auch der Literatur gegenüber nicht anders, indem wir Thomas Manns oder Hermann Hesses „elaborated code" und Borcherts, Bölls, Schnurres „restricted code" aus den Jahren nach 1945 nebeneinander[77] als Stilmöglichkeiten gelten lassen und gegenüberstellen, situationsbedingtes Sprechen, und auch Altersstile. Wir wissen, daß sich der hohe Stil aus dem Elementaren und Unmittelbaren in jeder Erstarrung oder Überfeinerung immer wieder regeneriert, genauso wie die Hochsprache aus dem Dialekt dort, wo er noch lebt. Wir wissen auch, daß die Ober- oder Mittelschichten — hört man Gymnasiasten, Studenten, Lehrer, liest man Literatur wie Brecht, Weiss, Handke oder Zeitungen usw. — keineswegs den „elaborated code" sprechen, im Gegenteil. Diese Dinge haben sich zum Teil umgekehrt.

So muß das Zwei-Schichtenkode-Modell kontrastierend vor die soziale Wirklichkeit[78] selbst gehalten werden. Gibt es bei uns eine fast geschlossene middle class oder working class englischer Tradition? Entscheiden Einkommen oder besuchte Schulen über die Subsummierung? Wo liegen die Einkommensgrenzen? Wo die Bildungsgrenzen? Entscheiden die Wohnverhältnisse oder Kinderzahlen? Automarke, Stereo- oder Television-Set, Hausbar, Eisschrank? Die Freizeit? Arbeiten nicht Manager, Ärzte, Architekten, Lehrer, Professoren sehr viel länger — und risikoreicher[79]? Klaus Mollenhauer („Sozialisation und Schulerfolg", 1968) stellte fest[80], „daß sich die Unterschicht den Erziehungspraktiken der Mittelschicht angenähert hat, ... (den) Anstieg des Aspirationsniveaus — geringe Kinderzahl zur besseren Befriedigung der Aufstiegswünsche — Veränderung der Erziehungspraxis. Zugleich aber korreliert geringe Kinderzahl auch mit einer geringen schichtenspezifischen Wirksamkeit der Werte, umfangreicheren und differenzierteren Vorstellungen über Sozialisationsprozesse und größerer Erfahrungsoffenheit". Der so bezeichnete Wandel der Gesellschaftsverhältnisse läßt das Zwei-Schichten-Modell als überholt erscheinen. Auch die Kodes. Denken wir an die ungeheure Wirkung des Fernsehens, an dem (1970) 87% aller Haushalte[81] teilnahmen. Die ausgleichende[82] Wirkung gegenüber Sprachbarrieren ist bedeutend[83]. Man kann doch nicht im Ernst behaupten, die Kinder, die fast alle Fernsehteilnehmer sind, wie ihre Lehrer, verstünden zwar die Sprache des Fernsehens, nicht aber die der Lehrer. (Sicher kommt im Fernsehen der Comics-Effekt des Bildes dazu.) Wenn die Kinder aber seine Sprache passiv verstehen, dann kann er sie auch im Gespräch zu entwickelteren aktiven Sprachformen stimulieren[84].

„Zugleich wäre auf Grund der Forschungen über Sprachbarrieren klar, daß die meisten Kinder dieses Lernziel gar nicht erreichen könnten — infolgedessen, da der Aufsatz zur Leistungsmessung dient, sozial auf ihre Altersstufe festgelegt wären. Politisch könnte dieses Ziel so beschrieben werden: der Aufsatzunterricht dient der Stabilisierung sozialer Verhältnisse ...
Eine zweite Alternative wäre die, den Aufsatz als Übungsform für den schriftlichen Gebrauch des jeweiligen schichtenspezifischen Codes zu betrachten. Dies würde bedeuten, daß Aufsatzformen zu entwickeln sind, die den Gebrauch der „Haussprache" nicht negativ sanktionieren, sondern ausdrücklich billigen; die dem Schüler die Wahl zwischen verschiedenen Verbalisierungen lassen — beispielsweise müßte er die Möglichkeit haben, sich auch teilweise mit Hilfe von Bildern, Tabellen usw. verständlich zu machen. Daß diese Zielsetzung mit der zuvor genannten verbunden werden kann, dürfte ohnehin einleuchten. Derartige Zielsetzungen des Aufsatzunterrichts würden selbstverständlich die Bedeutung modifizieren, die der Leistungsbewertung des Aufsatzes heute zukommt. Sie würde auf jeden Fall einiges von ihrer sozialen Auslesefunktion verlieren und möglicherweise auch mit anderen Schulleistungen vergleichbarer werden." (Haueis, 64)

Der von Haueis vorgeschlagene Weg schiene gangbar, wenn er nicht zur Zementierung des sog. restricted code bei seinen Sprechern führte, der ja gerade nach Bernstein „ergänzt" und nach Oevermann (515) „aus seiner sprachlich fixierten Rolle gelöst" werden sollte, um „prinzipiell beliebige Rollen in unterschiedlichen sozialen Systemen einnehmen zu können". Also: über sprachliche Mobilität zur geistigen und sozialen Mobilität. „Die mobile und pluralistische Gesellschaft erlaubt nicht mehr das Zurückhalten eines Volksteils auf dem Niveau eines vorindustriellen und unreflektierten Daseins, es sei denn, man will ihn sozial und kulturell vom Gesamtleben abschließen." (Ilse Lichtenstein-Rother)[84a] Vor dem Hintergrund der gesellschaftlichen Entwicklung, auch der Umwälzung in der Bildungs- und Lernplanung, wirkt die Übernahme von „Hypothesen" und Theorien als Tatsachen und das prinzipielle Festhalten am „restricted code" für Kinder der „Unterschicht" unter Umständen fortschrittshemmend, rückwärtsgewandt.

Kompensatorischer Unterricht wird als Unfug der Reaktionäre abgetan[85]. „Mir scheint", faßt Ernst Nündel seine Kritik daran zusammen, „daß diese Kritik die falschen Konsequenzen zieht, wenn sie, in einer Art Sozialromantik befangen, den restringierten Kode der Unterschicht unter Denkmalschutz stellen möchte. Ganz ohne Zweifel ist der elaborierte Kode einer gesellschaftlichen Schicht, die, weniger abhängig und sozial mobiler, sich ihrer Interessen deutlicher bewußt ist, besser geeignet, menschliches Zusammenleben humaner zu gestalten, als der Sprachgebrauch einer gesellschaftlichen Schicht, die eben diese Fähigkeit selbstbewußter menschlicher Interaktion nicht entwickeln konnte. Die restaurative Pflege des restringierten Kodes würde nur die Verhältnisse verfestigen, die ihn hervorbringen"[86]. Wenn sich der Deutschlehrer als Linguist freihalten muß von der *Dominanz* nichtsprachlicher Gesichtspunkte, so muß er sich als Pädagoge freihalten von solchen, die die Entfaltung des Kindes nicht fördern. Er darf sich nicht auf *einen* Aspekt ausschließlich festlegen. „Es gibt, analog zu den schichtspezifischen Lernhemmungen, auch muttersprachlich bedingte, altersbedingte, ausbildungsbedingte, und für alle träfe die Forderung zu, die hier ausgesprochen wird: solche Barrieren müssen überwunden werden"[87]. Ebenso unterstreicht Rolf Oerter (Psychologie des Denkens, 1971), „daß es noch andere sprachliche Entwicklungsstörungen gibt"[88]. Er erwähnt die undifferenziert sprechende, Kindersprache imitierende oder kontaktarme Mutter. „Die sprachliche Vernachlässigung der Kinder während der ersten sechs Lebensjahre hat oft verheerende Wirkung, die sich auf Artikulation, Wortschatz und Grammatik erstreckt. Die Denkleistung solcher Kinder ist wohl noch gravierender beeinträchtigt als durch den restringierten Kode der Unterschicht"[89]. Es handle oft sich aber „nicht nur um Verarmung, sondern um andersartige Strukturierung und Akzentuierung", so im inhaltlich unterschiedenen Wortschatz von Landkindern gegenüber Stadtkindern oder dem konkreten von Handwerkern und Handarbeitern gegenüber Akademikern. „Die Sprache dient für verschiedene sozioökonomische Schichten verschiedenartigen Bedürfnissen und Interessen. Sie reflektiert verschiedene Welten. Das sagt gar nichts darüber aus, daß solche Sprachen, die von der Sprache des Lehrers oder Wissenschaftlers abweichen, ärmer sein müssen. Man denke nur an den mundartlichen Reichtum, an spezifische treffende Ausdrücke, die es in der Hochsprache nicht gibt"[90]. Oerter erwägt in der Schule als alternativen Weg, zuerst die „Ordnungsprinzipien für Wissensbestände und die Problemlösungen" herauszuarbeiten und diese erst hinterher sprachlich zu kodieren, gewissermaßen als Fachsprache, die man für bestimmte Denkleistungen aufbaut und benützt, sonst aber „in einer mehr oder minder differenzierten Umgangssprache (zu) kommunizieren"[91]. Die Folgerung: „Da Sprache nur dann eine Hilfe fürs Denken bedeutet, wenn sie den Differenziertheitsgrad besitzt, den das jeweilige Denkproblem benötigt, sollte der Lehrer das Lösen von Problemen nicht allein über die Sprache anregen, sondern umgekehrt eine Differenzierung der Syntax und Strukturierung des Wortschatzes durch sprachliche Kodierung und Etikettierung bereits geglückter Lösungsprozesse versuchen"[92].

Rosemarie Rigol („Schichtzugehörigkeit und Rechtschreibung", 1970)[93] berichtet von Erhebungen in Grundschulen Gießens (2. bis 4. Schuljahr) an Diktaten und Aufsätzen. Von 800 ausgegebenen Fragebogen kamen 400 zurück, davon waren 195 brauchbar, d. h. ca. 24%/o eine zahlenmäßig schmale und vielleicht auch nicht repräsentative Basis. Sie behauptet generalisierend, daß „die Unterschicht in unserer Gesellschaftsform eine durchaus noch unterdrückte Gruppe"[94] sei, obwohl sie mit einem Fünf-Schichten-Modell arbeitete, für das eine sehr ungleiche Zahl von Versuchspersonen zur Verfügung standen: (Die Einteilung folgt einem Intellektuellen-Schema, typisch für eine kleinere Universitätsstadt, das sehr fragwürdig ist.)

16 Unterschicht untere: Hilfsarbeiter, Ungelernte

83 Unterschicht obere: Facharbeiter, unselbständige Handwerker, Angestellte

60 Mittelschicht untere: selbständige Handwerker, Abteilungsleiter, kaufmännische Angestellte

21 Mittelschicht obere: Lehrer, Beamte

15 Oberschicht: Ärzte, Studienräte, Professoren, Generaldirektoren

Es ergaben sich als Durchschnittszahl der Fehler pro Kind:

	UU	OU	UM	OM	O
Diktat	19,2	13,2	9,6	6,6	6,8
Aufsatz	13,6	9,1	7,8	6,9	6,7

Auffallend ist der Abstand der UU-Gruppe, besonders in Diktat, während die Werte im Aufsatz, als einer mehr situativen Sprachübung, sich besser anschließen. Über die Sprache selbst, zumal die gesprochene, sagt die Statistik der Rechtschreibfehler noch wenig aus, eher über Aufgabenüberwachung, Nach- oder Mithilfe, Drill. Rigol folgert daraus die Ablehnung von *Prüfungs-*, nicht Übungsdiktaten in der Grundschule, Anpassung des semantischen Materials an den Erfahrungsbereich der Kinder, Training der Wahrnehmungsfähigkeit, ja einen „sehr genauen, fast pedantischen" Rechtschreibunterricht, „solange sich ein gesellschaftlicher

Konsensus über die Schreibweise als nötig erweist"[95]. Aufschlußreicher scheint mir eine Tabelle über die Annäherung der mündlichen Deutschnote (Lehrerurteil) und der Selbsteinschätzung der Leseleistung durch das Kind, wobei die Selbstüberschätzung der UU-Gruppe auffällt (nur 12% stimmten überein; 47% eine Note, 31% zwei Noten, 6% drei Noten schätzen sich besser ein als der Lehrer)[96]. Von hier aus wären die Bemerkungen Rigols zu den Aufsätzen zu bedenken: „Die Aufsätze der Unterschichtenkinder sind nicht nur erheblich kürzer, sie haben auch eine relativ starre syntaktische Struktur. Viele Unterschichtkinder behalten bei ihren Aufsätzen die syntaktische Struktur des ersten Satzes bei, sie verändern weder die Position der einzelnen Satzglieder noch ersetzen sie im allgemeinen die einmal gewählten Wortarten. Diese starre Struktur und die Abneigung, mit Synonymen zu arbeiten, verhindern, daß neue Wörter von ungewöhnlicher Schreibweise die Fehlermöglichkeiten erhöhen. Mittel- und Oberschichtenkinder schreiben variabler, sie benützen auch Wörter, deren Schreibweise ihnen offensichtlich unbekannt ist"[97]. In die Frage des Altersstils, die damit grundsätzlich gestellt ist, kreuzt hier differenzierend die nach der soziokulturellen Implikation ein. Trotz der methodischen Schwierigkeiten einer sauberen Abhebung wäre es falsch, das Problem zu leugnen und die Frage nicht zu stellen.

Während Wendula Dahle 1968 am sprachbetrachtenden Unterricht kritisierte, daß er „die Abhängigkeit der Entwicklung sprachlicher Fähigkeiten von sozialen Faktoren nicht berücksichtigt", daher „dauernde Differenzierung" der Sprache und „Modifizierung der Kriterien der Leistungsbeurteilung"[98] fordert, sind die Forderungen des von ihr mitverantworteten Berliner Didaktik Kollektivs (1970)[99] radikalisiert. Jetzt werden die rasche Rezeption der Soziolinguistik, ihre Integration in den Deutschunterricht als Gefahr einer „Gemeinschaftsideologie" und „Verschleierung der Klassengegensätze" abgelehnt, die höhere Schule als „Mittelschichtinstitution" für unfähig erklärt, auf die Bedürfnisse der Unterschichtkinder einzugehen[100], selbst die Gesamtschule (starke Differenzierung in Leistungskursen) „reproduziert die alte Gliederung"[101], „Emanzipation entartet zur Repression"[102], wogegen Irrationales[103] aufgeboten und zur Parteinahme für die Veränderung[104], zur Agitation für kollektiven Widerstand[105] und entsprechender „politischer Arbeit innerhalb und außerhalb der Schule"[106] aufgerufen wird. Demgemäß „hat sich der Sprachunterricht in erster Linie *inhaltlich* zu orientieren, und zwar im Hinblick auf gesellschaftlich gegebene Probleme"[107]. Heinz Ides (Herausgeber) „Bestandsaufnahme Deutschunterricht" (1970) zieht — mit Ausnahme etwa von Claus Büchner — dieselben Register; wir lernen dort von Hans Joachim Grünwaldt, daß „Sachlichkeit, Objektivität, Offenheit ... ins Nebulöse führen, umschlagen in extremen Subjektivismus ... Objektivismus muß die Sprache ... zwangsläufig zerstören"[108]. Daraus ergibt sich die Aufgabe, „Wissen über die Macht der Kollektivgebilde Sprache und Literatur zu vermitteln"[109], „Emanzipation von der Sprache", dabei doch zugleich „Steigerung der Sprachkompetenz an erster Stelle"[110].

Valentin Merkelbachs „Kritik am Aufsatzunterricht" (1972) übt, nach Mustern von Hubert Ivo und Heinz Ide, Kritik am „sprachdidaktischen Idealismus"[111] von Reumuth-Schorb und Beck, Kritik an Schröter, Singer, Graucob, Essen, Ulshöfer, Helmers und an deren mittelschichtspezifischer Stil-Ideologie[112] bloßer naturgeschenkter Geschmacksurteile[113], einem „Mischmasch aus ästhetischen, linguistischen und moralischen Beurteilungskategorien" als „spracherzieherisch fatal"[114]. Doderer läßt er gelten, obwohl auch dessen Veröffentlichung zur Kindersprache (1961) keine soziolinguistische Fragestellung enthält, dafür trifft seine Kritik Krüger, Pregel und Gerth wegen deren Immunität gegenüber ebendieser Problematik. Bernsteins „idealtypische Definitionen"[115], nicht dagegen Bernsteins politisches Bewußtsein, werden als solche hingenommen, seine Ergebnisse und die seiner „Schule" mit „man hat..."[116] oder „nach der Auskunft der Soziolonguistik"[117] kategorisch und apodiktisch festgestellt. Der Aufsatz erscheint Merkelbach „belanglos... obsolet und ineffektiv"[118], die psycholinguistisch begründete Scheidung in objekt- und subjektbetonte Darstellungsformen als Ideologie[119], Schreibenlernen gegenüber Sprechenlernen nach Worten des Dichters Hans Magnus Enzensberger als autoritärer Akt[120], das „Denken in Altersstufen und Schultypen konservativelitär"[121]. Die zentrale Frage dagegen, „ob nicht eingeübte ‹Formen des Rollenhandelns› unterschiedliche Formen des Sprechens zur Folge haben und ob nicht auch bei Kindern eingeschränktes und entfaltetes (mehrschichtiges) Erzählen und Berichten nicht nur vom entwicklungspsychologisch begründeten Altersstil abhängen, sondern auch von den verschiedenen Formen der Sozialisation"[122], ist in dieser Formulierung zutreffend und der Ansatz der Reflexion, die Aufsatzbeurteilungen in Merkelbachs eigener zweijähriger Schulpraxis[123] an altersstil- und schichtenspezifischen Kategorien zu überprüfen[124], fruchtbar.

Die Folgerungen sind jedoch weder neu noch hilfreich. Der Aufsatz müsse vom *Inhalt* her gelehrt[125] werden, „eine radikale Schwerpunktverlagerung von der rigiden Einübung in bestimmte Stilmuster auf die inhaltliche Seite"[126], Beurteilungen dürften nicht „wiederum am Formalen... sondern am Inhalt" sich festmachen[127]. Die Frage: „Sollte man für den Aufsatzunterricht schichtspezifische ästhetische Kategorien entwickeln und nur nach ihnen vor dem jeweiligen sozialen Hintergrund messen und beurteilen"[128]? — wird gestellt, aber nicht beantwortet. Ihre Bejahung würde bedeuten, daß es keine gemeinsame Sprache in einer Sprachgesellschaft, keine Gleichheit und *noch weniger* zutreffende und ausreichende Kriterien gäbe, daß also Ungerechtigkeit als Postulat bewußt zur theoretischen Grundlage einer „gerechteren" Praxis gemacht würde anstatt wie bisher das Postulat der Gerechtigkeit zu der einer relativ „ungerechten". Auch die Selbstzensur[129] der Schüler wird seit Erika Essen empfohlen; geschieht sie an Lehrprogrammen, dann „verinnerlichen" sie, wenn auch indirekt, doch die Normen der Programmierer, nämlich der Lehrer. Der erwogene und vorgeschlagene generelle Zensurverzicht[130] wird wieder zurückgenommen, „leider", weil „Schulzeugnisse nötig sind, solange die meisten Mitglieder unserer Gesellschaft lohnabhängig sind"[131]. Damit verschiebt sich das Problem der Aufsatzbeurteilung bei Merkelbach nach außen, in revolutionäre Sozialpolitik; deshalb „sollte ein Lehrer bis zur endgültigen Abschaffung der Zensuren sich weigern, einen Aufsatz schlechter als mit ‹ausreichend› zu benoten, was voraussetzt, daß er eine solche Praxis gegen Einsprüche von außen auch begründen kann"[132]. Die Reduktion der Notenskala von sechs auf vier Noten fördert weder das Problem einer größeren Annäherung an die Idee der Gerechtigkeit von Aufsatzzensuren noch das von Wertungen zwischen den Menschen. Diese bestehen auch nach einer „endgültigen Abschaffung der Zensuren"; der resignierende Verzicht auf den Versuch, gerecht zu sein, muß jedoch Ungerechtigkeit und Unrecht stärken und noch repressiver wirken. Deshalb soll der Teilverzicht auf Zensuren „die augenblickliche Bedeutung gerade der Aufsatznoten unterminieren"[133]. „Wie aber soll in einer selbst optimal ausgestatteten Schule die Emanzipation von Unterschichtkindern vor sich gehen, ohne gleichzeitige materielle Befreiung ihrer Eltern?"[134] Darum „ermuntert" Merkelbach zum „langen Marsch", der „nötig sein wird — und zwar nicht nur durch die Institution Schule und Schulverwaltung"[135]. „Eine Auffassung von Sprachunterricht", die sich „als unpolitisch und ideologiefrei begreift", die also *auch* an der formalen Seite der Sprache festhält, wird als „weiterhin höchst anfällig für reaktionäre oder faschistische Erziehungsziele"[136] bezeichnet.

Gegenüber einer rigiden, doktrinären Haltung kann nur geduldige, bewußtseinserhellende, evolutionäre Erziehung Gefahren von Rückfall, Rückschritt und Reaktion vermeiden. Sozialschichten und ihre Sprachkodes sind Ergebnisse langer geschichtlicher Prozesse, die bescheunigt gegenläufig weitergehen; die historische Dimension ist, wenn schon keine soziologische, so doch eine pädagogische Dimension. Spracherziehung, auch Aufsatzerziehung, geht vom Ist des gegenwärtigen Zustandes aus und zielt auf ein Soll in entworfener Zukunft, ist Empirie *und* Utopie.

Die Auseinandersetzung wird weitergehen, das Problem gerechter Aufsatzbeurteilung bleibt aufgegeben. Ausschließlich inhaltliche Kategorien verfehlen die Sprache und ihre Leistung ebenso wie ausschließlich formale. Führen letztere allein in verantwortungslosen Ästhetizismus, so erstere allein in ethischen Rigorismus, in Gesinnungsbeurteilung, damit Gesinnungskontrolle oder gar -diktatur. Dann gilt erst recht wieder, was Erika Essen 1964 in eine andere Richtung sprach: „Persönlichkeit und Weltanschauung des Deutschlehrers bestimmen immer noch weitgehend sowohl Arbeits- als Aufgabenrichtung als auch die Aufstellung von Wertmaßstäben"[137]. Die Reduktion von Urteilen über Sprache auf ihre inhaltliche Seite hilft nicht weiter, weil sie das Urteil von vornehrein am bloß Ausgesagten festbindet als einem Vor-Urteil, weil das Spiel mit den Gestaltungsmöglichkeiten, damit auch Wirkungsmöglichkeiten der Inhalte, damit auch die Freisetzung ihrer inneren Dialektik nicht gelingt. Zwar ist, mit Sonnemann, „das Deutsche auf die Periode hin angelegt", aber „das deutsche Unverständnis für die Periode"[138], das den elaborated code bei anderen gefährlich oder suspekt findet, verhindert seit je die Ausbildung einer Rhetorik und Eloquenz in Deutschland. Die Aufsatzerziehung, damit die davon abhängige Beurteilung, muß operationalisiert werden. Kleinere, geplante Lernschritte inhaltlich begrenzter Themenstellung, bewußt geübter Aufsatzform, systematisch entwickelter Stilistik erleichtern Urteile, weil sie sich stärker auch das Geübte und den Fortschritt darin konzentrieren darf. Die dem Aufsatz endogenen Faktoren (Inhalt, Altersstil, Vorbereitung, Aufgaben und Themenstellung) begründen die Urteile,

kaum jedoch die exogenen Faktoren, wie soziokulturelle Voraussetzungen oder früherer Unterricht. Beide sind noch Probleme der Forschung. Wie sollte sie der Lehrer erfassen? Sollte in den altersstilistischen Rahmen eine schichtspezifische Ebene einqueren? Wie gewinnt man zuverlässige Beurteilungskriterien? Soll man Kindern verschiedener Schichten Bonus oder Malus vorschießen oder damit im Zweifelsfall auf- oder abwiegen?
Isolierung und Verabsolutierung *einer* Komponente oder eines Faktors, zumal eines exogenen, muß zu Stagnation der Sprache von Lehrern und Schülern führen, damit wohl zu Behinderung oder Blockierung des Denkvermögens. Kritische Vorsicht gilt hier wie gegenüber der Stilistik, in deren „Einführung" (1968) Georg Michel sagt: „Es soll verhindert werden, daß wissenschaftlich noch nicht genügend abgesicherte Verfahren von Lernenden in dilettantischer Weise aufgegriffen und gehandelt werden"[139].

Anmerkungen

1 Michel, 23
2 Michel, 23
3 Bernstein, in: Zur Sprache des Kindes, 298
4 ebd., 282, 289
5 ebd., 283
6 ebd., 285
7 ebd., 286
8 ebd., 287
9 ebd., 290–292, bzw. Sprache und Lernen im Sozialprozeß, 257/258
10 ebd., 290–297
11 ebd., 298
12 in: Zur Sprache des Kindes, 5/3
13 ebd., 511
14 ebd., 515
15 ebd., 515
16 in: Begabung und Lernen, 299
17 ebd., 319
18 ebd., 339
19 ebd., 339
20 ebd., 340
21 ebd., 340
22 ebd., 342
23 dagegen Ingenkamp, Zur Problematik, 446: „... keine Bevorzugung von Sozialschichten im Lehrerurteil nachweisbar."
24 Stocker, Ein Fach in der Krise, verlangt „Sensibilisierung des Lehrers gegenüber dem Sprachverhalten seiner Schüler, seiner Umwelt, seiner selbst ... Ein wichtiges Ziel ist dabei auch das von der Öffentlichkeit geforderte Objektivierung der Aufsatzbewertung". (649)
Auch Schröter fordert: „Die Theoretiker des Aufsatzes sollten diesen Aspekt (schichtenspezifischer Unterschied A. W.) keinesfalls übersehen." (131)
25 Roeder bezeichnet die Rolle des Schülers im Unterricht als eine restringierte Rolle (in: Muttersprache 1970, 307)

26 Merkelbach, Kritik, 49
27 Nündel, Umwelt, Sprache, Schule, 190
28 Bernstein, in: Zur Sprache des Kindes, 287
29 ebd., 285
30 ebd., 286 (Sperrung AW.)
31 ebd., 282 (Sperrung AW.)
32 ebd., 298
33 in: betrifft: Erziehung 9, 1970, 16; so auch Oevermann (Begabung und Lernen), 339: „Milieubruch"
34 in: Zur Sprache des Kindes, 511, 513
35 ebd., 507; Roeder: ‹Kompensatorische Erziehung› (1970): „... in der Regel sind jedoch die linguistischen Kategorien ... relativ einfach". (306)
36 ebd., 508
37 ebd., 509/510
38 in: Begabung und Lernen, 309; ebenso, 334
39 ebd., 309
40 ebd., 334
41 ebd., 335
42 ebd., 309
43 ebd., 309
44 ed.suhrk., 329–448
45 ebd., 382
46 ebd., 383
47 ebd., 396
48 ebd., 427
49 ebd., 398
50 ebd., 400
51 ebd., 425
52 ebd., 447
53 ebd., 442. So auch Oerter: „Untersuchungen über den Einfluß von linguistischen Kodes auf das Denken sind aber noch spärlich." (125)
54 ebd., 443
55 ebd., 9
56 ebd., 7
57 Hartwig, Was kann man mit Basil Bernsteins Ergebnissen anfangen? in: DD 1970, 123–143
58 ebd., 126
59 ebd., 127
60 ebd., 127
61 ebd., 134
62 ebd., 148
62a Im theologischen Zeitalter wurden die „heiligen Sprachen" (Hebräisch, Griechisch, Latein), im nationalistischen die eigene Nationalsprache über die anderen emporgehoben. Treten nun subkulturelle Schichtenkodes an die Spitze des Wertungsgefüges?
63 Merkelbach, Kritik, 43, 48
   Oevermann, a. a. O.
64 Pregel, WPB 1969, 329
65 Ernst Nündel in einem Vortrag über „Ergebnisse neuer Lüneburger soziolinguistischer Forschungen zur Kindersprache" am 29. 11. 1971 in Augsburg
66 in einem Gespräch mit dem Verf. am 5. 3. 1972
67 Foppa, 303
68 Foppa, 305
69 Foppa, 314; von Ditfurt sprach in einer Fernsehsendung über „Das Gehirn" (1970) von „ererbten Verhaltensprogrammen".
70 in: Begabung und Lernen, 339
71 Roeder, in: Zur Sprache des Kindes, 515

72 so auch Nündel, Umwelt, Sprache und Schule, 188
73 Foppa, 317
74 Foppa, 315
75 Foppa, 317
76 Roeder: ‹Kompensatorische Spracherziehung›, 312
77 Braun: Sprachbarrieren, DU 1969⁴, 17: „Nach einer Untersuchung von R. Hallermann sind in fast jedem 6. Prosatext heutiger Lesebücher umgangssprachliche Elemente zu finden."
78 Sonnemann spricht von „dem falschen Abstrakten sozial-theoretischer Objektbegriffe, die in ihrer Abschnürung von ihren Erfahrungswurzeln der Verdinglichung anheimfallen, der sie opponieren; in ihrer Verabsolutierung zur Pauschalität" (92).
79 Vontobel stellt fest, daß „die Leistungsmotivation mit steigender Sozialschicht zunimmt" (114), zugleich aber in der Industriegesellschaft „eine zunehmende Nivellierung der verschiedenen Sozialschichten" (120).
80 in Begabung und Lernen, 283
81 Werner Schlotthaus, in: Lexikon der Deutschdidaktik, hsg. Ernst Nündel, (Henn) Ratingen 1972
82 so auch Sonnemann, 113
83 Braun: Sprachbarrieren, 11: „Zu bemängeln bleibt das einseitig Lineare dieser Bezeichnung, die Ignorierung von Austausch und Wechselwirkung. Denn viele Beobachtungen weisen darauf hin, daß der Mensch des 20. Jahrhunderts imstande ist, sich in mehr als einer Sprachreihe und Sprachschicht zu bewegen. Auf das Kind übertragen, bedeutet das: die Sprache des Kindes ist keine Einheit, sondern eine Vielheit. Darauf weisen auch die Ergebnisse hin, die sich aus einer an zwei Schulen durchgeführten Befragung ergeben. In mehr als tausend Antworten auf die Fragen, wie sprichst du während der Schulpause, zu Hause, am liebsten? ist herauszulesen, daß das Kind sich nicht nur in einer Sprachschicht bewegt."
84 Oevermann, ed. suhrk., 431
84a Lichtenstein-Rother, Ilse: Das Problem der Volksschule heute, in: Die Bayerische Schule, 1963, 344
85 Basil Bernstein: Der Unfug der „kompensatorischen" Erziehung, in: b:c 9/1970. Merkelbach, Kritik des Aufsatzes 7: „Die Soziolinguistik ihrerseits gerät, nach einer Phase hektischer und z. T. unreflektierter Rezeption, zunehmend in Verdacht, mit neuen Vokabeln alte Vorurteile und Praktiken zu bestätigen, etwa bei der Forderung, durch Sprachtrainingsprogramme den restringierten Kode von Kindern aus der Unterschicht an den elaborierten der Mittelschicht ‹anzuheben›." Schulz, Satzkomplexität, 36: „Die Sprachtrainingsprogramme der kompensatorischen Erziehung trainieren ... die sprachliche Erfassung von Erfahrungen, die Unterschichtskinder gar nicht oder anders haben, und die Erfahrungen der Unterschicht selbst sind darin gar nicht aufgenommen."
86 Nündel: Umwelt, Sprache und Schule, 190
87 Priesemann: Die Vermittlungsfunktionen, 99
88 Oerter, 125
89 ebd., 126
90 ebd., 126
91 ebd., 127
92 ebd., 131. Dazu auch Gisela Wilkending, 206: „Die Orientierung an der sprachlichen Norm der Mittelschichtsprache bleibt dann unumgänglich, wenn sprachliche Äußerungen der Repräsentation dieser Schicht verstanden, analysiert und kritisiert werden sollen." Hier z. B. lag und liegt die Schwierigkeit der Rezeption der Texte von Marx durch die Arbeiterschaft.
93 in: DD 1970, 156–166
94 ebd., 165
95 ebd., 166
96 ebd., 165
97 ebd., 158

98 Dahle, Neutrale Sprachbetrachtung?, 464
99 DD, 89–123. Dazu Wilkending, 205: „Die neue Polemik am Deutschunterricht ist vor allem mit dem Namen W. Dahles verknüpft."
100 ebd., 112. Ingenkamp, Fragwürdigkeit, 225: „Die Auslese in den höheren Schulen trifft Unterschichtkinder wesentlich stärker als Oberschichtkinder." 274: „... die Auslese für die Oberschule in hohem Maße von der sozialen Schichtangehörigkeit determiniert."
101 ebd., 116; so auch Lautmann, 14
102 ebd., 118
102 ebd., 118
103 ebd., 119: „Sie solle reflektieren, ob nicht ... in der Sprache der Unterschicht Elemente enthalten sind, die die Entwicklung von Solidarität, affektiven Bindungen und Schutzgefühlen begünstigen."
104 ebd., 95, 120, 122
105 ebd., 120
106 ebd., 123
107 ebd., 121
108 ebd., 178
109 ebd., 181. Also doch Sprachbetrachtung.
110 ebd., 182
111 Merkelbach, Kritik, 20
112 ebd., 12, 20
113 ebd., 13, 15
114 ebd., 14, 61
115 ebd., 43, 48. „Es scheint so, als habe Bernstein die politischen Konsequenzen seiner Forschung noch nicht genügend reflektiert" (69). Ähnlich 71.
116 ebd., 45, 46 (3x), 47, 49
117 ebd., 50
118 ebd., 5
119 ebd., 6, 18
120 ebd., 29
121 ebd., 6
122 ebd., 48
123 ebd., 7, 55
124 ebd., 57 ff.
125 ebd., 59
126 ebd., 71; siehe W. Dahle
127 ebd., 62
128 ebd., 62
129 ebd., 65
130 ebd., 62, vgl. auch Jäger/Duhm, 181
131 ebd., 65
132 ebd., 66
133 ebd., 66
134 ebd., 69
135 ebd., 7
136 ebd., 73
137 Essen, Beurteilung, 36
138 Sonnemann, 111, 113
139 Michel, 8

Das Problem des Stils

„Stil" wird, als Anwendungsweise von Sprache, als so und nicht anders angewangte Sprache, nicht nur im Bereich der Schule, oft auch als „Ausdruck" oder einfach als „Sprache" schlechthin bezeichnet. Als die Lehre von der angemessenen Auswahl und Anwendung sprachlicher Mittel ist *Stilistik Kern* des Deutschunterrichts, damit auch der Problematik seiner Urteile. Die Deutschlehrer verlangen notgedrungen immer wieder eine praktikable Stilistik, welche die Hochschule bisher schuldig blieb. Man verfährt „immer noch nicht systematisch genug". „Wichtige theoretische Grundlagen der Stilistik sind auch heute noch weitgehend ungelöst."[1] Es gilt vor allem, das Problem der Stilistik zu umreißen, zu beschreiben und bewußt zu machen. Die Anwendung in der Stilerziehung und Aufsatzbeurteilung ist auch dann noch schwierig und ungelöst, aber der Deutschlehrer muß an den vor allem der Didaktik der deutschen Sprache aufgegebenen Komplex herangeführt und mit ihm konfrontiert werden.
Verwirrend schon der Stilbegriff selbst. Man spricht manchmal davon, daß jemand oder eine Gruppe oder eine Veranstaltung Stil habe in einem ähnlichen Sinne wie man von Charakter-haben spricht und gegenteilig von stillos ähnlich wie von charakterlos. Befragt man die Herkunft beider Begriffe, klärt sich der im Sinne der Spracherziehung anzuwendende Gebrauch. Charakter kommt von griechisch $\chi\alpha\rho\acute{\alpha}\tau\tau\omega$ was einritzen, einmeißeln bedeutet. Charakter meint kennzeichnende(s) Merkmal(e), Wesenszüge. Der negative Gebrauch — charakter-los — würde jeden kennzeichnenden Zug absprechen, was wiederum kennzeichnend wäre. Immerhin ließe sich noch charakterlos gebrauchen im Sinne von blaß, farblos, Mensch ohne Eigenschaften. Nicht aber stillos. Lateinisch stilus bezeichnet den Griffel, mit dem man in Wachstafeln schrieb. Von dem Werkzeug ging die Bedeutung über auf die Weise der Hand — also Handschrift — und die der Menschen, die es führen. Jeder, der mit dem stilus Zeichen festhält, jeder Schreiber, hat seinen, ihm eigenen Stil. „Jede geschlossene Rede, sei sie schriftlich oder mündlich, im offiziellen oder privaten Verkehr, hat Stilmerkmale"[2]. Stil ist die „zwingende Erscheinungsweise" sprachlicher Äußerung[3]. In der Spracherziehung haben wir es bei den Äußerungen unserer Schüler in jedem Fall mit Stil zu tun; es fragt sich, mit welchem. Stilerziehung ist demnach nie ohne Voraussetzungen, nie ohne Bestand, von dem auszugehen ist; sie formt, verändert, wandelt — hoffen wir: bessert — Bestehendes. Das erfordert Rücksicht, Umsicht und Geduld.
Wenn jede sprachliche Äußerung Stil hat, dann verbindet sich dessen Qualität offenbar eng mit der Qualität des Sprechers bzw. Schreibers,

bis zur Identität. In diesem Sinne wird die berühmte Formel des Ségnieur de Buffon aus dem 18. Jh. — Le style c'est l'homme même — aufgenommen und verwendet. Demnach wäre Stilerziehung nur möglich, wenn sie den Menschen ändern könnte.
Friedrich Nietzsche dagegen engt den Menschen auf seine logisch-intellektuelle Fähigkeit ein, wenn er sagt: „Den Stil verbessern — das heißt den Gedanken verbessern und nichts weiter". Die Annahme dieser Hypothesen würde immerhin auch bedeuten, daß umgekehrt durch Verbesserung des Stils rückwirkend das Denken und der Mensch verbessert werden könnte, wenn Stilerziehung voll möglich oder wirksam wäre. Der beste Mensch schriebe den besten Stil und: Wer den besten Stil schriebe, wäre der beste Mensch. Solche gedanklichen Umstellproben decken die Grenzen zweier extremer Stilauffassungen auf: Einer biologisch-fatalistischen und einer absolut pädagogischen. Man müßte nämlich an eine grundlegende Veränderbarkeit des Menschen durch Erziehung, an eine absolute Erziehbarkeit oder an eine Nichterziehbarkeit im letzten *glauben*, um zu solchen Thesen zu kommen. Die Reformpädagogik im geistigen Gefolge Rousseaus oder Nietzsches, im Zuge der Jugendbewegung und des Jugendstils, folgerte im Grunde aus einer Auffassung von Nichterziehbarkeit nichts als Freiheit für den einzelnen, im Aufsatz kaum noch Rahmenthemen, lediglich Anstöße, Impulse — und folglich scheinen derartige „Erlebnis" — Produkte auch keinem objektiven Maßstab der Beurteilung unterworfen. Wir finden die Forderung nach Freigabe des Spiels der sprachlichen Kräfte bis in unsere Tage und in Lehrplänen erhoben. Entgegen der ausschließlichen Förderung oder dem völligen Gewähren-lassen eines nur vor sich selber in seiner Immanenz wertvollen *Individual- oder Personalstils*, der vielleicht subjektiv gültig, aber schwer objektivierbar und an Normen meßbar ist, muß *Schule* auch auf das Allgemeine achten, auf Hinführung zur Beherrschung der Sprachnorm und der *Stilnorm*. Schule, d. h. Spracherziehung, ist nicht für die Erziehung von Genies oder von Dichtern da, sondern für die Vorbereitung und Verbreitung einer *höchstmöglichen Kommunikationsnorm* in einer Sprachgesellschaft, die dann ihrerseits wiederum den Stil des Dichters als das Besondere, Ungewöhnliche, Außerordentliche, Desautomatisierte und ästhetisch Aktualisierte empfindet und — bewundert. Der Auftrag der Stilerziehung scheint eindeutig von einer leistungsfähigen Sprachkommunikation bestimmt, ohne daß dabei eine sich abzeichnende ungewöhnliche Sprachverfügung junger Menschen nicht toleriert oder erstickt oder erdrosselt zu werden dürfte. Die Grenzen sind mit der Verständlichkeit gesetzt: „Die individuelle Ausdrucksweise des Sprechers darf nicht in dem Maße individuell sein, daß sie aufhörte, als Mitteilung zu fungieren"[4].

Mit dem Wort Jugendstil kam bereits ein anderer Stil-Begriff in die Erörterung. Heinrich Wölfflin hatte 1915 in seinen „Kunstgeschichtlichen Grundbegriffen" Renaissance und Barock als synchrone Stiltypen voneinander abgehoben, Stile, die diachron aufeinander folgten wie These und Antithese, offenbar ein entscheidender Zug in der Dialektik der Stile von Epochen und Generationen. 1919 veröffentlichte Oswald Spengler seinen (1914 im Manuskript fertigen) „Untergang des Abendlandes", worin er die großen Weltkulturen als bestimmte Stiltypen beschreibt. Ähnlich wie mit dem Aufzeichnen von Volksmärchen und Volksballaden macht man sich offenbar auch über den Stil dann Gedanken, wenn die Phänomene nicht mehr selbstverständlich sind, nicht mehr unbewußt für richtig gelten. Der Historiker Franz Schnabel hat einmal das Rokoko als den letzten abendländischen Stil bezeichnet. Vielleicht war es der letzte unbewußt selbstverständliche Stil eines abendländischen Jahrtausends. Stil aber hatte das bürgerliche 19. Jahrhundert ebenso wie ihn unsere technisch-erdumspannende Zeit hat. Des weiteren besitzen in diesem Sprachgebrauch Nationen und Stämme vor allem durch ihre Nationalsprachen und ihre Mundarten (Dialekte) ebenso ihre Stile wie Gruppen oder Schichten aufgrund bestimmter Bekenntnisse, geistiger Einflüsse oder sozialer Bedingungen. Auch innerhalb eines Individualstils folgen Stilalter aufeinander, wenn wir an Kindersprache oder Altersstil denken. Solche Begriffe hat ein Organismusverständnis (Herder, Spengler) auf die Geschichte wiederum angewendet, also Kulturen wie Individuen nach Lebensaltern differenziert und so vor Spätantike, Frühmittelalter oder Spätmittelalter usw., also von kulturellen Früh- oder Spätstilen, gesprochen.

Nach den *gesellschaftlichen Bedingungen* sprechen wir von Stilen von Kulturen, Nationen, Religionen, Stämmen, Regionen, Gruppen und Schichten, nach *historischen* von Stilen von Epochen, Generationen, Lebensaltern. Auf den einzelnen angewendet, sprechen wir von Individual- oder Personalstil, entsprechend einem nicht aufhebbaren, unverkennbaren persönlichen Text, einer persönlichen Handschrift innerhalb der Normen einer Gesellschaft, und wir gruppieren nach Charaktermerkmalen auf bestimmte Stiltypen z. B. den Emotionalen. Zeitlich gesehen sprechen wir bei Personen von Stilaltern. Immer werden dabei gemeinsame Stilzüge entweder als invariable oder kontinuierlich durchgehende und erkennbare Konstanten zur Postulierung und Beschreibung von Stiltypen festgestellt.

Nun sind aber auch die Gegenstände und Phänomene, die unsere Sprache erfaßt, verschiedener Art, und wenn unsere Sprache sie wirklich erfaßt, erfährt sie, indem sie ihnen gerecht werden will, durch die Sache eine stilistische Prägung. Wir sprechen von *Sachstil* und meinen damit, daß

die zutreffende Darstellung der Sache *vor* dem Selbstausdruck des Individuums gehe, sei es in einem Bericht, einer Beschreibung, einer Bedienungs- oder Gebrauchsanleitung, einem Rezept oder in Analysen und Definitionen, beispielsweise in der Literatur. Gattungen wie Lyrik, Epik, Drama unterscheiden wir nach Stilen, nach *Gattungsstilen*. Von dem Gegenstand, also dem Inhalt, her ergeben sich oft bestimmte Stilzüge, auch des Individualstils, etwa Nominal-, Verbal- oder Adjektivstil.
Wenn wir jedoch von *Stil* sprechen, muß darin der kennzeichnende, durch *Auswahl unter verschiedenen Möglichkeiten* profilierende Wesenszug hervortreten. Wir versuchen, ihn in Sprache und als Sprache auszudrücken. Die Sprache und ihre grundsätzlich eigene, fiktionale Welt oder Zwischenwelt kann nicht die Sache selbst sein. Die Sprache schafft oder schöpft der Sprecher im Rahmen der jeweiligen Sprachgesellschaft. Auch der Sach- oder Gattungsstil ist Stil nur insofern, als in ihm eine bestimmte menschliche Sicht eines Gegenstandes oder Phänomens in die sprachliche Perspektive des Sprechers oder Schreibers gebracht ist. Selbstverständlich waltet der Wille zur Objektivität vor, zur Sachgemäßheit und Sachgerechtigkeit. Denken wir an Rilkes Bemühen, im Ding-Gedicht ins Wesen der Gegenstände einzugehen, die doch eigentlich in sein Wesen eingegangen sind, das sich in ihnen wie in einer Rolle oder unter einer Maske, bei Willen zur Identität, aussagt. Weil Gegenstände oder Phänomene eine gewisse Kontrolle der Aussagen über sie zulassen, decken Sach- und Gattungsstile oft erst recht die Individualstile auf; sie heben sich am Konkreten ab. Deswegen forderte beispielsweise Rolf Geißler die Abschaffung des Erlebnisaufsatzes, weil dort der die Kontrolle ermöglichende Gegenstand fehle. Sprachtheoretisch ist diese Forderung nicht vertretbar. „Im Prinzip gilt, daß kein Funktionalstil die individuelle Auswahl der Ausdrucksmittel dermaßen einschränkt, daß der subjektive Anteil des Autors an der Textgestaltung völlig ausgeschaltet wäre"[5]. Im Sachstil hat nicht die Sache als solche Stil. Stil verleiht ihr die vergleichend-beschreibende Feststellung bestimmter, mit einer anderen gemeinsamer oder ähnlicher Züge. Das ist nur möglich, weil es als Sprache geschieht. Stil ist also ein Phänomen innerhalb der Sprache. „Die *Stilnorm* bestimmt, welche Grenzen für die Auswahl der Ausdrucksmittel in einer bestimmten Gattung der Äußerungen gegeben sind; die *Sprachnorm* dagegen normiert die Ausdrucksmittel selbst. Die Stilnorm betrifft also die kommunikative Aktivität der Sprache, die Sprachnorm nur ihr Inventar"[6].
Die Stilnorm gehört zu den objektiven Faktoren des Stils, ebenso die Mündlichkeit oder Schriftlichkeit, vorbereitetes oder unvorbereitetes Sprechen, der Adressat oder die Adressaten (Zahl, Alter, Geschlecht, Sozialverhältnis, Bildung, psychische Zustände). Demgegenüber liegen subjek-

tive Faktoren im Subjekt begründet wie Charakter, Bildung, soziale Gruppe, Geschlecht, Alter, Ideologie. Sie können auch für mehrere Individuen gelten. Der Individualstil dagegen prägt sich als Ausdruck eines bestimmten, konkreten Einzelnen.

Vor allem erfordern nach dem linguistischen Sender-Medium-Empfänger-Modell die verschiedenen *Situationen* in der gesellschaftlichen Kommunikation verschiedene Stilhaltungen. Der Architekt wird sich eines anderen Stils bedienen, wenn er ein Projekt mit Bauräten erörtert, es einem Maurer erklärt oder Bau-Laien schmackhaft macht; ein Lehrer wird mit Schulanfängern auf anderer Stilebene sprechen als mit Abiturienten, im Unterricht anders als auf dem Wandertag, mit Kollegen anders als mit dem Schulrat, zu Hause in der Familie und mit Nachbarn anders als mit verschiedenen Eltern. Aber auch der Arbeiter bemüht sich unter Beamten usw. deren Sprache zu sprechen wie der Gelehrte unter Arbeitern wie ein Arbeiter sprechen muß oder soll. Umwelt, Rolle, Thema, Absicht bestimmen die Wahl der Stilebenen. Der gesellschaftliche Kontext macht die Anpassung an die jeweils dominierende Stilebene notwendig. „Die Frage nach der Verwendbarkeit eines sprachlichen Mittels in einer bestimmten gesellschaftlichen Situation, also unter bestimmten außersprachlichen Bedingungen, ist eine spezifisch stilistische Frage"[7]. Nach Roeder sind dementsprechend auch „alle sprachlichen Kodes als — restringierte — aufzufassen, insofern sie nur in bestimmten sozialen Situationen funktional sind"[8]. Dasselbe formulierte Elise Riesel: „Der Individualstil des Menschen ist auf jedem beliebigen Gebiet gesellschaftlicher Tätigkeit diesem oder jenem funktionalen Stil untergeordnet"[9]. Deutlich wird der Gegensatz einer soziolinguistisch intendierten Stilauffassung und Stilerziehung zu jener individualistisch-liberalen der Reformpädagogik. Planung, Kernziele, Aufgaben, Objektivierbarkeit werden jetzt stärker, bisweilen ausschließlich betont.

Wie verhalten sich die verschiedenen Stilfelder, Stilebenen und Stilschichten zueinander? Wo liegen dabei die Möglichkeiten einer Stilerziehung der Schule, speziell des Sprachunterrichts, des Aufsatzes und seiner Beurteilung.

Ziehen wir einen Augenblick zur weiteren Verdeutlichung das *Sprachmodell* von de *Saussure* heran. Die langage als Anlage und Fähigkeit des Menschen zu Sprache — sie ist Gegenstand der Neuro- und Psycholinguistik — bildet die Grundlage des Stils, als Sprachanlage vielleicht auch Grundlage bestimmter anthropologischer Stiltypen (z. B. der Schüchterne, der Großsprecher, der Stotterer). Die langue als Sprache einer Gemeinschaft mit verschiedenen Schichten und Zweigen, wie die deutsche Sprache, ist ein durch Sprach- d. h. auch Stilkonvention entstandenes Sprach*system*

mit bestimmten Stilnormen. Nationalsprachen sind keine Stile, sondern Systeme. Parole bezeichnet die Sprache des Sprechers, die aus den Möglichkeiten der langue auswählt, sie anwendet, gebraucht, verwirklicht, erneuert, erweitert. Hier wird Stil praktiziert[10].
Aus den Abgrenzungen geht hervor, daß Stil*erziehung* nicht in der langage, daß sie betrachtend in der langue, tätig-übend in der parole erfolgt. Wir lesen von der langue Normen ab, erläutern sie und üben sie ein, und wir wirken über die parole stilerzieherisch auf die langue zurück, indirekt — wenn wir Glück und Erfolg haben. Zur Kommunikation stehen Situationen und Sachen im Brennpunkt der Stilerziehung, dort verschränken sich *Sach- Gattungs-* und *funktionale Situations-Stile mit* dem *Individual-Stil* in einer durchaus dialektischen Weise[11], während Gesellschafts- und Epochen-„Stile" (Kultur, Nation, Stamm, Generation) als Systeme den Rahmen abgeben, worin sich diese Stilbildung vollzieht. Stilerziehung darf also die Elemente und ihre Spannung nicht außer acht lassen. *Stil bildet sich als kennzeichnende Auswahl und vereinheitlichende Anwendung sprachlicher Mittel durch Individuen in Situationen gegenüber Gegenständen (Inhalten) im Rahmen einer gesellschaftlich vorgegebenen Sprachnorm.*
Eine solche Definition oder andere Definitionen von Stil sind Hypothesen, wie jede wissenschaftliche Begriffsbildung grundsätzlich hypothetisch ist. Dietrich Pregel weist darauf hin, daß diese Hypothesen sich unterscheiden durch die Perspektiven, aus der sie entwickelt werden: „In der wissenschaftlichen Erörterung des Stilbegriffs scheinen deutlich stets *vier Momente* durch, die isoliert betont oder je und je kombiniert die einzelnen Ansätze bestimmen: Die *Person* als Substrat des Stils (factor), das sprachliche *Gestalten* als Akt (facit), die personal-soziale *Situation* sowie das *sachliche Ziel* als auslösender oder bewirkender Stilimpuls (effect) und schließlich das *Sprachwerk* als Stilkörper (factum)"[12]. (Sperrung A. W.) Entsprechend der Verlagerung der literaturwissenschaftlichen Diskussion von einer subjektivistisch-psychologischen intuitions- und geniebetonten Produktionsästhetik über eine objektivierbare gegenständliche, kontrollierbare Werkästhetik auf eine sozialbedingte, wirkungsbetonte und historisch gesehene Rezeptionsästhetik verlagert sich auch die Diskussion des Stilbegriffes von der subjektiv-personalen auf die situative, werkgegenständlich-objektivierbare Seite. Sie läuft indes immerhin Gefahr, Stil *nur* als fixiert, manchmal zur Manier erstarrt, zu betrachten. Zur *Manier* wird Stil dort, wo Ausdrucksformen imitiert oder wiederholt werden, ohne die Notwendigkeit der Situation und der persönlichen und eigenen Aussage. Papierdeutsch oder Amtsdeutsch, das Reiners angreift, wäre Manier. Manier ist unvermeidlich, wo Mitteilung schablonisiert und automatisiert

wird, wo nur Stilrezepte angewandt werden, und sich nicht ein Sprecher in einer Sprachsituation verwirklicht.

Die Ablehnung jeglicher Rezeptologie trifft eine Stilerziehung nach Rezept in der Schule. „Sie leitet die Kinder anfangs zum Gebrauch sehr einfacher Ausdrucksmittel an, die sowohl ihren nicht wenig entwickelten Fähigkeiten und Fertigkeiten, als auch den natürlichen Ausdruckssituationen und -bedürfnissen nicht angemessen sind. Als ob es um eine Fremdsprache ginge! Durch die „einseitige Betonung der formalen Richtigkeit prägt die Schule den Kindern zugleich auch eine unrichtige Beziehung zu der Schriftsprache ein, als ob diese etwas Unnatürliches, Künstliches wäre. ... Erstrangige Aufgabe der Schule sollte es sein, die natürlichen Ausdrucksfähigkeiten ... zu entwickeln und zu kultivieren, und nicht, sie zu unterbinden"[13]. Stilerziehung erstreckt sich in weiterem Sinne auch auf die Gefühls- und Willenskomponenten des Menschen[14]. Denn wenn das „Sprachgefühl ein gemeinsames Merkmal der echten Gebildeten"[15] sein sollte: Wer bildet es aus? Wer oder welche Kraft entscheidet über die Auswahl, wenn Stil Auswahl bedeutet?

In der modernen Gesellschaft findet eine Angleichung der Stilebenen statt. Gegenüber territorialen (Dialekte) oder sozialen (Schichtenkodes) Differenzierungen „wird der stilistische Aspekt immer mehr zum entscheidenden Faktor, der die Dynamik der Differenzierung der Sprachgebilde beeinflußt. Die Schriftsprache ist nicht mehr das Privileg nur der einst privilegierten Gesellschaftsschichten"[16]. Dabei ist es zweifellos „besser, gut nicht-schriftsprachlich zu sprechen als schlecht schriftsprachlich"[17]. Darin zeigt sich das Dilemma der Stilerziehung: Wir müssen zur Schriftsprache erziehen und wissen um die Verunsicherung nach beiden Seiten — zur Hochsprache und Dia- oder Soziolekt — wenn es nur halb gelingt. Wir müssen zu sprachlicher Kommunikation, also zu einer oft automatisierten Mitteilungssprache erziehen und um eben diese reicher, vielseitiger, bewußter, verbindlicher zu machen, sie zu intensivieren, gehen wir vom Ideal der aktiven, plastischen, originalen, desautomatisierten Dichtersprache aus. Das Dilemma der Stilerziehung ist dabei, daß sie einmal zu einer Konvention, einer Stilnorm und zugleich zu einem jeweils eigenen Individualstil erziehen soll und will. Hier spiegelt sich das Dilemma von Schule im allgemeinen. Anders ausgedrückt: Der Lehrer will ständig das Außerordentliche, Besondere, Einmalige verallgemeinern, ohne zu sehen, daß er es gerade dadurch in seiner Besonderheit aufhebt und zur Manier macht. Seine Rezepte bleiben zu leicht an der Oberfläche, führen zu *Stilisierung* und nicht zu *Stil*. Der Oberlehrer-Stil legt sich wie Mehltau oder Reif auf junge Triebe. Wir erinnern uns der stereotypen Bemerkungen wie anschaulicher, frischer, lebendiger und wir können eine zu Stilmanier er-

ziehende Lehrerkritik — selbst Manier geworden — an Dutzenden von Beispielen bei Schröter („Die ungerechte Aufsatzzensur") auffinden. „Diese Stilisierung ist es, die Schulaufsätze und Vereinsberichte oft zu wahren Mustersammlungen des Kitsches werden läßt. Da geht man nicht spazieren, sondern *wandelt*; da stärkt man sich nicht mit einem guten Essen, sondern *erquickt* oder *erlabt* sich an einem *köstlichen Mahle*. Dem Leser wird damit nichts mitgeteilt, was er nicht auch den schlichteren Wörtern entnommen hätte; es wird ihm nur verbrämter, gezierter, geschminkter erzählt"[18]. So Seibicke. Eine Gefahr unserer Stilerziehung, und folglich einer überspannten Stilbeurteilung, ist das Pretiöse, Gekünstelte, Hochgestochene, Erkrampfte. Gerade wenn wir eine dichterische Stilebene als die Hochleistung von Sprache ansehen, dürfen wir sie nicht durch Stildilettieren korrumpieren. Nicht der schöne, poetisierende Ausdruck, sondern der genaue, richtige, treffende, angemessene muß das Ziel von Stilerziehung sein. Er richtet sich nach Sache, Situation, Stilebene. Um nochmals Seibicke zu zitieren — und wieviele Schulaufsätze von Grundschulkindern hören wir mit: „Weiterhin sind die verblichenen Bilder, Vergleiche und Redewendungen zu nennen. Was tun Lerchen? Sie *jubilieren* natürlich. Und die *liebe (Frau) Sonne*? Sie *lacht*. Und Burgen, Türme, Kirchen? *Sie grüßen herüber.* Schneeflocken *tanzen*, Bienen *naschen* (den Honig), Schmetterlinge *taumeln von Blüte zu Blüte*; hohe Berge sind — wie könnte es anders sein! — *majestätisch*, Lieder *munter* („ein munteres Lied auf den Lippen"), Vögel sind *unsere gefiederten Freunde*, der Wald ist ein *Dom* — und so fort"[19].
Wir dürfen nicht sprachliches Gerümpel, gebleichten Plüsch, in der Stilerziehung anbieten und in der Stilbeurteilung durchsetzen wollen. *Manier, Phrase, Kitsch* entstehen, weil man ein einmal Treffendes oder Gelungenes für auswechsel- und jederzeit verwendbar hält, ein Requisit, Versatzstück, zuletzt Sprachhülse. Stil und Stilerziehung stehen in der spannungsvollen *Dialektik* von Konvention und Situation, von Wort und Denken, von langue und parole. In diesem Sinne sagt Friedrich Dürrenmatt, in Neuformulierung des Nietzscheschen Gedankens: „Darum kann man auch nicht an der Sprache an sich arbeiten, sondern nur an dem, was Sprache macht, am Gedanken, an der Handlung etwa; an der Sprache an sich, an Stil an sich arbeiten nur Dilettanten"[20]. Stilerziehung müßte entdecken und aufdecken, wo am Gedanken nicht gearbeitet worden ist und wird, wo man gedankenlos gesprochen hat und spricht.
Stil ist nichts Absolutes. „Kein Stilistikum besitzt absoluten Wert"[21]. Aber Spracherfahrung[22], die immer Sprachreflexion einschließt, dürfte für den Deutschlehrer Stilwidrigkeiten feststellbar[23] machen, so wie der Sprachwissenschaftler „bei schwankender Norm" Entscheidungen trifft[24]. Er er-

setzt festgefügte Konventionen, die in einer dynamischen, offenen Gesellschaft sich auflösen, oft durch Ermessen. Auch hierin gründet das Problem der Aufsatzbeurteilung. Übrigens verweist die Lage des modernen Menschen in Stilfragen ihn auf sein Ermessen. Grammatik und Stilnorm sind unsicher geworden.

Die Klärung des Verhältnisses von *Grammatik und Stil* klärt auch die Aufgabe der Stilerziehung und Stilbeurteilung (im Aufsatz) und die der Sprachlehre. Sprachlehre richtet sich auf Grammatik als „gefrorener Stilistik". „Wird eine Neuschöpfung in den allgemeinen Sprachgebrauch aufgenommen, dann wird die Ausnahme zur Regel, und was einmal der Durchbruch eines Ausdruckswillens durch die Sprachgewohnheit war, wird selber Srachgewohnheit, was einmal höchst persönlich Stil war, wird Grammatik"[25] (Wilhelm Schneider). Es muß also in jeden Zug der Grammatik ein Ausdruckswert eingegangen und in ihm aufgehoben sein. Sprachlehre richtet sich als Sprachbetrachtung auf die in Grammatik aufgezeichnete Norm der langue; Stilbetrachtung und -analyse entsprechen dem in der Stilistik. Stilerziehung ist also ein Einsichtigmachen und Anwenden der Stilnorm der langue. Als Grammatikverstöße beurteilen wir die Mängel in der Handhabung der festgelegten Sprachnorm, als Ausdrucksmängel solche gegen die Stilnorm. In ihrem Rahmen aber ist der Sprechakt, die Parole, *Stil* als Verwirklichung durch *Auswahl*. Nur wo Auswahlmöglichkeiten vorhanden und ergriffen sind, kann man im genaueren Sinne von Stil reden: Wahl zwischen Möglichkeiten, Entscheidung, die durchläuft, grundsätzlich fakultativ[26]. Sie vollzieht sich besonders in Semantik und Syntax. Der eigene wählende Gebrauch ist die Seite, die wir fördern sollten und die so schwer zu beurteilen ist. Sie verlangt Spielraum. Wer die vorhandenen Möglichkeiten als ungenügend empfindet, sie durch Neubildung erweitert und bereichert, muß sich im Bereich des Verständlichen[27] halten; das gilt selbstverständlich auch für die stilistischen Schöpfungen von Schülern, ob sie nun im Duden stehen oder nicht. Unter welchen Bedingungen diese Auswahl geschieht, reduziert Georg Michel auf sechs Hauptfaktoren: System der sprachlichen Möglichkeiten, Gegenstand, Mitteilungszweck, Individualität des Sprechers, Individualität des Hörers, Situation. Diese Faktoren sind im Unterricht und im Aufsatz immer wirksam, aber zu leicht vergessen wir, daß dort der Hörer oder Leser, an den sich das Gesprochene oder Geschriebene richtet, also der Lehrer, der den Aufsatz liest und beurteilt, und die Situation, also die Schulstunde oder Prüfung, auch zu den Stilbedingungen gehören.

Die Situation bestimmt vor allem die Wahl der *Stilebene*. Spracherziehung durch Eltern und Lehrer und unsere Erfahrung soll uns auf verschiedenen Stilebenen zu kommunizieren ermöglichen. Wenn wir speisen, essen, oder fressen gebrauchen, sprechen wir auf gehobener, normalsprachlicher oder vulgärer Ebene[28]. Nur noch vulgär sprechen zu wollen, führte zur Sprachverarmung, ist Undifferenziertheit. Ludwig Reiners betont die *Wahl der richtigen* Stilebene[29]. Auch die Stilebene kann, wie das Thema, verfehlt werden, was in der Beurteilung gewichtet werden müßte. Und zur Wahl der angemessenen Stilebene muß erzieherisch durch Einsicht in die semantischen und syntaktischen Differenzierungen, beispielsweise in Wortfeldübungen oder Satzstellungen, hingewirkt werden.

In dem Stil laufen aus bestimmten Stilelementen zusammengesetzte Stilzüge durch, die zu bestimmten Stiltypen generalisiert werden können, wie offen oder geschlossen, dionysisch oder apollinisch (Nietzsche), vielleicht auch restricted oder elaborated, welche Roeder von „rein stilistischer Natur"[30] nennt. Elise Riesel unterscheidet als „funktionale Stile" die des öffentlichen Verkehrs, der Wissenschaft, der Publizistik und der Presse, des Alltagsverkehrs, der schönen Literatur[31]. Auch die Gattungsstile der Poetik sind Stiltypen. „Wir vermuten zwar, daß es artbildende Unterschiede zwischen der Verwendung der fakultativen sprachlichen Mittel in der Lyrik, in der Dramatik und in der Epik gibt; die linguistische Spezifik in diesen Gattungen mit wissenschaftlichen Methoden zu beschreiben, ist bisher jedoch noch nicht umfassend in Angriff genommen worden"[32]. Deutlich wird dabei, daß die Stilistik den Angelpunkt zwischen Sprachbetrachtung und Sprachgestaltung, zwischen Sprach- und Literaturerziehung bildet. An ihr wird die Identität des Faches evident.

Die *Forderungen an den Stil* leiten sich an denen an eine *bestmögliche Kommunikation* ab. „Die Sprache ist ... ein System der zweckdienlichen Mittel, und dieses System wird um so besser sein, je besser diese Mittel ihren Zweck erfüllen. Die Sprache ist demzufolge umso angemessener, je besser sie ihre Aufgaben bewältigt. ... Danach ist diejenige Ausdrucksweise als richtig anzusehen, die eine deutliche Mitteilung mit der geringsten Kraftanstrengung ermöglicht"[33]. Sie soll „höchsten Forderungen des kulturellen Lebens gerecht" werden[34]. „Der beste Stil ist der, der den engsten Kontakt zum anderen Menschen herstellt, das Gemeinte am besten verständlich macht"[35]. Der Stil soll *kultiviert* sein: gepflegt, gebildet, verfeinert. „Unvereinbar mit Kultiviertheit ist Nachlässigkeit, Schludrigkeit, Bequemlichkeit, Undiszipliniertheit genauso wie Grobheit und Vulgarität oder Primitivismus, Schwerfälligkeit, Plumpheit"[36]. Das erfordert Kenntnis der Stilmittel, guten Willen, Verantwortungsbewußtsein. Stilpflege ist eine soziale Aufgabe. „Der einzelne hat daher kein Recht, mit der Sprache willkürlich umzugehen, sondern er ist durch gesellschaftliche (auch ethische) Normen dazu verpflichtet, die Sprache so zu gebrauchen, daß er dabei das gesellschaftliche Instrument nicht eigenwillig verletzt oder verdirbt"[37]. Zweckdienlichkeit, Kultiviertheit, Verantwortungsbewußtsein umfaßt das *Stilideal*, auf das wir hinwirken sollen. Der Stil soll wahr sein, klar, genau[38], treffend[39], sachlich, zweckmäßig[40], richtig[41], kurz, knapp und straff, lebendig durch das Besondere, nicht verschwommen und allgemein[42], anschaulich[43], nicht modisch[44], kurz: in seiner Funktionalität schön sein. Ich möchte fast sagen: schön im Sinne moderner Technik wie klassischer Architektur.

Arbeit am Stil selbst ist wie immer Arbeit am *Detail*. Eine Fülle von Stilelementen will geprüft und berücksichtigt sein, Gesetz und Regeln entwickelt, Gebote und Verbote. Sie dürfen jedoch niemals als Rezepte verstanden werden, die an sich gelten und die man isoliert anwenden kann. Stilelemente sind im Stilkontext[45] bedeutsam; „nicht das isolierte lexische, grammatische oder phonetische Mittel, sondern stets auf einem ganzheitlichen, übergreifenden System von Gesetzmäßigkeiten"[46]. Die Stilistiken enthalten eine Fülle von Stilregeln oder -empfehlungen, in denen man unterzugehen droht, konzentriert man sie nicht auf wenige Prinzipien.

Reduktion ist eine gewisse Stärke des Stilpragmatikers Ludwig Reiners, der zwanzig Verbote, zwanzig Regeln und zwanzig Ratschläge vorführt, allerdings kaum aus den Prinzipien entwickelt.

Wenn wir den Pädagogen einem Gärtner vergleichen, so vermag er nicht an sich wachsen zu machen, aber er kann fördern durch Verbesserung der Bedingungen, durch Auslichten, Beschneiden, Düngen, Gießen, Ordnen. In der *Stilerziehung* richtet sich sein Tun *gegen das Überflüssige,* in dem die Wirkung des Notwendigen versinkt oder versandet. Nicht mehr Wörter machen die Aussage wirkungsvoll, sondern drücken zweimal dieselbe Mitteilung (einer Bitte, einer Unsicherheit) aus. Viele Pleonasmen entstehen durch Gebrauch unverstandener Fremdwörter (bisheriger Statusquo, vorläufig suspendieren, heiße Thermalquellen, neu renovieren, hinzuaddieren, Einzelindividuen, Vorspiegelung falscher Tatsachen[48]). Schon deswegen sollte man *Fremdwörter meiden*, zumal wenn man die Bedeutung in der Originalsprache nicht versteht. Sie werden leicht zum Aufputz mit fremden Federn. Mit der *Wiederholung von Wörtern* schlagen wir Lehrer uns lebenslang herum. Soweit sie Wortarmut verrät, müssen wir sie aufdecken; denn nur ein reicherer, vielfältiger und farbiger Wortschatz erlaubt die individuellere Auswahl des genauer Treffenden in der bestimmten Situation. Reiners empfiehlt auch die Wiederholung des Klangs zu vermeiden: In der Stadt findet ein Ball statt. Habt Ihr ihr ihre Tasche zurückgegeben? Diesen Baum muß er auf jeden Fall fällen[49]. Was der Kern der Sage ist, ist schwer zu sagen[50]. Die Forderung des Lehrers nach *Variation des Ausdrucks* ist berechtigt, wo dadurch differenzierter und nuanzierter, also treffender gesprochen werden kann. Sie hat ihre Grenzen, wo wie in objektgerichteten Formen die Genauigkeit der Mitteilung litte, beispielsweise beim eindeutigen *Fachausdruck* oder wo Wiederholung als rhetorische Figur bewußt zum *Kunstmittel* wird. Warum sollten Schüler davon ausgeschlossen sein? Auch Wortspiele gehören hierher. Die Vermeidung von Wiederholungen darf sich nicht nur statistischer Argumente bedienen.

Man sollte bedenken, ob stets der Artikel beim Hauptwort stehen muß oder ob nicht bisweilen das Weglassen des Artikels den entscheidenden Begriff wuchtiger macht. Auch sollte man das kürzere Wort dem umständlichen vorziehen: Zurschaustellung, Inbetriebsetzung; Rücksichtnahme; Rücksicht; Schadenbehebungsmöglichkeit; Möglichkeit, den Schaden zu beheben. Streben wir das kürzere Wort an, so bauchen wir doch die umsichgreifende AKÜ-Sprache nicht vermehren zu helfen.

Sparsamkeit gebietet vor allem der Gebrauch des *Adjektivs*, Sparsamkeit und Differenzierung[51]. Adjektivhäufungen verhindern meist die Differenzierung, weil sich die Bedeutungen gegenseitig erschlagen; allgemeine Adjektive (groß, schön usw.) verwaschen und verblassen. Besondere Vorsicht gebührt der Verwendung von *Superlativen*. Das „tausendjährige Reich" des „größten Feldherrn aller Zeiten" ist schon so lange vorbei, daß die Allergie gegen die phrasenhafte Übersteigerung in der jüngeren Generation nachzulassen beginnt. Reklame arbeitet versteckt superlativisch. Unverträglich wirkt die Verdoppelung im selben Wort, zum beispielsweise höchs*t*möglich*s*ten Effekt zu erhaschen, oder backfischhaft etwas *furchtbar* nett zu finden. Vielfach ist das *Partizip* überflüssig[52], weil es Selbstverständliches aussagt und einen Rest von Latinismen darstellt: auf dem Gipfel angekommen: auf dem Gipfel; nach beendigten Ferien: nach den Ferien; nach erfolgter Trennung: nach der Trennung; die getroffene Feststellung, unternommene Maßnahme, gemachte Erfahrung usw. Auch muß der Bezug von Adjektiv und Partizip auf das Grundwort von Komposita stimmen, nicht wie im gedörrten Obsthändler.

Verzicht auf das Überflüssige bedeutet *nicht Nacktheit des Stils*. Er muß manchmal lapidar sein, bedarf aber meistens einer gewissen *Redundanz*, um die Kommunikation zu sichern, um den Umgang nicht bloß Mitteilung, sondern auch Atmosphäre des Anheimelnden, Gemütlichen, Behäbigen usw. — je nachdem — kurz: des Menschlichen zu geben, um auf ein wenig Würze nicht zu verzichten. Auch die Stilwerte des *Fremdworts* sind, wie schon gesagt, unter solchen Gesichtspunkten zu sehen. Wie das Fremdwort unseren Wortschatz erweitert und differenziert, damit die Auswahlmöglichkeit erhöht, zeigt Seibicke an 13 Punkten[53]; als Regeln hält er fest:

Gebrauche nur Fremdwörter, die du genau kennst!
Gebrauche nach Möglichkeit nur solche Fremdwörter, die auch derjenige kennt, an den du dich wendest!
Gebrauche Fremdwörter nur, wenn es die Sache erfordert[54]!

Solche Regeln helfen auch bei der Aufsatzbeurteilung. Allerdings muß man einräumen, daß das Kind ein Fremdwort nicht immer als solches erkennt, daß also die Sprachlehre die Einsichten für die Stilerziehung vorbereiten muß.

Die *Synonymik*[55], die Lehre von gleichen oder ähnlichen Wortbedeutungen, ist als *Grundlage für die Stilistik* wichtig. Sie umfaßt die Lexik und die Semantik (Wortschatz und Wortfeld) und die Grammatik (Wortbildung) in Übungen zur sinndifferenzierenden Wortwahl. Immer wird dabei auch Stilistik betrieben, wie umgekehrt von der Bewertung und Besprechung, stilistischer Fragen auf Lexik, Semantik und Grammatik zurückgegriffen werden muß.

Ein Anliegen der Stilerziehung sollte es auch sein, die *Vielfalt der Formen* als Mittel zu kräftiger, plastischer Sprachgestaltung zu erhalten. Wörter starker Ablautsreihen sind klangmächtiger als schwache, die Flexion unmittelbarer als die Umschreibung mittels Präpositionen. So wünschenswert die Erhaltung des Genitivs ist, so unschön wirken Genitivketten: Die Erlangung der Berechtigung des Führers der Kraftfahrzeuge der Klasse drei. Die Unterbringung von breiten Mitteilungen zwischen Artikel und Hauptwort ist ein Gräzismus (das von uns geschätzte, geliebte, immer behütete, so daß es lange erhalten bleibe, Haus), Reiners nennt es Klemmkonstruktion und bietet monströse Beispiele[56]. Ebenso soll die Satzklammer durch das Verbum dort vermieden werden, wo der Satz unübersichtlich wird, wo Aufzählungen oder Vergleiche aufschwellen: Die Arbeiter *schlugen* Herrn Müller wegen seiner bestimmten Haltung in der Auseinandersetzung zum Sprecher *vor*. Auch sollten nicht zwei Hilfsverben (würde, würde ... hätte, hätte ...) oder im *Schachtelsatz* drei Verben und mehr zusammenstoßen. (Der Vater, der das Krankenhaus, in dem seine Tochter, die verunglückt war, lag, anrief, hoffte auf gute Nachricht). Auch hier entstehen gelegentlich Monstren: Die, die die, die die Buchstaben zählen, für dumme Tröpfe halten, mögen nicht ganz unrecht haben; derjenige, der den Wellensittich, der auf den Baum, der vor dem Haus, das an unser Grundstück angrenzt, steht, geflogen ist, einfängt, erhält eine Belohnung[57]. *Nicht schachteln* und vollstopfen, sondern gliedern und zerlegen! Aber auch *nicht gleichförmige Satzelemente aufreihen* wie „und dann", notwendig in einem bestimmten Stilalter, oder eine Folge von Relativsätzen oder daß-Sätzen. Man kann auch gleichartige Nebensätze

parataktisch reihen und dabei die Frische und Elastizität einbüßen. Im allgemeinen wird man darauf hinwirken, überlange Sätze zu vermeiden — der durchschnittliche Satz beträgt etwa 12—15 Wörter — ohne den Kurzsatz vorzuschreiben, der leicht eine Elementarisierung und dann Primitivierung des Stils bewirkt, apodiktisch und imperativisch.
Grundsätzlich gehört der *Hauptgedanke in den Hauptsatz,* das Abhängige logisch untergeordnet in den Nebensatz: Der Vater starb, als es dunkel wurde: Es wurde dunkel, als der Vater starb. An diesem Beispiel wird das Problem der Satz- und Wortstellung als ein stilistisches deutlich. Die *Inversion,* die Gegenstellung, will andere Sinnqualitäten betonen, sie leistet es als das *Besondere* aber nur, wenn die normale Wortstellung auch normal und häufiger angewendet wird: Der Lehrer lobt den Schüler wegen seiner Sorgfalt: Den Schüler lobt der Lehrer wegen seiner Sorgfalt: Wegen seiner Sorgfalt lobt der Lehrer den Schüler. Immer spüren wir feine Akzentverlagerungen in der Bedeutung. Wir würden jedoch abstumpfen, sprächen wir ständig in betonten Umstellungen und Gegenstellungen. Stilerziehung und -beurteilung darf *das Besondere, Originalität, Frische, Unmittelbarkeit nicht als Manier anerziehen;* denn als Gewohnheit verliert es die abhebenden Eigenschaften.
Mehr grammatischen als stilistischen Charakter hat der *Sinnbezug.* Bei Verfehlungen handelt es sich um Verstöße gegen die Grammatik, aber entstehende Zweideutigkeiten haben auch, oft absichtlich eingesetzte, Stilwerte: Zwei Waldarbeiter wurden von fünf Wildschweinen angefallen, die gerade mit Forstarbeiten beschäftigt waren. Ich dachte an das Leben im Schloß zurück, das voller Merkwürdigkeiten war. Studentin sucht Zimmer mit Bett, in dem auch Unterricht erteilt werden kann[58].
Im Bereich des Verbs sollte man nicht zu einem blinden Aktionismus erziehen, der sprachlich vorgibt, alles Handeln läge stets beim Subjekt. Gewiß wirkt der Stil aktiver, zwingender. Aber vielfach geschieht etwas mit uns oder den Dingen, wir *werden* gewählt, das Schwein *wird* geschlachtet, der Baum gefällt, der Stein gebrochen. Der passive Held in neuerer Literatur spricht *gegen* den *Aktionismus* eines reinen *Verbalstils* ebenso wie die Passion Christi, auf der unsere Religion und Kultur gründen. Stilerziehung bedeutet auch Hinweis auf die Möglichkeiten der *Konjunktive* und ihrer Formen als Zwischentönen, der *Tempora* und ihres Umsatzes in deutlichen Zeitebenen, des Vorzuges unmittelbarer *starker Verben* vor den Funktionsverbgruppen wie zum Ausdruck bringen, zur Verwendung usw. gelangen, zum Ausbruch kommen, der Versand erfolgt kostenlos, die Bezahlung geschieht bar usw.
In allem sind Stilqualitäten angesprochen, die, richtig eingesetzt, den Wert der Sprache gegenüber dem gängigen, an sich nicht zu beanstandenden

Ausdruck steigern. Wenn der Lehrer gelten läßt, was nicht falsch ist, so geht er bei der Beurteilung von Stil von einer *mittleren Lage* eines alltäglichen und durchschnittlichen Gebrauchs aus, den Stilwerte steigern oder Stilmängel mindern. Sein Urteil ist nicht bloß willkürlich.
Zu den Stilwerten gehören auch *Klanghaftigkeit* und *Bildhaftigkeit*. Wir alle sprechen in Klängen und Bildern: es ist das Wesen der Sprache. Wir treten mit der bewußten Anwendung ein in den Bereich der ästhetischen Strukturen, wo Stil in gesteigertem Sinne sich bildet oder gebildet wird. Klanggefüge steigert die Wirkung der Sprache, aber es ist nicht absolut[59], sondern wesentlich gepolt von der semantischen Seite, den Wort- und Satzbedeutungen. Licht ist etwas Helles, fast Immaterielles; dem scheint das I zu entsprechen. Was aber wäre Dunkel und Drohung — wie das U — bei Luft und Duft? Als Analysierende und Urteilende müssen wir uns hüten, bloße manieristische Klangassoziationen zu bevorzugen. Dasselbe gilt für Metaphernketten, wo sich, wie in moderner Lyrik bisweilen, die Bilder gegenseitig totschlagen. Das einzelne Besondere eines Bildes braucht Atem- und Spielraum wie jede Stilfigur.
Das künstlich Pretiöse um seiner selbst willen sollten wir nicht fördern. Der Lehrer muß unablässig kämpfen gegen falsch eingesetzte Bilder: das unangemessene, das schiefe, das fehlgehende Bild. Stilblüten sind in Büchern gesammelt worden und als Gegenstand von Stilerziehung geeignet für kleine erheiternde, auch thematische Pausen füllende Zwischenspiele, z. B. Wustmann: Sprachdummheiten (Berlin 1966[14]) oder Lembke: Blütenlese der Weltpresse. Beispiel[60]: Eine Welle war ausgelöst, die zu einem heißen Eisen für die Münchner Behörden wurde. Uhland ist so groß, daß er alle, die auf seinen Schultern stehen, noch um Haupteslänge überragt, usw. Bilder in unserer Rede sind nicht nur Schmuck, sie müssen aus der Sache kommen, müssen notwendig und funktional sein.
Seit den alten Griechen bemüht sich die *Rhetorik* um Stilgesetze der Rede, der Sprache. Sie führt zur Manier, zu Schablone und Schema, insofern man die Form (ohne Inhalt) verselbständigte und einfach nach Rezepten verfuhr. Was dort an Stilfiguren — abgesehen von Dispositionsproblemen wie Anfang, Captatio benevolentiae, Steigerung, Überleitungen, Schluß, die wir im Problemaufsatz anwenden[61] — was an Stilfiguren dort herausgearbeitet ist, dürfte grundlegend in der Stilziehung, damit auch Beurteilung, in höheren Klassen (etwa 9/10—13), bei jüngeren Schülern schon punktartig wirksam sein: Einsatz rhetorischer Fragen, Wirkung von Parallelismen, Chiasmen, und Oxymora, Verwendung von Sprachformeln (etwa Zwillingsformeln) und Zitaten, Gebrauch bestimmter Topoi. Die *Stil-Ästhetik* bringt darüber hinaus noch poetologische Momente dazu, wie Vergleich, Metapher, Alliteration; sie zielt besonders

auf Neuheit, Fülle, Plastizität, Echtheit, Wahrheit, Größe, Stimmigkeit, den rechten Bezug des Teils zum Ganzen. Wir finden hier die beschriebenen Forderungen an den Stil in gesteigerter Weise wieder und erkennen die enge Verzahnung ja Identität der Stilistik unserer Stilerziehung mit der Stilistik in der Literatur. Wir haben es jedesmal mit Sprache zu tun. Ich deutete nur an. Denn: in der „Methodik der Stiluntersuchung gibt es jedoch kaum theoretische Grundlagen"[62], wir sind, wie Michel sagt, auf Wünschelrute, Fingerspitzengefühl und Intuition angewiesen. „Die Entwicklung der wissenschaftlichen Stilistik ist heute noch nicht so weit fortgeschritten, daß sie ein differenziertes System von methodischen Schritten vermitteln könnte, das zugleich für die Praxis, speziell für die Schulpraxis, einfach und handhabbar wäre"[63]. Aber durch Problematisierung der Stilistik und analytische Zerlegung in kleinere Bereiche können wir schrittweise vorwärtskommen.

Der Befund wissenschaftlicher Stilistik erlaubt nicht, darauf eine gesicherte *Stilerziehung* aufzubauen. Sie erscheint noch hypothetischer als die Stilistik selbst. Dennoch arbeitet der Lehrer ununterbrochen im Deutschunterricht mit und an der Sprache, und treibt dabei zum wesentlichen Teil Stilerziehung. Werden die Lehrgänge und Unterrichtseinheiten, besonders die Aufsatzlehre, auf klare und kontrollierbare Lernziele angelegt, dann sollte das auch auf die Stilerziehung angewendet werden. Damit bekäme man das Stil bezeichnete Feld auch als kontinuierliche Komponente der Aufsatzbeurteilung besser in den Griff. Stilbeurteilung hängt mit Stilerziehung zusammen und von ihr ab. In diesem Sinne sprechen wir von den *Möglichkeiten der Stilbeurteilung*.

Zunächst warnen gewichtige Gründe dagegen, einen frisch-fröhlichen Stilkrieg zu entfesseln, in dem der Schüler immer unterliegt. Die zu vermittelnde notwendige Beobachtung und Kritik könnte — nicht muß — zu Befangenheit, Mutlosigkeit und Hemmungen[64] führen, vor allem, wenn sie *zu* scharf verfährt. Viele Menschen — Lehrer nicht ausgeschlossen — sind empfindlich gegen Kritik an ihrem Stil, während sie den anderen gerne, ausgiebig und oft rücksichtslos kritisieren. Zu schnell lasten wir Verstöße gegen unser persönliches Stilgefühl anderen als Fehler an. „Das Sprachgefühl ist", so Seibicke, „selbst in kleinen Dingen nicht sehr tolerant. Das hängt damit zusammen, daß wir ganz in unserer Sprache leben. Sie ist ein Teil von uns selbst. Deshalb fällt es so schwer, die Sprache von der Person zu trennen, und die Folge ist, daß wir Kritik an unserem Sprachgebrauch als Kritik an unserer Persönlichkeit auffassen. Außerdem spielt hierbei gewiß eine Rolle, daß wir uns in unserer gesellschaftlichen Stellung angegriffen fühlen, weil auch in der Sprache und mittels Sprache ... eine ‚soziale Kontrolle' wirksam ist. Derjenige, der Kritik übt, kommt sich höherstehend vor, und der Kritisierte sieht sich auf einen tieferen Platz verwiesen"[65]. Stilkorrekturen oder -redaktionen werden als Eingriffe in einen persönlichen Bereich empfunden. Jeder Herausgeber oder Redakteur weiß, wie empfindlich gerade jüngere Autoren darauf reagieren. Empfindlichkeit kompensiert Unsicherheit. Wären unsere Schüler, im allgemeinen, sich ihres Stils sicher? Wir müssen folglich sachliche und angemessene Kritik in zurückhaltender Form üben, die annehmbar ist, nicht verletzt, nicht bloßstellt. „Redaktionseingriffe in fremde Texte sollten sich nur auf solche Fälle beschränken, wo die subjektive Auswahl der Ausdrucksmittel die durch die objektiven Faktoren gegebenen Grenzen deutlich überschreitet. Andernfalls führen die Eingriffe zur stilistischen Nivellierung der Texte, zu ihrer Depersonalisierung"[66].

Stilerziehung muß in der Schule die Stilistik reduzieren und transformieren. Sie entgeht dabei manchmal nicht der zu weitgehenden Vereinfachung, einer Versimpelung oder einer Stilisierung auf überholte Stilmuster, auf Stilmanier und Kitsch.

Insofern Stil zwischen Sache und Person in Situationen im Rahmen von Normen entsteht, darf der Lehrer nicht *seinen* Stil aufdrängen oder auferlegen. Er muß die Normen hüten und die der Sache und Situation angemessenen Lösungen einsichtig machen. Der persönlichen Verarbeitung muß er zurückhaltend gegenübertreten und ihr Raum lassen.

Stilbetrachtung steht im Wechselverhältnis zur Stilgestaltung, was nicht vordergründig und direkt aufzufassen wäre. Stilbetrachtung fördert interpretierendes Lesen und Vortragen, fördert den Umgang mit Literatur und ist grundlegend für literarische Wertung und Stilbeurteilung. Sie bedeutet auch Ausdrucksschulung und Übung im Erkennen von Stiltypen und Stilunterschieden in der Differenzierung sprachlicher Phänomene. Zweifellos fördert lautes häusliches Lesen über längere Zeitspannen das Ausdrucksvermögen. Stilbetrachtung und Stilkritik sollen zu bewußter Einsicht und Kontrolle, vor allem Selbstkontrolle, führen.

Stilerziehung sollte in der Schule von vorneherein einsetzen, mit der Schule beginnen. Sie sollte nach der Grundschule immer bewußter werden, immer kategorischer, entgegen heutiger Gepflogenheiten einen Stillehrgang systematisch aufbauen und durchhalten, nicht erst im 9./10. Schuljahr. Gegen Ende der Sekundarstufe I sollte ein gewisses Ziel erreicht sein, damit Stilkriterien für die literarästhetische Erziehung vorhanden sind, auf die „die Vorbildwirkung der guten Literatur auf das aktive Sprachvermögen"[67] zurückwirkt. Bis dahin müßte erreicht sein, daß der Schüler die *Schritte der Stilbetrachtung* von der *Beschreibung* (Wiedergabe des Gesamtbildes) über die *Erklärung* (Frage nach Ursachen und Bedingungen) zur *Wertung* (in Verbindung mit historisch-soziologischen, psychologischen und literarästhetischen Kriterien)⁶⁸ kennt. Warum sollte nicht, zwischen 8. und 10. Schuljahr, einmal eine geeignete Stilistik oder das Duden-Taschenbuch von Seibicke zur Grundlage eines Stillehrgangs gemacht werden? Manche Ergebnisse könnten sich in Sprachbüchern niederschlagen. Jeder Verlagslektor wird bestätigen, daß sich auch in Skripten angesehener Autoren doch noch verbesserungsbedürftige Stellen finden. „Niemand ist ein so guter Stilist, daß ihm nicht doch einmal ein schwerfälliger Satz, eine ungeschickte Wendung unterliefe"⁶⁹. Niemand ist ein so guter Stilist, daß er keine Stilerziehung nötig hätte. Der Lehrer selbst wird der Stilistik erst ganz mächtig, wenn er sie lehrend umsetzt.

Auch Hermann Helmers⁷⁰ stellt den Stil in den Mittelpunkt des Beurteilens:

„Grundlage jeder Beurteilung ist der ‚Stil' als ‚Gesamtheit der an bestimmte gesellschaftliche Anwendungsnormen gebundenen Varianten der Rede innerhalb einer Reihe synonymischer Möglichkeiten zur sprachlichen Darstellung eines Sachverhalts" (Michel, 234). Der jeweilige Sprachstil ist also gesellschaftlich bedingt. Die Schule kann den Stil nicht willkürlich ändern; missionarischer Stileifer ist im ganzen gesehen wirkungslos und somit abzulehnen. Ein Beispiel: In einer Zeit, da Dichtung und allgemeiner Sprachgebrauch längst das Substantiv als besonders geeignet zum Bezeichnen der modernen Wirklichkeit anerkannt haben, mutet ein etwaiger Kampf gegen den nominalen Stil wie ein ‚Kampf gegen Windmühlenflügel' an. Individuelles Dafürhalten des einzelnen Lehrers und fälschlicher Anspruch der Schule auf Änderung des bestehenden Gebrauchs sind abwegig. Vielmehr können allein die Ergebnisse der Sprachwissenschaft Grundlage didaktischer Überlegungen sein. Das heutige Schriftdeutsch — dies haben Untersuchungen von Hans Eggers erwiesen — bildet wesentlich kürzere Sätze als das Deutsch früherer Jahrhunderte, benutzt weniger Nebensätze (und unter ihnen besonders gern Relativsätze), hat einen Hang zu Satzbrücken und zu nachlässiger Sprachverwendung. Ingesamt scheint sich die Schriftsprache der Sprechsprache anzunähern."

Nebenbei sei nur vermerkt, daß Helmers hier lediglich den Epochenstil beschreibt, ohne davon den Individualstil und den Gruppenstil zu differenzieren. Hinter der dialektischen Spannung zwischen diesen, also einem aus Epochen- und Gruppenstil schöpfenden kreativen Individualstil, steht etwa die Spannung von langue und parole. Wenn Schule Stil nicht ändern kann oder will, d. h. darauf verzichtet, auf die Entwicklung und den Gebrauch der Sprache formenden Einfluß zu nehmen, wenn sie nur auf Ergebnissen empirisch-statistischer Sprachwissenschaft aufbauen will, begibt sie sich ihrer pädagogischen, ihrer spracherzieherischen Aufgabe. Sie ginge davon aus, daß Sprachzustände als Zustände zwischen Menschen nicht geändert werden können.

Stilerziehung steht in jeder Deutschstunde an. Interpretierendes Lesen, Sprachlehre, Sprachgestaltung, Textanalyse machen Normen und Auswahlangebote bewußt und zielen auf stilistische Entscheidungen. Aufsatzrückgaben sollten zu stilistischen Praktika unter systematischen Gesichtspunkten dienen. Nach allem Gesagten muß Stilerziehung durch Hören das Ohr verfeinern, das Wortgedächtnis durch synonyme-differenzierende semantische Übungen steigern, durch lautes Lesen, Vortragen, Schulspiel die Möglichkeiten verschiedener Stilfiguren vorführen und einprägen, schließlich zu Erkenntnissen führen, die Selbstkontrolle erlauben. Sie muß gegen mangelnde Sprachzucht wirken und auf kraftvolle Sprache hinwirken. Sie zeigt die Mängel und lehrt das Streichen, Weglassen, Kürzen, unablässiges Feilen am Ausdruck anstatt arroganter Selbstgenügsamkeit. Unmittelbarkeit bedeutet ihr nicht Originalitätssucht oder Gefühlsschwelgerei. Sie wird auf Verständlichkeit und Wirkung hinweisen. Vor allem, meine ich, kämpft sie gegen Geschraubtheit, superlativische Übersteigerung, Kitsch, Phrase, Klischee, Papierdeutsch. Die Aufsatzlehre selbst muß methodisch die Beachtung und Kontrolle des Stils in das Zentrum rücken. Reiners fordert mehrmaliges abschließendes Lesen einer schriftlichen Arbeit, einmal auf inhaltliche Richtigkeit, dann auf Knappheit und gegen Schlampigkeit, dann auf Lebendigkeit und Anschaulichkeit und zuletzt gegen unnötige Hauptwörter[71].

Stilistik und Stilerziehung müssen einsichtig machen, welcher Situation und welchem Gegenstand welche Stilebene angemessen ist, was Hypotaxe gedankendifferenzierend gegenüber emotionaler, unmittelbarer Parataxe leistet, daß Fachstil keine Emotionen verträgt, wie behäbiger, träger oder geschwätziger Füllsel-Stil ebenso zu meiden ist wie hektischer großmäuliger Superlativstil, wie Verbalstil aus anderen Bedingungen hervorgeht als Nominalstil. Und daß Stil grundsätzlich *Entscheidung* in der Wahl verschiedener Möglichkeiten bedeutet. Und sie muß Stilwillen und Verantwortung gegenüber der Sprache wecken und motivieren.

Stilerziehung ist Grundthema des Deutschunterrichts, besonders auch der Arbeit am Aufsatz. Stilbeurteilung ist Teil der Stilerziehung, in ihrem Zusammenhang sinnvoll. Stilerziehung hört nie auf. Sie zielt, wie Erziehung schlechthin, auf Selbsttätigkeit, Selbstzucht, Selbstkontrolle, Selbsterziehung. Sie fängt nach der Schule erst richtig an.

Anmerkungen

1 Karel Hausenblas in: Stilistik und Soziolinguistik, 42
2 Riesel, 11
3 Kerkhoff, 18; so auch Jelinek in: Stilistik und Soziolinguistik, 56
4 B. Havránek in: Stilistik und Soziolinguistik, 32
5 M. Jelinek in: Stilistik und Soziolinguistik, 69
6 Jelinek, ebd., 60

7 Michel, 23
8 In: Zur Sprache des Kindes, 509
9 Riesel, Stilistik der deutschen Sprache, 36
10 So auch Jelinek in: Stilistik und Soziolinguistik, 56/57
11 Ähnlich auch Havránek in: Stilistik und Soziolinguistik, 23
12 In: Zur Sprache des Kindes, 438
13 F. Danes, in: Stilistik und Soziolinguistik, 78
14 ebd., 79
15 Mathesius, ebd., 17
16 Hausenblas, ebd., 48
17 Danes, ebd., 77
18 Duden, Tb, 45
19 Duden, Tb, 7, 46
20 Zitiert nach Duden, Tb, 7, 47
21 Kerkhoff, 28
22 Michel, 28
23 Thierfelder, 16
24 Benes-Vachek, in: Stilistik und Soziolinguistik, XVI
25 Schneider, Stilistische deutsche Grammatik, V
26 So Michel, 32/33; Thierfelder, 40; Schneider, V
27 So Michel, 34; Schneider, V
28 Nach Duden, Tb, 7, 40
29 Reiners, 123/4
30 In: Zur Sprache des Kindes, 509
31 Nach Michel, 46
32 Michel, 46
33 Mathesius, in: Stilistik und Soziolinguistik, 16
34 ebd., 17
35 Seibicke, in: Duden, Tb, 25
36 Danes, in: Stilistik und Soziolinguistik, 74
37 ebd., 75
38 Seibicke, in: Duden, Tb, 53
39 Reiners, 68
40 Michel, 27
41 Kerkhoff, 8
42 Reiners, 70
43 ebd., 165; Duden, Tb 7, 52
44 Reiners, 78
45 Michel, 71
46 ebd., 14
47 Seibicke, Duden, Tb 7, 124
48 Duden, Tb 7, 149
49 Reiners, 28
50 Duden, Tb, 7, 144
51 So Reiners, 56; Thierfelder, 54; Duden, Tb, 115
52 So Reiners, 57, 113; Duden, Tb, 102
53 Duden, Tb 7, 130/131
54 ebd., 131–133
55 Michel, 29, 30
56 Reiners, 36/37
57 Duden, Tb 7, 72
58 So in Duden, Tb
59 So auch Michel, 90
60 Duden, Tb 7, 137–141
61 Auch bei Reiners und Duden, Tb 7
62 Michel, 65

63 Michel, 73
64 So auch Thierfelder, 17; Michel, 57
65 Duden, Tb, 7, 24
66 Jelinek, in: Stilistik und Soziolinguistik, 69
67 Michel, 57
68 Michel, 58
69 Seibicke, Duden, Tb, 25
70 Helmers, Didaktik ... 1971[6], 249/250
71 Reiners, 90

Erlebnis als Inhalt

Deutschunterricht ist *Sprach*unterricht, also Übung in sprachlicher Darstellung. Nimmt man diese These an, scheinen sich für den Aufsatz und seine Beurteilung zwei alternative Folgerungen zu ergeben: entweder der Inhalt ist unbedeutend für die Wertung, es kommt allein auf das *Wie* der Darstellung an, auf sprachliche Qualität, oder das *Was* des Inhalts erscheint ebenso wichtig, ja ausschlaggebend, dann aber muß er nachprüfbar sein, muß der Wirklichkeit entsprechen und an ihr kontrolliert werden können, wenn er mit beurteilt werden soll. Das Sprachverständnis, das dieser scheinbaren Alternative zugrundeliegt, wäre einmal als formalsprachlicher Ästhetizismus, zum andern mit der Vorstellung von der Sprache als Spiegel der Wirklichkeit grob zu benennen und zu etikettieren. Beide Positionen — zweifellos Grundpositionen im Sprachverständnis — sind auf dem Gebiet der Aufsatzerziehung beispielsweise von Gottfried Schröter und von Rolf Geißler vertreten worden, wohlgemerkt mit gewichtigen Argumenten.

Rolf Geißler hat sich mehrfach grundsätzlich mit dem Erlebnisbegriff und seiner Wirkung in der Literaturwissenschaft und Literaturdidaktik auseinandergesetzt[1], besonders in seinem Buch „Prolegomena zu einer Theorie der Literaturdidaktik"[2]. Dort lehnt er den in der Literaturwissenschaft lange gültigen und in der Schule praktizierten Erlebnisbegriff Wilhelm Diltheys ab, stützt sich auf Hans Georg Gadamers[3] Hermeneutik von der Erweiterung eines heutigen Verstehenshorizontes durch Einbeziehung eines Gegenstandes aus einer anderen historischen Situation und beruft sich auf Hilde Domin[4]. Einwände können und sollen diese verdienstvolle und die Diskussion anstoßende Erörterung der Grundlagen nicht verkleinern. Am „Erlebnis" lehnt Geißler ab das Punktuelle, Zufällige, Isolierende, bloß Subjektive, Irrationale, Geniehafte im Literaturverständnis und dessen Zelebration im Unterricht.

Er wendet sich kritisch gegen die Vortäuschung einer Identität von Subjekt und Objekt im „Erlebnis"[5]. Geißlers didaktische Folgerung: „Vermittelbar ist, was rational ist"[6]. Zugleich und gleichzeitig zog Geißler auch die Konsequenz aus seiner Kritik des Erlebnisbegriffes bis in die Aufsatzlehre hinein. Denn im weiteren Verstande des Wortes handelt es sich bei schriftlich festgelegter gestalteter Sprache, also auch bei Aufsätzen von Schülern, um Literatur. Dabei machen der Versuchs- und Übungscharakter und die meist geringere Qualität unserer Schulaufsätze nur einen graduellen, keinen prinzipiellen Unterschied aus. Haben wir es also mit als fixierte Sprache definierter Literatur zu tun, dann gelten die

Grundkriterien der Sprache und der Literatur — soweit diese überhaupt verschieden sind — für die Aufsätze als Sprachwerke. Geißler[7] lehnte den Erlebnisaufsatz und alle auf „Erlebnis" beruhenden Stilformen grundsätzlich ab. Auf das Punktuelle, Subjektive, Irrationale, damit letztlich Individuelle und kaum sozial Verbindliche des „Erlebnisses" hin könne im Aufsatz kaum erzogen werden; denn in der Schule handle es sich um das rationale Ingangsetzen rationaler Vorgänge der „Erkenntnis". Mit Geißler und über ihn hinaus folgern wir weiter: eine auf „Erlebnis" beruhende und „Erlebnis" beinhaltende Sprachleistung entziehe sich folglich jeder Überprüfbarkeit des zugrundeliegenden „Erlebnisses". Mit dem Verlust der Wirklichkeitskontrolle gehe offenbar Wahrheitscharakter der Aussage verloren. Mit anderen Worten: Wenn der Inhalt nicht nachprüfbar einer irgendwie gearteten Wirklichkeit entspräche, verlöre er seine Wahrheit und ohne die nachweisbare Wahrheit des Inhalts sei eine Wertung sprachlicher Leistung unmöglich. Demnach hätten wir den Aufsatz nur als Inhalt und vom Inhalt her im Griff und könnten nur die Darstellung kontrollierbarer Inhalte beurteilen. Folglich müßte entscheiden der Grad der realisierten Wirklichkeitsdarstellung (genaue Beobachtung, exakte Daten) oder die Richtigkeit des Gesagten (Vorgänge, Gedankenabläufe). Aufsatz stelle Wirklichkeit sprachlich dar, indem er das Gegenständliche spiegele. Daraus ergäbe sich auch das Urteil über eine Tat oder Gesinnung als Inhalt, auf Grund der Realität im Natur- oder Sozialbereich, also auch die sogenannte „moralische Zensur" (Schröter).

Zunächst läßt sich gegen Geißlers Argumente und den daraus gefolgerten Gedankengang einwenden, daß ein Gegenstand nicht nur „Objekt des Erlebnisses" als Anlaß einer subjektiven Bewußtseinsbewegung zu sein braucht, sondern im Sinne von Gadamers „Horizonterweiterung" ebenso ein subjektüberschreitendes oder -erweiterndes Erlebnis des Objekts sein kann. Dann scheint angesichts von Kult, Politik, Reklame, Psychologie usw., gegenüber einer Welt der Symbole, also auch von Sprache und Literatur, prinzipiell fragwürdig, ob Vermittlung nur ein rationaler Akt ist oder nur als solcher gesehen werden darf; ob der Mensch, auch der von heute, und seine Welt, nur als rational verstanden werden können, ohne ihn, wirklichkeitsfremd, auf einen Teil zu reduzieren, ihn also zu verkürzen. Der Ausbruch des verdrängten Irrationalen (in jüngster Vergangenheit oder Gegenwart) wirkt dann umso explosiver, radikaler und unbegreiflicher. Und wenn Geißler von jener Horizontverschmelzung als „Prozeß" und als „produktivem Vorgang geistiger Arbeit" und „dynamischem, produktivem Vorgang"[8] spricht, muß man fragen, ob diese Formeln nicht ebenso verschwimmen wie jene vom „Erlebnis". Phantasie, Vision, Intuition, Utopie, Traum speisen sich aus Unbewußtsein oder Irrationalem und kommen durch Sprache zu sich, werden in bestimmten Darstellungsformen bewußt, durch Sprache rational, logisch durch das Wort (Logos). Es handelt sich vielfach um fruchtbare kreative Momente, Impulse oder Einfälle. Gerade diese Seite des Menschen durch sprachliche Gestaltung ins Bewußtsein zu heben, dürfte nicht unterbunden werden, wenn der Mensch nicht reduziert und verengt existieren soll, mit verdrängten, unentwickelten Seiten, die sich dann der Wirkung im Haushalt des Ganzen und der kontrollierten Entfaltung aller menschlichen Kräfte entziehen[8a]. Literarische Formen wie Märchen, Phantasie- oder Aufsatzformen wie Phantasieerzählung, Erlebniserzählung und -bericht sind darum notwendig und dürfen nicht, in extremer Gegenreaktion auf die Einseitigkeiten der Reformpädagogik und ihres Begriffs des „freien" und Erlebnis-Aufsatzes, eliminiert werden.

Wir wissen dabei wohl, daß wir im „Erlebnis"-betonten Sprachgestalten nicht das Erlebnis als solches wollen oder seine exakte Spiegelung, sondern daß wir als Spracherzieher bewußt eine Sprachsituation schaffen, indem wir ein Erlebnis anzurufen und aufzurufen versuchen, um Sprachgestaltung hervorzurufen. Wir wollen der Schwierigkeit zu schreiben und der Schwierigkeit beim Schreiben ein wenig abhelfen, indem wir den Schreiber an der Sache engagieren, indem wir seine Aussage durch seine eigene Beteiligung intensivieren, indem wir ihm den Schritt über die Sprech- bzw. Schreibschwelle erleichtern. Der Schreibanlaß, die Schreibmotivierung ist dabei wichtiger denn das Geschriebene als Beleg objektiver Wahrheit. Für Literatur galt das früher unbestritten, und Lessing, dem man Rationalität kaum absprechen kann, führte darum in seiner „Hamburgischen Dramaturgie" das Kriterium des Wahrscheinlichen ein. Der Zweifel, der heutzutage auch in der Literatur besteht, indem sie dokumentarisch sein will (Theater, Roman, Gedicht), beruht auf Irrtum: als Sprache bewegt sie sich im Fiktionalen und als Literatur unterliegt sie Gesetzen der Auswahl und der Komposition. Auch dokumentarische Literatur ist nicht die Sache selbst. Nicht daß wir, wie die Reformpädagogik, dem Geniekult der Stürmer und Dränger huldigten und so etwas Ähnliches auslösen wollten. Aber den Drang zu sprechen sollten wir auszulösen versuchen. Die Rationalisierung geschieht im Sprachakt durch die Sprache selbst.

Thomas Mann darf als einer pädagogischen Zweckhaftigkeit unverdächtiger Zeuge gelten. In „Bilse und ich" (1906) erörtert er die Spannung von emotionellem Antrieb und geistiger Klärung: „Die einzige Waffe aber, die der Reizbarkeit des Künstlers gegeben ist, um damit auf die Erscheinungen und Erlebnisse zu reagieren, sich ihrer damit auf schöne Art zu erwehren, ist der Ausdruck, ist die Bezeichnung, und diese Reaktion des Ausdrucks, die, mit einigem psychologischen Radikalismus geredet, eine sublime *Rache* des Künstlers an seinem Erlebnis ist, wird desto heftiger sein, je feiner die Reizbarkeit ist, auf welche die Wahrnehmung traf. Dies ist der Ursprung jener kalten und unerbittlichen Genauigkeit der Bezeichnung, dies der zitternd gespannte Bogen, von welchem das *Wort* schnellt, das scharfe, gefiederte Wort, das schwirrt und trifft und bebend im Schwarzen sitzt ... Nichts unkünstlerischer als der Irrtum, daß Kälte und Leidenschaft einander ausschlössen"[9]!

Die Beteiligung des Sprechers scheint selbstverständlich, weil sie aus der natürlichen Sprechsituation hervorgeht. Demgegenüber ist der Schreibakt immer eine künstliche, bewußt herbeigeführte Sprechsituation, auch schon das Schreiben eines Briefes, erst recht der Aufsatz. Je weniger der Schreiber der Konzentration, Selbstkontrolle und der Sprachverfügung fähig ist, desto mehr bedarf er des emotionellen Anstoßes, der Bewegung aus dem Erlebnis, desto kürzer werden wohl seine Sprachgestaltungen sein. Das gilt zweifellos jugendpsychologisch und sprachsoziologisch: um so mehr erlebnishaft motiviert, je jünger der Schüler oder je geringer entwickelt die soziale Sprachwelt des Menschen, aus der er kommt. Für die Sprachpädagogik, damit auch für die Aufsatzlehre folgt daraus, daß der Mensch nur dann Bewußtsein durch Sprache erweitern kann, wenn der Sprachakt aus ihm selbst kommt, wenn er das, was ihn angeht, und in ihm umgeht, das Erlebte und Erfahrene, zur Sprache bringt und objektiviert und in der sozialen Kommunikation realisiert, dabei immer mehr differenziert und sublimiert, aber stets aus einer gewissen Notwendigkeit des Sagens. Welche Inhalte könnte der Mensch denn in Sprache ausdrücken, wenn nicht die eigenen oder eigen gewordenen. Spracherziehung geht grundsätzlich vom Eigenen zum Aneignen, vom gegebenen Horizont zur Horizonterweiterung, auch als soziale Interaktion. Im Evozieren, Differenzieren und Sublimieren lägen dabei die Hilfen, die sie leistet.

Der Anstoß, den der Lehrer durch Anrufen eines Erlebnisses beim Schreiben, also der Kodierung von Sprache, geben kann, findet sein Gegenstück bei der Aufnahme und Rezeption von Geschriebenem, von Literatur, der Dekodierung von Sprache. Wenn wir die völlige Aufnahme, die vollkommene Begegnung, den geistigen Akt einer Kongruenz unseres Inneren mit einer Sache wiederum „Erlebnis" nennen, dann vermag auch hier der Lehrer nur anzustoßen, allenfalls zu provozieren, nicht aber methodisch auszulösen oder zu systematisieren[10]. Er nähme sonst den Schülern die Freiheit und verleitete sie zur Imitation und dazu, Erlebnisse zu mimen. Hermann Hesse reflektiert einmal – in „Erinnerung an Hans", seinen Bruder – darüber, daß auch ein kleines Erlebnis „eigentlich nicht einmal recht mitteilbar ist", und folgert: „Gibt auch das Erlebnis Gelegenheit, allerlei zu erzählen und zu sagen, so handelt dies doch alles nur von mir"[11]. Die pädagogische Folgerung zieht der Musikmeister im „Glasperlenspiel", wenn er schreibt: „... habe Ehrfurcht von dem ‚Sinn', aber halte ihn nicht für lehrbar" ... „Sache des Lehrers und des Gelehrten ist das Erforschen der Mittel und die Pflege der Überlieferung, das Reinhalten der Methoden, nicht das Erregen und Bescheinigen jener nicht mehr sagbaren Erlebnisse, welche den Auserwählten — oft sind sie auch Geschlagene und Opfer — vorbehalten sind"[12].

Der Lehrer vermag nicht das Unsagbare zu evozieren, aber er soll „eine Gelegenheit, allerlei zu erzählen und zu sagen", schaffen, eine Sprechsituation, auch für den Aufsatz, eine wirksame Motivation. Nicht der Sprechschub „Erlebnis" unterliegt seiner Beurteilung, vielmehr, was die geistige Reaktion auf den Anstoß hin als Sprache hervorgebracht hat.

Josef Tille meint zweifellos diesen Schreibimpuls, wenn er auch viel zu weit geht in Formulierungen wie: „Erlebnis im weitesten Sinn — Gestaltung — neuer Stoff und anschließend nochmals Gestaltung, das ist der fruchtbare Weg!"[13] Oder: „Der Erlebnisaufsatz ist die erste und die beherrschende Form des Aufsatzunterrichts."[14] Demgegenüber und auch gegen Geißler[15] hält Helmers an den subjektbetonten Gestaltungsformen fest, weil „beide Grundformen der Darstellung vom gebildeten Schreiber wechselnd gefordert" würden und „zwischen Subjektivität und Objektivität eine dialektische Beziehung" bestünde[16]. „Subjektive Darstellungsarten indizieren also auf keinen Fall eine Überbetonung des Subjektiven, einen Subjektivismus."[17] Im Gegenteil: sie objektivierten durch Sprache. Helmers verweist gerade auf die Motivation für Grundschüler, sich auszusprechen.[18]

Joachim-Rüdiger Groth räumt dem Subjekt-Objekt-Problem Recht ein, weil, nach Hamburger, „alle Aussage Wirklichkeitsaussage" und „das Ausgesagte das Erfahrungs- oder Erlebnisfeld des Aussagesubjekts" sei.[19] Er bezeichnet die gradweise differenzierende Beteiligung des Aussagesubjekts als jeweils größere oder geringere Subjekt-Objekt-Distanz, als größere oder geringere Nähe des Objekts zum Aussagesubjekt in dessen Perspektive[20], als: Erzählperspektiven; entsprechend den „Darstellperspektiven" bezeichnet er die Aufsatzformen als Darstellformen[21]. Eine Modell-Skizze[22] soll dies verdeutlichen.

Wir halten an sogenannten subjektiven Aufsatzformen fest[23] wie Phantasieerzählung, Erlebniserzählung, Erlebnisbericht, Schilderung, Stimmungsbild. Wir setzen sie bewußt ein in dialektischer Spannung zu den „objektiven", mehr sachgerichteten Formen wie Bericht, Beschreibung (Gegenstand, Bild, Vorgang), Inhaltsangabe, Protokoll, Referat, Charakteristik. Wir werden erstere bei schwächerer kontrollierter Sprachkraft des Lernenden mehr betonen und mit seiner wachsenden Sprachkraft in einer gleitenden Skala später zurücktreten lassen, aber nie, auch nicht in der Abiturklasse, völlig aufgeben.

In den sogenannten subjektiven Aufsatzformen scheint die Seite des Inhalts problematischer, weil weniger nachprüfbar, bleibt das Problem der Wertung der Inhalte gestellt, während die sogenannten objektiven Aufsatzformen dem Anschein nach kontrollierbarer und beurteilbarer sind, weil das Maß der Beurteilung in den Gegenständen liege, weil also konkrete Wirklichkeit der jederzeit richtig geeichte Maßstab für sprachliche Verwirklichung sei. Ist dieses Spiegel-Modell der Sprache angemessen und der Sprachleistung im Aufsatz adäquat?

Ohne die Sprachtheorie von Humboldt über de Saussure bis Cassirer und Glinz in diesem Rahmen zu bemühen, gehen wir doch von dem weitreichenden Konsensus aus, daß *Sprache* ein Feld oder System von — teilweise und zeitweise schriftlich fixierten — Lautzeichen ist, von Zeichen, die ein Bezeichnetes (Gemeintes, Sinn usw.) bezeichnen. Die Zeichen sind eigene Gegenstände, aber nicht selbst die Konkreta, die sie bezeichnen. Das Wort Stuhl ist nicht der Stuhl, auf dem ich sitze. Die Worte sind nicht die Dinge, vielmehr Laut- oder Schriftsignale, mit denen wir uns in einer anderen Ebene aufgrund von Übereinkünften über die Dinge verständigen. Sprache ist nicht Spiegel der Welt, sondern eigene Zwischenwelt, eine grundsätzlich bereits fiktionale Welt, deren geistiges System innerhalb seiner die Dinge aufeinander bezieht und mit seinen Mitteln annähernd beschreibt. Die Definition gilt für Sprache genauso wie für Literatur. Sie gilt für Sprachgestaltung jeglicher Art, gilt für den Aufsatz jeglicher Gattung. Auf die genaueste Vorgangsbeschreibung eines Baggers, Motors, Staubsaugers ist nicht der Gegenstand in Aktion, sondern die — meist auch dann noch sehr allgemeine — annähernde Umschreibung mit fiktiven Mitteln. Wäre dem nicht so, wären nur die Dinge, nicht aber die Vorstellungen von ihnen transportabel und kommunikabel. Als Spracharbeit, d. h. Arbeit in einer fiktiven Welt eigener Gesetzlichkeit, unterliegt jeder Aufsatz den Kategorien der Sprache, ist fiktiv. „Objektive" und „subjektive" Aufsatzgattungen unterscheiden sich innerhalb ihrer grundsätzlichen Fiktionalität nur *gradweise* in der Wahrscheinlichkeit und in der Annäherung an eine Nachprüfbarkeit in der Wirklichkeit. Sie unterscheiden sich darin, daß die eine Weise eine strengere Objektzuwendung erfordert und die andere eine größere Freiheit läßt. Ob der Schüler in einem Schulaufsatz sein Zimmer oder einen Bagger, was zu beobachten ihm aufgegeben war, beschreiben oder eine Wanderung oder eine Geburtstagsüberraschung als „Mein schönstes Erlebnis" erzählen soll, macht keinen so großen Unterschied, wie häufig behauptet wird. Es handelt sich um andere Einstellung und andere Stilhaltung, aber immer innerhalb der fiktiven Welt der Sprache und unter ihren Bedingungen. Es wird etwas Geschautes oder Gedachtes aus dem Gedächtnis aufgerufen, angestoßen, und jetzt im *Gestaltungsakt neu geschaffen*. Die geschilderte Wanderung ist nicht die Wanderung von damals, sondern bestenfalls eine fiktiv nachvollzogene und dabei veränderte, im Grunde eine neue, in Auswahl komponierte, mehr den Gesetzen der Sprache unterworfen, die ihrerseits als Menschheitsgedächtnis die Möglichkeiten der Kommunikation speichert und jeder Aussage ihre Prägungen bedingend vorgibt. Um zu wiederholen: so wenig wir im Unterricht ein Erlebnis einplanen oder herstellen können (vielleicht provozieren oder vorbereiten), so wenig können wir im Erlebnisaufsatz das Erlebnis greifen und beurteilen. Es ist Schreibanlaß, Impuls, Schreibmotivierung, vielleicht Motor. Dies sollten wir treffen, um den Drang der Mitteilung zugunsten der Sprachleistung freizulegen. Noch immer gilt: Wes das Herz voll ist, dem geht der Mund über. Und wem der Mund übergeht, der kommuniziert sprachlich, er produziert das zu gestaltende Material. Diese Einsicht der Reformpädagogik scheint nicht überholt.

Wir beurteilen also gar nicht das sogenannte Erlebnis[14], sondern seine sprachliche Gestaltung, seine Darstellung als Sprache, in die die Welt des Autors eingegangen ist. Wir beurteilen, wie in der Literatur, was der Schreiber aus etwas, dessen Begegnung mit ihm wir nicht kennen, gemacht hat. Die den Inhalt betreffenden Kriterien für den Erlebnisaufsatz sind keine anderen als für die inhaltliche Seite von Literatur: Wahrscheinlichkeit, Stimmigkeit in sich, Stiladäquatheit, Komposition, Überzeugungskraft, Logik, ethische und soziale Verantwortlichkeit.

Um, wie schon früher formuliert, zu wiederholen: Im Aufsatz begegnet uns immer nur das als Sprache geschaffene Erlebnis, also das ausgewählte, geformte, stilisierte, nie das wirkliche oder das sprachschaffende Erlebnis. Jenes reale ist nicht überprüfbar, braucht es auch nicht zu sein. Das den Darstellungsakt erzeugende und auch von ihm erzeugte Erlebnis ist ein geistiges, dem fiktiven des Schriftstellers verwandt. Es ist ein Grundphänomen der Literatur, ja des Sprechens. Mit einem solchen Erlebnis haben wir es im sogenannten Erlebnisaufsatz zu tun. Dürfen wir diese Seite des Sprechens und Schreibens drosseln?

Anmerkungen

1 Geißler, Rolf: Für eine literarische Verfrühung, in: Päd. Rundschau 1962, Heft 11; Geißler, Rolf – Hasubek, Peter: Der Roman im Unterricht (5.–9. Schuljahr). Diesterweg Ffm. 1968: „Der literarische Unterricht basiert zur Zeit, gestützt durch amtliche Verlautbarungen, auf dem literarischen Erlebnis." (5)

„Der Erlebnisbegriff erhielt seine Legitimation durch die Reform- und Erlebnispädagogik." (6) „Erlebnis meint ein *unmittelbares* Dahaben von etwas. Im Erlebnis ist etwas in bestimmter Weise für mich gegenwärtig, und zwar so, daß es nicht aus der Distanz objektiver Betrachtung, sondern als subjektiver, eben für mich gegebener Bewußtseinsinhalt immer schon mein eigen ist. Das Erlebnis eines sprachlichen Kunstwerks zielt also auf die unmittelbare, unreflektierte Präsenz eines Ganzen in mir. In dieser Unmittelbarkeit liegt nun ein Moment des Irrationalen." (7)

2 Schroedel-Verlag, Hannover 1970; auch in dem Beitrag „Literaturdidaktische Problemstellungen" in: Baumgärtner-Dahrendorf „Wozu Literatur in der Schule?", Westermann Tb 76, Braunschweig 1970, 61–76. Ebenso in: Wolfram, Taschenbuch, 1972, 324/325.
3 Gadamer, Hans-Georg: Wahrheit und Methode. Grundzüge einer philosophischen Hermeneutik. Niemeyer, Tübingen 1965²
4 Domin, Hilde: Wozu Lyrik heute? München 1968
5 Geißler-Hasubek: Der Roman im Unterricht: „Wenn das darzustellende Objekt des Erlebnisses nichts anderes ist als mein Bewußtseinsinhalt, kann es leicht zu der Verwechslung kommen, als sei der Subjekt-Objekt-Bezug im Erlebnis auch tatsächlich überwunden" (7).
6 in: Wozu Literatur in der Schule? 74
7 Geißler, Rolf: Die Erlebniserzählung zum Beispiel, in: Die deutsche Schule 1968/2, S. 109, 112
8 Prolegomena, 65
8a Dietrich, 35: „Zu ergänzen bleibt, daß trotz – und vielleicht in gewisser Weise infolge – des massiven Trends in wissenschaftlicher und abstrakter Fundierung des Lebens- und Weltverständnisses Irrationalismen von häufig untergründiger und unkontrollierter Art das Verhalten des Menschen auch in einer ‚Wissenschaftskultur' zu bestimmen vermögen." Er rät, „auf die rationale Kontrolle der irrationalen Aspekte des Verhaltens hinzuarbeiten". Wir meinen, dies geschehe, indem das Irrationale zur Sprache kommt.
9 Thomas-Mann-Werke, MK, 119, 22
10 Vgl. meinen Aufsatz „Erziehung zur und durch Literatur", in: Baumgärtner-Dahrendorf „Wozu Literatur in der Schule?", 105–119, bes. 107
11 Hesse, Werkausgabe, 10, 208
12 ebd., 9, 128
13 Tille, 19
14 ebd., 38
15 Helmers, Didaktik . . . 1971⁶, 225
16 ebd., 219
17 ebd., 220
18 ebd., 226
19 Groth, in: Wolfram, Taschenbuch, 155
20 ebd., 157
21 ebd., 154/155
22 ebd., 158–160
23 Die Frage Schröters, von ihm bejaht, ob ein Schüler so schreiben darf, erledigt sich von selbst, sein Vorschlag, er solle einen Zettel beilegen, worin er den Grad der Wirklichkeitsnähe andeuten solle (Die ungerechte Aufsatzzensur, 70) greift fehl.
24 So finden sich in dem Beispiel bei Gottfried Schröter „Die ungerechte Aufsatzzensur" zu dem Aufsatz (29) „Als ich Maikäfer suchte" von 15 Urteilen immerhin vier mit dem oft gegensätzlich gebrauchten Argument „Erlebnis" (Erlebnisreich mit innerer Anteilnahme. Wahrscheinlich kein wahres Erlebnis . . . Diese Arbeit geht wahrscheinlich nicht auf eigenes Erleben zurück. . . . Kein echtes Erlebnis . . .), womit, je nachdem, die Noten Gut, Befriedigend, Ausreichend mit begründet werden. Demgegenüber wird das Prädikat „nüchtern" meist als Tadel verstanden: von 15 Beurteilungen einer Arbeit begründen sieben damit die Note (Schröter, 72).

„Moralische Zensur"?

Ethische und soziale Verantwortlichkeit, auch im Aufsatz und bei seiner Beurteilung? „Moralische Zensur"[1]?
Beurteilen wir auch Inhalte, dann läßt sich die Feststellung von Positivem und Negativem im Inhalt nicht vermeiden. Dagegen verurteilt beispielsweise Gottfried Schröter, den Inhalt moralisch zu bewerten.
„Wenn der Schüler einen Apfeldiebstahl schildert, dann darf ich ihn höchstens, wenn ich dazu befugt bin, gesondert bestrafen. Mit der Aufsatzzensur hat das nichts zu tun. Hier gelten nur die Kriterien des Aufsatzes."[2]
So einfach liegen indes die Dinge nicht. Gewiß unterbände das Anlasten der moralischen Verfehlung auf die Note künftig jede Aufrichtigkeit und Offenheit im Aufsatz. Verlogenheit verdürbe das Klima, Fassaden würden errichtet. Der Schüler soll schreiben dürfen, wie er denkt. Allein, es gibt Kriterien des Denkens — Logik, Argumente, Beweise — und es gibt auch ein denkendes Verfehlen der Wahrheit, die die Wahrheit des Seins ist. Wenn die Sprache nur die mediale, lautkörperliche Seite des Gemeinten ist, dann strukturiert dieses die Aussage. Sprache ist zum Zwecke der Kommunikation strukturierter und gestalteter Inhalt. Ob das Ausgesagte stimmt, kann nicht ohne Belang für die Weise des Sagens sein. Wenn wir Inhalt und Form in der Sprache nie zu trennen vermögen und der Aufsatz als Sprachwerk besonders ein solches Ganzes ist, dann haben wir dabei gestaltete Inhalte zu beurteilen. Daß der Inhalt mit dem Aufsatz als Sprache nichts zu tun habe, kann folglich nicht stimmen. Schon deswegen nicht, weil eben der Stoff gewisse Themenstellungen und bestimmte Gestaltungsweisen fordert oder zuläßt. Stoffe aber wären als Inhalte im Sprachwerk des Aufsatzes aufgegangen. Berühren uns die Inhalte nicht? Beurteilen wir an den gestalteten Inhalten nur die Weise der Gestaltung, nicht aber das Gestaltete? Prüfen wir nur das Medium und den Grad des Vermögens seiner Handhabung, ohne zu notieren, was damit gesagt, gemeint, gewollt wird, dann verfehlen wir wohl auch Sprache und sprachliche Leistung, zumal ein Schüleraufsatz, der so häufig von einer Sprachsituation, also von der Kommunikation von Inhalten, evoziert ist und vor allem Inhalte meint und an uns heranbringt. Darf sich der Erzieher mit der formalen Einübung von Sprache begnügen, wenn die Sprache selbst niemals nur Form ist? Verharren wir nicht auch poetologisch in einer nicht mehr haltbaren Theorie, die das Mitgeteilte selbst als unwesentlich ausschließt? Wenn die Form den Inhalt heiligte, dann wären glänzend gesagte Lügen, haßerfüllte oder verführerische, aber gewaltige Rhetorik, gekonnte Pornogramme, Meisteressays zugunsten von Krimi-

nalität jeweils mit „sehr gut" zu beurteilen. Das Schöne rechtfertige also auch das Böse, es brauchte weder wahr noch gut zu sein. Heißen wir dann nicht etwas für gut, was nicht gut ist und was wir eigentlich nicht bejahen können? Geraten wir nicht in eine doppelte Moral, in geistige Schizophrenie oder wertblinden Formalismus? Das von Adorno aufgeworfene Problem der Kunst nach Auschwitz, zumal über Auschwitz, haben die Intellektuellen nicht gelöst, zuletzt vielleicht doch bloß ästhetisiert.
Und doch müssen wir wiederum die andere Meinung, die andere Gesinnung achten und anerkennen. Wie aber, wenn sie falsch ist? Aber auch der Inhalt heiligt nicht jegliche Form. Er kann durch sie korrumpiert, ja verfälscht werden.
Der Apfeldiebstahl ist nur ein kleiner Fall, der sich unmittelbar regeln läßt. Er könnte natürlich auch als Provokation des Lehrers gemeint sein, wie so manche Inhalte von Aufsätzen. Mindert nun die Provokation, gar Aggression durch eine Verfehlung die Qualität? Die des Schreibers oder des Geschriebenen? Schröter lehnt in seinem Aufsatz die moralischen Zensuren vieler Lehrer ab, weil sie nur die sprachliche Leistung zu beurteilen hätten. Lehmann hatte diese Frage schon aufgegriffen: „Eine große Gruppe pflichtet uns bei: sprachliche Gestaltung. Ihr steht aber eine ebenso große gegenüber, die genauso entschieden den Inhalt betont"[3]. Dieser Gegensatz offenbart nur das Wesen der Sprache, wie es sich im Aufsatz kundgibt, ihre Identität von Gemeintem und Geformtem, die den Aufsatz von beiden Seiten, also auch vom Inhalt her, erlauben sollte. Wir stehen vor einem der schwersten Probleme der Aufsatzbeurteilung überhaupt und sollten uns dies auch bewußt machen. Scheint die Wertung von Inhalten zwar nicht unmöglich und nicht unsachgemäß, so ist sie doch außerordentlich schwierig, praktisch vielleicht manchmal unlösbar.
Gottfried Schröter griff die Gedanken dieses Absatzes auf, indem er sie in seinem Buch „Die ungerechte Aufsatzzensur" (1971) zitiert. Der Titel dieses Buches soll vielleicht provozieren. Aber erweckt er nicht von vorneherein ein Verständnis — und darauf hat die Kritik hingewiesen — als ob Aufsatzzensuren nicht anders als ungerecht sein könnten und als ob der oder die Lehrer ungerecht sein wollten. Mit dem Begriff Unrecht oder Ungerechtigkeit verbindet sich in unserer Sprache, auch juristisch, doch die Vorstellung von Vorsatz, Willkür oder Fahrlässigkeit. Um vorsätzlich, willkürlich oder fahrlässig getanes Unrecht handelt es sich aber nicht, auch bei Schröter nicht, sondern um das Problem menschlicher Urteile überhaupt: Aufsatzbeurteilung als Problem, als ungelöste, immer neu aufgegebene, nie endgültig zu lösende Aufgabe, als Prozeß, als dialektische Bewegung sowohl im Einzelbeurteiler selbst als auch in der didaktischen Diskussion.

Schröter vermag sich den Gedanken zur Wertung auch des Inhalts nicht anzuschließen. „Dazu ist zu sagen, daß die Bewertungskategorie — Inhalt —, die wir nicht verwendet haben, äußerst fragwürdig ist. Was bedeutet und umfaßt schon der Begriff Inhalt? Ich stimme Weber zu, daß das Problem der moralischen Qualität schwierig zu lösen ist, sehe aber auch nach Lektüre seiner Gedanken keinen anderen Weg als den der exakten Trennung der sprachlichen Leistung und der Bewertung der dargestellten Gedanken, Inhalte usw."[4]. Und der Weg, den Schröter wiederum empfiehlt: „Wenn der Schüler seinen Apfeldiebstahl schildert, dann darf ich ihn höchstens, wenn ich dazu befugt bin, dafür gesondert bestrafen. Mit der Aufsatzzensur hat dies nichts zu tun. Hier gelten nur die Kriterien des Aufsatzes. — Meiner Erzieherpflicht komme ich am besten dadurch nach, daß ich bei der Aufsatzrückgabe die gerechte Zensur verkünde, aber nach der Stunde den betreffenden Schüler unter vier Augen auf das Ungute seiner Verhaltens- und Denkweise hinweise, falls dies nicht schon im Klassengespräch notwendig und angebracht war. Gerade der Aufsatz leidet unter wesensfremden Beurteilungen.

Die aus moralischen Bedenken verfälschte Aufsatzzensur verführt ebenso leicht zur Ungerechtigkeit wie die durch Rechtschreibung und Handschrift beeinflußte Zensur des Aufsatzes"[5].

So weit, so gut, möchte man zunächst zugeben. Aber: Wird eine Aufsatzzensur durch ethische Wertung „verfälscht", dadurch „zur Ungerechtigkeit verführt"? Und wäre das Werten und Einbeziehen von Rechtschreibung und Form (Handschrift) tatsächlich Verfälschung und Verführung zur Ungerechtigkeit?

Schröter will von der Wertung die inhaltlichen, gestaltungsmotivierenden, gestalteten Komponenten (das Gemeinte) ebenso als wesensfremd ausschließen wie die durch Norm geregelte — und dadurch auch erleichterte — soziale Kommunikabilität: Die graphische Erscheinung selbst, in der sich ästhetisches Empfinden und Vermögen ebenso ausdrücken wie humanes Verhalten dem anderen gegenüber, Höflichkeit und Achtung auch durch die Form des schriftlichen Verkehrs: eine soziale Tugend gegenüber dem Egoismus einer Formanarchie. Nach Schröter blieben nur sprachlicher Ausdruck und geistige Strukturierung zu beurteilen. Sind auf diesem Gebiete die Kriterien — z. B. über Frische, Lebendigkeit, Angemessenheit, Erlebnisnähe in den von ihm abgedruckten Urteilen — sicherer und eindeutiger? Hängt nicht die Angemessenheit usw. von Ausdruck und Struktur eben von dem Ausgedrückten und Strukturierten ab?

Der Fall des geschilderten Apfeldiebstahls ist zweifellos ein kleiner Fall. Die pädagogische Verantwortung läßt sich dabei vermutlich auf verschiedene Weise praktizieren, auch auf die von Schröter vorgeschlagene des

Gesprächs unter vier Augen oder einer Diskussion in der Klasse, wenn auch nicht unbedenklich. Der Lehrer könnte in die Verlegenheit kommen, die Arbeit eines Schülers als die beste vor der Klasse zu rühmen, um ihm hinterher anzuvertrauen, daß er doch ein Lump sei. Ist solche Erziehung wirklichkeitsbezogen?
Kein kleiner Fall indes scheint es, wenn Schröter die These vertritt: „Wenn der frühere amerikanische Massenmörder Chessman seine Untaten in einem Buch beschreibt, dann ist seine literarische Leistung möglicherweise mit 1 zu beurteilen, er selber für die Morde der verdienten Strafe zuzuführen"[6].
Das Beispiel konfrontiert schärfer mit dem Problem der Wertung, auch der von Literatur, ja von Kunst überhaupt. Man muß im Grundsätzlichen das Problem vielleicht auf ein Beispiel wie den Massenmörder Chessman zuspitzen. Die Schrötersche Auffassung findet sich heute vielfach vertreten, und sie hat zweifellos Gründe für sich. Es wäre zu billig, jene Auffassung aus einer allzu vordergründigen Ideologie unbesehen als unsozialen Ästhetizismus, spätbürgerliche Dekadenz oder verantwortungslosen Formalismus leichthin abzutun und festzustellen, daß hier eben noch das progressive Bewußtsein mangele. Zu fragen wäre dann, warum es mangele und ob der Mangel nicht auch im Wesen der Sache begründet sei. Die Frage richtet sich damit wiederum auf das Wesen der Sprache und der schriftlichen Hervorbringungen, Literatur oder Aufsatz.
Die Entwicklungen moderner Literatur, im Gegensatz zu verdunkelnden Sinnüberladungen etwa barocker Sprache, sehen das Wort und seine Kombinationen als Material an, Klang ohne Bedeutung, sinnlose Lautkonstellationen. Bediente sich der Dadaismus oft der Klangassoziation und verselbständigter Metaphorik, so stützt sich die konkrete oder die serielle Poesie auf Gleichklang und Wiederholung bis zu dem Grade, daß die besonders durch die inhaltsbezogene Grammatikauffassung von Hans Glinz mühsam im Deutschunterricht zurückgedrängten Exerzitien von Deklinationen und Konjugationen (Ich bin – du bist – er ist ...) nunmehr etwa bei Mohn oder Gommringer als Lyrik wieder dahin zurückkehren. Zweifellos beschreibt die Rhetorik die formalen Mittel gesteigerter Sprache, als die man Literatur definieren könnte. Aber der Sinn? Normalerweise schalten wir bei dadaistischer oder serieller Poesie ab als einer Sprache, die wir, obzwar aus deutschen Wörtern, nicht verstehen. Mangels Kommunikation ist sie unverbindlich und damit nicht relevant, auch nicht didaktisch relevant. Und wenn überhelle Interpreten noch Sinn entdecken und beschreiben, dann einmal wegen ihres zugespitzten, vereinseitigten, instrumentalen Intellekts, vor allem aber, weil auch den als Material gebrauchten Wörtern immer noch ein Rest ihrer in Kontexten aufgefüllten und er-

füllten Semantik anhaftet, der herausgeklopft und herausgeschüttelt wird. Auch die raffinierteste Interpretation wird nur so lange und so weit möglich sein, wie die Sinnbehaftung des Lautmaterials, wenn auch inselhaft oder wie Eisschollen, noch reicht und trägt, sei es nur zum Springen. Mit anderen Worten: Ohne einen Rest von Gemeintem, ohne eine letzte Basis von *Inhalt* kein Sinn, damit keine Sprache; denn Sprache ist als soziales Phänomen Kommunikation. Eine „exakte Trennung der sprachlichen Leistung und der Bewertung der dargestellten Gedanken, Inhalte usw.", wie Schröter vorschlägt, ist gar nicht möglich. Inhalt spielt dabei nicht die „Rolle wie in der bildenden Kunst der Werkstoff"[7]. Sprache ist ihrem Wesen nach immer Inhalt. Sie ist klanglich strukturierter Inhalt, geistig strukturierter Inhalt, geformter Inhalt, aber ebenso inhaltsverhafteter Klang, inhaltsdurchdrungene Geiststruktur, inhaltserfüllte Form. Selbst solche Formulierungen nähern sich nur jener Identität. Das *Wie* gilt häufig als Kriterium für Literatur oder „Dichtung", aber es ist auch dann nur der adäquate Ausdruck des *Was,* und wäre ohne das Ausgedrückte sinn-los, zwecklos, hohle Form. Ein *Was* erscheint durch oder als ein *Wie:* Es gilt für jegliche Sprache. In und zwischen und hinter dem Was und dem Wie wird das *Warum* sichtbar: Der Grund der Aussage und ihrer zwingenden Ausformung, die soziale Motivation, die moralische Energie, die Schubkraft eines Wollens. Wie könnte in der Literatur, und im Aufsatz, das Wie sprachlichen Gelingens beurteilt werden, ohne das Was, das gemeint ist, mit der Perspektive auf das Warum, um dessentwillen kommuniziert wird, freizulegen und als Kriterium gegenwärtig zu halten. Wenn man, wie Schröter, Inhalt eliminiert, indem man ihn als „Bewertungskategorie ... nicht verwendet", setzt man sich außerstande zur Bewertung auch der formalen sprachlichen Leistung, des Ausdrucks als Qualität. Gewiß: Inhalt als Kategorie macht Schwierigkeiten. Kann aber unsere Wertung richtiger, unsere Beurteilung gerechter werden, indem wir diese Schwierigkeiten einfach als nicht vorhanden vortäuschen und so zu umgehen glauben? Wie Sprache überhaupt nur als Dialektik von Lautzeichen und Bedeutung, von sprechendem Individuum und Gesellschaft verstanden und analysiert werden kann, so können auch Literatur und Aufsatz nur verstanden und beurteilt werden als Dialektik von Gemeintem und Ausdruck, von Inhalt und Form. Keines ohne das andere, immer zugleich, und das Nacheinander der Analyse ist nur eine methodische Hypothese, eine Hilfskonstruktion.
Es bleibt die Spannung zwischen Form als zwecklosem Spiel und Inhalt als bezweckender Mitteilung, zwischen distanziertem Anschauen und betreffender Wirkung, zwischen Genüge am augenblickhaften, scheinbar zeitlosen Vollkommen und auf Veränderung zielendem Sollen, zwi-

schen Ästhetik und Ethik. Stets verbindet sich mit der Übermittelung von Inhalt — auch in lyrischer Selbstaussprache — eine Absicht, ein Wollen, das vielfach auf ein Sollen zielt. In der Person, die spricht, spricht immer auch die moralische Person. Denn es gibt keinen positionslosen, damit wertungsfreien Menschen, es gibt kein werte-freies Sprechen. Im Sprechen ist die Position enthalten, damit der soziale und ethische Bezug. Sprache als Akt der Kommunikation, besonders schriftlich fixierte, unterliegt sozialer und ethischer Verantwortung. Der Mensch bedarf der moralischen Kraft.

Literarische Wertung ist seit je schwierig gewesen, sobald man sich nicht darauf verließ oder verlassen konnte, daß die Zeit auswähle, also das Wertvolle in der Geschichte bestehe. Wer ist die Geschichte, die auswählt? Jede Wertung von Gegenwartsliteratur steht unverhüllter vor dem Problem. In minimalem Verstande des Wortes sind unsere Aufsätze stets solche Gegenwartsliteratur, äußerst kurzlebige. Die rein formale, die ästhetische, die immanenthermeneutische Wertung von Literatur sind als Alleinwerte außer Kurs. Das ihnen grundliegende Sprachverständnis verschob die Wertung einseitig auf das Wie. Auch die gegenteilige ausschließliche Wertung des Was reicht nicht aus. Das Buch von Walter Müller-Seidel „Probleme der literarischen Wertung"[8] (1965), das die Diskussion zusammenfaßte und weiterführte, fügt den ästhetischen Kriterien ganz entschieden die ethischen und sozialen zu: Literarische Wertung habe das Öffentliche, das Höhere im Alltäglichen, das Ganze, das Wahre und das Menschliche zum Maßstab zu nehmen.

Nach Wolfdietrich Schnurre steht der Schriftsteller in der Spannung von ästhetischem und ethischem Anspruch, wenn er „unter Qualität in erster Linie das Künstlerische versteh(t), das ja (jedenfalls in der Literatur) Wahrhaftigkeit, Anteilnahme am Menschen und einen gerechten Realitätssinn mit einschließt"[9]. Er wendet sich gegen verabsolutierten Ästhetizismus wie gegen bindungslosen Intellektualismus. „Denn Ästhetizismus verseucht ... Er macht hochmütig, dieser Ästhetendünkel, hochmütig auf Kosten des Menschen"[10]. „Und der hypertrophierte Intellektualismus ist es, der die Schönheit feiert, während der Freiheit der Atem gefriert"[11].

Schnurres Folgerung: „L'art pour l'home also, nicht l'art pour l'art"[12].

Die Poetik kann in diesem Rahmen nicht weiter ausgebreitet werden. Halten wir uns einen Augenblick an die Wertungskoordinaten von Müller-Seidel. Das angeschnittene Problem der „moralischen Zensur" fände sich in den Koordinaten etwa zwischen dem Wahren und dem Humanen. Ob unbedingte Wahrhaftigkeit je inhuman sein darf? Unter dem Gesichtspunkt der Öffentlichkeit keinesfalls. Man müßte also Chessmans Schrift-

stellerei unter solchen Kriterien als Kunst ablehnen oder einschränken. Als Veröffentlichung wäre sie abzulehnen aus sozialer und ethischer Verantwortung, notfalls unter Zensur. Ist es nicht an Chessmans Taten genug? Soll er auch noch öffentlich das Wort haben? In wessen Interesse? Sensation und Profit? Welche Freiheit wäre hier zu verteidigen?
Der Publizist trägt eine pädagogische Verantwortung. Der Pädagoge trägt sie erst recht und allen sichtbar. Er steht unausweichlich in der Dialektik von sprachgestalteter Wahrheit und pädagogischer Verantwortung, von Realität und Ethik, Wirklichkeit und Utopie, soll die Generation, der er dient, indem er sie erzieht, eine lebenswerte Zukunft haben.
Es ist unmöglich, aus den Bewertungskriterien für eine sprachliche Leistung die Kategorie Inhalt und darin die Komponente „ethische Qualität" auszuschalten[13]. Bloß formale oder ästhetische Sprachwertungen verfehlen das Wesen der Sprache und der Leistung, verfehlen menschliche Existenz, der es in der Wertung zu antworten gilt. Im Schönen fallen letztlich das Gute und das Wahre zusammen. Seine Währung muß durch sie gedeckt sein. Bloße Wahrhaftigkeit im Sinne von nackter, ja brutaler Tatsächlichkeit, hat *im letzten* nicht den Anspruch auf das Prädikat des Schönen, weil ihm zur Vollkommenheit das Gute mangelt. Wahrhaftigkeit aufgrund Zweifels ist die wissenschaftliche Grundeinstellung mit dem Ziel der Erkenntnis. Die künstlerische Grundeinstellung zielt auf das Vollkommene. Dazu zählt Literatur. Es hieße zweigleisig (bis zur Schizophrenie) fahren, wollte man im Mörder als Schilderer des Mordes den hohen Künstler bewundern und ihn als Täter des geschilderten Mordes verabscheuen und verurteilen. Wird etwa Mord durch Sprache veredelt, durch künstlerische Darstellung schön? Denken und Tun klaffen dann auseinander, bis zum Widerspruch. Der Zweck heiligt nicht die Mittel, die Form nicht den Inhalt. Das Böse fasziniert oft mehr als das Gute. Die Darstellung der Hölle scheint künstlerisch ergiebiger als die des Himmels. Nicht erst seit heute. Kunst formt dann das Schreckliche aus, um es erträglich zu machen, und steht als Tor vor ihm. Kunst erklärt sich auch vom Tode her.

> „Denn das Schöne ist nichts
> als des Schrecklichen Anfang, den wir noch grade ertragen,
> und wir bewundern es so, weil es gelassen verschmäht
> uns zu zerstören"[14].

Gefahr und Verführung des Schönen ist die Verschleierung und Verklärung des Schrecklichen, des Bösen.
Wir müssen uns freihalten vom Faszinosum des Bösen, müssen Abschied nehmen vom sprachlichen Formalismus und vom literarischen Ästhetizismus als Höchstwerten. Und zugleich können wir den Anspruch an die

Form und durch die Form nicht hoch genug stellen, eben wegen der Inhalte. Denn der Inhalt heiligt nicht an sich schon jede Form. Unsere Gesellschaft leidet an einem ausbeuterischen individualistischen Anarchismus unter dem Vorwand absoluter Emanzipationen, präsent vor allem in den publizistischen Massenmedien, an solcher Schizophrenie: verantwortungslose Verbreitung — im Widerspruch auch zum Grundgesetz — von Brutalität, Gewalt, Haß, Lüge, Unzucht durch Wort, Schrift und Bild als „Kunst". Können wir Kriminalität psychologisch und soziologisch erklären, so dürfen wir sie keinesfalls dulden und entschuldigen, trotz möglicher, sie auslösender Mängel der Gesellschaft.

Darf zumal der Lehrer in pädagogischer Verantwortung zu ihrer Verbreitung oder Duldung die Hand bieten? Muß er nicht durch Wertung an das Gewissen appellieren, an seines wie das seiner Schüler? Der Lehrer steht in der Praxis vor der Schwierigkeit, diese Forderung angemessen zur Wirkung zu bringen und nicht vom Katheder herab niederzumoralisieren, mundtot zu machen, Sprachwillen zu hemmen, anstatt ihn zu entbinden, das Menschliche zu wahren, das sowohl Achtung vor dem Leben und seiner Würde als auch Offenheit und Aufrichtigkeit braucht. Die Dialektik, in der er steht, gebietet ihm, den Aspekt des Ethischen abwägend zur Geltung zu bringen, wie sie verbietet, bloß „moralische Zensuren"[15] zu erteilen. Hinter dem Was und dem Wie steht das Warum.

Anmerkungen

1 Schröter: Die ungerechte Aufsatzzensur, 25
2 Schröter: Aufsätze, Zensuren und Moral: in: WPB 1/1968, 27
3 Lehmann, 41
4 Die ungerechte Aufsatzzensur, 32
5 ebd., 28
6 ebd., 28
7 so Josef Fliegner: Aufsatzbeurteilung nach Maß, 367
8 Müller-Seidel, Walter: Probleme der literarischen Wertung. Stuttgart 1965
9 Schnurre, Wolfdietrich: Zur Problematik der Jugendliteratur, in: Z. f. Jug. lit. 1967/8, 450
10 Schnurre, Wolfdietrich: Schreibtisch unter freiem Himmel. Polemik und Bekenntnis. Olten und Freiburg 1964, 19
11 ebd., 20
12 ebd., 235
13 Für Göller beispielsweise „liegt im Inhalt der Schwerpunkt eines Aufsatzes". (86)
14 Rainer Maria Rilke, Duineser Elegien I
15 Göller, 83, schränkt ein: „Man wird daher ... die Fachnote nicht zu sehr von dem Teilaspekt des Ethischen abhängig machen."

Gesinnung im Aufsatz

Darf, ja kann man die Bewertungskategorie Inhalt nicht ausschalten und gehört zur Bewertung des Inhalts auch das Kriterium der ethischen Qualität, gerät die Gesinnung des Schreibers, wie er sie oder sie sich im Aufsatz ausdrückte, unter das Zu-Wertende. Was der Literatur gegenüber selbstverständlich gilt, weil Anerkennung und Ablehnung von Gesinnungen die Entscheidung des einzelnen sind und der Meinungsstreit vor dem Forum der Öffentlichkeit ausgetragen werden kann, bedarf im Feld der Pädagogik gewisser Entschränkungen. Der Lehrer übt unleugbar durch seine Beurteilung eine gewisse Macht aus. Er muß sie, wie ich glaube, auch ausüben, so wie der Staat, der ihn einsetzt, beauftragt und ermächtigt. Der Lehrer übt Autorität durch sein Amt aus. Andererseits muß er die Richtigkeit einer Sache, der Ansicht von Gegenständen durch Argumentation und durch Diskussion zutage fördern oder zum Durchbruch verhelfen. Der Austrag der Meinungen im Forum der Klasse ist aber nicht identisch mit dem in der Öffentlichkeit. Man muß nüchtern genug sein, das Als-ob dieser Form des Austragens zuzugeben, nicht des Ringens um Erkenntnis selbst. Die Sache unterliegt der Kategorie der Wahrheit, deren Findung sich wissenschaftlicher Prinzipien bedient. Sie geschieht jedoch in einer pädagogischen Situation: der Lehrer führt sie herbei, lenkt, kontrolliert, wertet, beurteilt nach den Kriterien der Sache und denen pädagogischer Verantwortung. Es ist eine Übungssituation. Die endet im Grund erst mit dem Ende der Ausbildung, und das liegt beim Akademiker sehr spät. Wir wissen um die Konflikte, die dabei entstehen können.
Wenn wir dem Lehrer das Recht der Beurteilung von Leistung im Rahmen seines Faches zubilligen müssen, machen wir ihn dann nicht auch zum Richter über Gewissen, Moral und Gesinnung? Wie ist es, wenn nicht nur innerhalb der Klasse Fronten entstehen, deren er sich zur Argumentation dialektisch bedienen könnte, sondern wenn er sich selbst konfrontiert sieht: Meinung gegen Meinung, Gesinnung gegen Gesinnung, Überzeugung gegen Überzeugung?
Zunächst einmal sollten wir Moral und Gesinnung auseinanderhalten. Moral bezieht sich auf die Haltung des Menschen gegenüber gültigen menschlichen Grundnormen, wie Redlichkeit, Wahrhaftigkeit, Treue, Zuverlässigkeit, Verantwortung, Friedensliebe, Gewaltlosigkeit usw. Als Grundlage menschlichen Zusammenlebens gelten sie in jeder Gesellschaft, gleich welcher Ordnung. Moralische Qualität zu vertreten, fordert das Menschliche. Entschiedenheit, ja ein gewisser ethischer Rigorismus ist darum nicht nur gerechtfertigt, sondern auch geboten. Gesinnung dagegen

könnte als ein gewisser Zusammenhang von Gedankenfolgen und Denkergebnissen beschrieben werden. Gesinnung kann mit Moral zu tun haben, muß es aber nicht. Sie kann moralischen Normen widersprechen. Gesinnungen können sich aber auch widerstreiten, ohne daß die Basis gemeinsamer moralischer Norm verlassen wird. Rigorismus Gesinnungen gegenüber, die die Basis der Ethik nicht verlassen, wäre repressiv. Toleranz, wenn auch keineswegs unbegrenzter und sinn-loser Liberalismus, muß hier den Spielraum des Geistes, die Freiheit für Meinungen offenhalten. Andernfalls erstickt das Denken, erliegt das kritische Verhalten.

Angesichts der Forderungen von Wendula Dahle und dann von Valentin Merkelbach, in der Aufsatzerziehung nur vom Inhalt auszugehen und nur den Inhalt zu beurteilen, stand bereits zur Debatte, daß Gesinnungsurteile zu Gesinnungsdiktatur und zu Blockierung des Denkens führen. Die Frage richtet sich nur insofern an den Lehrer, als er der Beurteiler ist, eine Funktion und ein Amt ausübt, das er nicht mißbrauchen darf, doch auch gebrauchen muß. Denn Intoleranz der Gesinnung ist nicht immer unbedingt beim Lehrer zu suchen. Intoleranz wird auch von Schülern aggressiv auf Lehrer gerichtet. Intoleranz treibt in Protest und Provokation, in der Gewaltpredigt und Gewalttätigkeit wird sie Fanatismus. Wie aber wollte dem Lehrer zugemutet werden, Gesinnungen zu tolerieren, die selbst keine Toleranz kennen, die nicht offen einem Problem nachfragen — wägend, prüfend, wohl auch irrend — sondern die Richtigkeit ausschließlich und von vorneherein für sich beanspruchen.

Gesinnungen und Überzeugungen des Lehrers können nicht absoluter Maßstab sein. Welche dann? Gilt, in falsch verstandenem „Pluralismus", jede Meinung, bloß weil sie vorhanden ist? Gibt es hier kein Richtig oder Falsch, keine Gerechtigkeit? Muß man nicht spätestens an diesem Punkte die Kategorie Inhalt aus der Beurteilung ausschalten? Wenn verschiedene Auffassungen möglich sind, wie stehen sie im Wert zueinander und wie sollte der Lehrer ihnen beurteilend gerecht werden, vor allem denen, die seiner Auffassung widersprechen?

Unvermeidlich, wie gesagt, wird der Zusammenstoß der Meinungen, wenn sie ideologisiert sind: nicht mehr offen, nicht mehr frei beweglich, nicht selbständig aus der Situation argumentierend und diese exemplarisch erhellend, sondern vorgegeben, nicht original, im Ablauf fixiert, ohne innere Bewegungsfreiheit, unkritisch, jede Situation umfunktionierend zum Beweis eigener Richtigkeit, bereits im Besitz der Erkenntnis anstatt auf dem Wege zu ihr. Der Streit von Ideologien ist unfruchtbar, weil sie ohne gemeinsame Basis nicht aufeinander hören, taub für die andere Wahrheit. Ideologische Blindheit hält immer den Gegner für blind, steigert ihn in tierischem Ernst zum zu vernichtenden Feind empor, wo es sich doch eher um einen Mit- oder Gegen-*Spieler* handelt, dem die Fairneß des durch Regeln begrenzten Spiels zukommt. Nicht nur Schüler können ideologiebesessen sein, genauso Lehrer. Die Zusammenstöße reichen von den letzten Klassen der Hauptschule bis in die Universität, und zumal da. Der Lehrer wird zur Partei, zwangsläufig, und ist zugleich Richter aufgrund des Amtes, das er ausübt und für das er sich qualifiziert hat. Wie kann er anderen Gesinnungen gerecht werden?

Im Abschnitt „Moralische Zensur" wurde die Toleranzgrenze gegenüber dem Inhumanen umrissen. Wo verläuft sie indes gegenüber Gesinnungen, von denen der Beurteiler überzeugt ist, daß sie falsch sind?

Grundsätzlich stehen beide Positionen, auch die eigene, in Frage. Das kritische Verhalten gilt in jede Richtung: es entseigt dem Zweifel, prüft die eigene Meinung, übt Selbstkritik zuerst und vor der Kritik an anderen. Wo die Meinungen auseinandergehen, wäre sorgfältig zu bedenken:

a) Aus welchen *Voraussetzungen* geht die andere Meinung hervor, und wie erklärt sie sich?

b) Welche Gedanken treffen zu, welche könnten zutreffen? Wo *kann* ich *noch* zustimmen oder hinnehmen und wo nicht? Wo *muß* ich *„falsch"* sagen?

c) Arbeitet die andere Meinung mit Tricks, auf *Effekt*? Ist sie manipuliert oder manipuliert sie? Nimmt sie *unkritisch* Partei? Äußert sie ungeprüft Ideologie?

d) Ist sie überhaupt eigene Meinung? Wo liegt und wieweit reicht die *eigene Leistung*[1]?

e) Ist die Meinung *sauber gedacht*? Wird überhaupt argumentiert? Werden Argumente mit dem Ziele einer Erkenntnisförderung gegeneinandergestellt und gewogen? Beruht das Urteil auf geprüften Gründen? Ist es abgewogen? Entsprechen die Folgerungen den Gesetzen der Logik?

f) Ist die Meinung *redlich* geäußert? Schließt sie nicht voreilig, ungeduldig? Ist sie ebenso kritisch gegen sich selbst wie den anderen, der Gesellschaft gegenüber?

Der Lehrer darf nicht voreingenommen der anderen Meinung begegnen. Er muß versuchen, ihr gerecht zu werden. Die Befragung nach

a) den Voraussetzungen,
b) den Grenzen möglicher Übereinstimmung,
c) Zwecküberformtheit,
d) der Selbständigkeit,
e) der Denkmethode,
f) der intellektuellen Redlichkeit

soll helfen, die gedankliche Leistung zu sondieren. Hat er sorgfältig befragt, nüchtern analysiert, verantwortungsvoll abgewogen, dann darf er urteilen, darf sich begründet entscheiden: er richtet nicht Gesinnung, beurteilt vielmehr die Weise einer Denkübung, den Umgang mit einem Problem. Besinnung wäre wichtiger als Gesinnung.

Der erste Akt der Begegnung mit einer anderen, gegensätzlichen Meinung oder Gesinnung soll deren Analyse, Definition, Abgrenzung und denkmethodische Überprüfung sein; die Eingrenzung, vielleicht Einengung des Feldes, auf dem inhaltliche Gegensätze bestehen. Dann ist der Lehrer nicht nur befugt, sondern verpflichtet, auch die von ihm vertretene und zu belegende Gesinnung in angemessener, nicht intoleranter und apodiktischer Form entgegenzuhalten, um damit erneut die Diskussion auszulösen[2], der er sich stellen muß. In der Aufsatzbeurteilung sollte er dort, wo er anderen Auffassungen Fehler nachweisen zu können glaubt, die Teilnote Inhalt entsprechend belasten, was zu keinem Extremurteil führen kann, wenn die anderen Komponenten des Aufsatzes in Ordnung sind. Die Betonung der Wertung der *sprachlichen* (formalen) Seite ist deswegen notwendig[3].

In solchen Auseinandersetzungen nimmt der Lehrer auch ein vom Staat verliehenes Amt wahr, das ihn auf das Grundgesetz einer demokratischen Grundordnung verpflichtet. Ich nenne diesen Gesichtspunkt zuletzt, weil der verfassungsrechtliche der letzte wäre, der ausgespielt werden sollte, wenn er überhaupt ausgespielt wird. Das Grundgesetz verbietet Verbreitung von Gewalt, Haß, Diskriminierung. Dies ist erst recht für Beamte, also auch Professoren und Lehrer, verbindlich. Wer dies nicht mit seiner Gesinnung und seinem Handeln vereinbaren kann, den zwingt niemand, Professor oder Lehrer zu werden oder zu sein, und er sollte die Konsequenzen ziehen. Denn ich halte den Lehrer für verpflichtet, dort wo Verletzung der Menschenwürde, Gewalt, Haß, Diskriminierung, Verleumdung im Bereich der Erziehung als Gesinnung oder Handeln verbreitet werden, mit Argumenten entgegenzutreten. Geschieht das in einem Aufsatz, so kann der Lehrer nicht anders als reagieren, indem er, in seltenen extremen Fällen notfalls feststellen muß, daß die äußerste Toleranzschwelle überschritten ist und daß er dies, sorgfältig begründet, im Urteil ausdrückt.

Anmerkungen

1 Franz Hebel gibt das Kriterium der „Selbständigkeit" zu bedenken: „Die kritische Frage ... müßte lauten, ob nicht die Forderung nach ‚Selbständigkeit' der Leistung im Abituraufsatz die Tendenz zur Überforderung enthält, ob mit den Themen, die eine Wertung verlangen, nicht ein problematischer Dezisionismus herausgefordert wird, der dazu verführt, leichtfertig und voreilig zu urteilen" (DU 1970/5, 129). Wenn wir an „Selbständigkeit" oder „eigene Leistung" als Kriterien festhalten, dann gewiß in eingeschränktem Sinne, dahin relativiert, daß gegenüber der Imitation oder dem Nachbeten irgendeiner Meinung schon der Versuch eines kritisch-distanten Umgangs, der Prüfung und eigener Folgerungen als Denkleistung gewertet und anerkannt werden müssen.
2 Ingendahl, Aufsatzerziehung, 14: „Soweit sie jedoch die inhaltliche Seite der Sprache betrifft, ist Korrektur nur als Diskussion möglich."
3 so auch Roche, 109

Kriterien und Modelle

Geeichte Maßstäbe?

Die Tatsachen der Fehlbeurteilungen und des Unsicherheitsfaktors, den der Lehrer selbst darstellt, sind nicht zu leugnen. Die Größe dieser Unsicherheiten stimmt bedenklich. Mängel des Studiums und der Ausbildung? Bei Göller lesen wir: „Die *Maßstäbe* der Lehrer sind offenbar *verschieden*. Das ist nicht verwunderlich. Während seiner pädagogischen Ausbildung erfährt der angehende Lehrer nicht viel und nichts Eindeutiges über Zensieren. Die Lektüre von Fachliteratur über das Zeugnisgeben bringt ihm auch keine Klarheit: Er findet dort nur polemische Äußerungen und die Erörterung von Teilproblemen."[1] Für Ingenkamp „ist es eines der erstaunlichsten Phänomene in der deutschen Erziehungswissenschaft, daß sie trotz heftiger Einzelkritik den Bereich der pädagogischen Diagnostik praktisch ausgeklammert und dadurch dazu beigetragen hat, daß Verordnungen und Richtlinien noch in solcher Naivität erlassen werden können und dem Lehrer allein die Last bleibt, diese Aufgaben in der Praxis zu verwirklichen."[2] Krämer sieht in „mangelhafter sprachwissenschaftlicher und fachmethoidischer Ausbildung der Germanisten" und im „Mangel an Fachwissen"[3] die Gründe. Oswald Beck macht die Forschung, die zu viele Unklarheiten belasse, die amtlichen Richtlinien, die nicht konkret genug anwiesen, die Lehrerbildung, die ihrer Bedeutung entsprechend die Aufsatzerziehung nicht genügend pflege, verantwortlich[4]. „Wohl kaum in einem Unterrichtsfach klaffen Theorie und Praxis weiter auseinander als im Aufsatz."[5] Darum fordert Beck, in der Lehrerbildung „die dem Aufsatzunterricht gebührende Mitte einzuräumen"[6]. Bei aller Kritik an der behaupteten Spitzen- oder Zentralstellung ist doch der Ruf nach einer gründlicheren Ausbildung in der Aufsatzerziehung berechtigt, in der die Hochschule die Analyse, die sprachtheoretisch-didaktische Grundlegung als Theorie zu leisten hätte, die Bewußtmachung des Problems überhaupt, beispielsweise des der grundlegenden Stilhaltungen oder wie hier des der Aufsatzbeurteilung; die zweite Phase müßte unablässig den Erwerb und die Sicherung von Maßstäben am konkreten Fall in der Diskussion erarbeiten und in Arbeitskreisen immer neu prüfen. Die „Mindestforderungen" Becks lauten: „Kritische Selbstprüfung des Beurteilers" und „strikte Beachtung einiger Kriterien bei der Aufsatzbeurteilung"[7]. Nur müßte man sich dazu der Kriterien sicher sein! Auch Lehmann zielt auf stärkere Problembewußtheit, um von da her den Unsicherheitsfaktor Lehrer zu verringern. „Gewiß könnte man ... von einem Versagen der Beurteilenden sprechen, wenn diese nicht imstande wären, die geforderte Selbstkontrolle durchzuführen. Sie ist durch Bewußtmachung der allgemeinen Problema-

tik der Zeugnisgebung im Aufsatz und durch die Reflexion auf den eigenen Bezeugnissungstyp zu erreichen. Voraussetzung des Entschlusses zur Selbstbeobachtung und -kontrolle wird die allgemeine Erkenntnis sein, daß unser Wertmaßstab geeicht werden muß. Dies geht nur durch Übereinkunft der Korrigierenden, Vergleich ihrer gewohnten Maßstäbe, also durch Zusammenarbeit."[8]
Ebenso weist Dohse auf die Bedeutung des „Problembewußtseins beim zensierenden Lehrer"[9] hin. Aus Problembewußtsein folgt Selbstkontrolle. Die richtet der einzelne Lehrer auf sich und sein Tun und die Lehrer als Gruppe gegenseitig auf ihr Tun. Der einzelne muß sich vor sich selbst und vor anderen zur Diskussion der Leistung — hier der Aufsatzbeurteilung — stellen wie er seinerseits die Leistung des Schülers zur Diskussion stellt. Qualifikationsverfahren durch Vorgesetzte sind wohl selten solche Sachdiskussionen: der Lehrer wird beurteilt, und ebenso wird der Schüler von ihm beurteilt, beides im Passiv. Aber: „Die Möglichkeit einer objektiven Selbstüberprüfung werden in der Schulpraxis auch nicht annähernd ausgenutzt."[10] Leistungsbeurteilung sollte „auch eine Kontrolle der Qualität des Unterrichts für den Lehrer ermöglichen"[11], also auch Selbstbeurteilung sein. Der Lehrer kann sich als Urteilender nie ausschalten. Aber er kann erkennen, daß er selbst Unsicherheit in die Beurteilung bringt, kann dem entgegenwirken durch Kritik, sich selbst wie dem Gegenstand gegenüber.

Unerläßlich wäre für den Lehrer als Maßstab auch die eigene literarische Betätigung. Schreiben lehrt noch immer am besten, wer selbst schreiben kann, und schreiben kann schließlich, wer eben schreibt. Schon um das Maß des in gedrängter Arbeitszeit Möglichen nicht zu verlieren, sollte der Lehrer, zumal der Anfänger, der apl. Lehrer oder der Referendar, immer wieder ein schwierigeres Thema unter denselben Bedingungen wie die Schüler mitschreiben[12] oder eine Gliederung entwerfen, bevor er ein Thema stellt[13]. Das vergleichbare Ergebnis der eigenen Hervorbringung macht bescheiden und setzt das der Schüler meist in eine günstigere Relation. Auch der alte Routinier sollte sich diesem Test immer wieder stellen. Der Lehrer soll den Schüler zum Schreiben bringen, zum guten, flüssigen, sachgerechten, erfolgreichen und wirksamen Stil wie der Trainer den Fußballer zu erfolgreichem Spiel. Auch der Aufsatz hat etwas vom Spiel —, ist Sprache. Dazu muß der Trainer nicht nur die Theorie und Techniken beherrschen und ein zielstrebiger Methodiker sein, er sollte auch das Ballspiel überdurchschnittlich können oder gekonnt haben und selbst immer wieder spielen. Die Freude am Spiel ist des Aufsatztrainers Freude am Schreiben. Leider versteht sich das heute weder bei Germanisten noch bei Lehrern von selbst: das eigene Können, die Arbeit am eigenen Stil, der von innen kommende Wille zu schriftstellerischer Aussage. Viele begnügen sich mit Gerede und Reproduktion von Gerede.

Im Aufsatzunterricht will der Lehrer ein kreatives Sprachverhalten auslösen und die hervorgerufene Leistung dann beurteilen. Wie aber mag das gelingen, wenn er sich selbst nur reproduktiv und rezeptiv verhält? Wenn er an sich selbst das Wesen des Schreibens nie erfahren hat und nicht immer neu erfährt?

Angesichts der Problematik und zugleich der Funktion des Notengebens im Bildungssystem wundert man sich, wie wenig die didaktische Literatur bisher der Frage der Leistungsmessung nachgegangen ist. Bei Georg Kühn (1930) finden sich immerhin noch Kriterien und Aufsatzbeurteilung mit Besprechung[14]. Ulshöfers[15] Methodik gibt für die Unterstufe (2. Bildungsstufe, 5.–7. Schj.) auf 333 Seiten eine halbe Seite, für die Mittelstufe (3. Bildungsstufe, 8.–10. Schj.) auf zusammen 460 Seiten 2½ Seiten Hinweise zur Korrektur und Beurteilung. In Erika Essens Methodik[16] sind es immerhin 4 Seiten von 310. In „Zur Neuordnung des DU auf der Oberstufe"[17] (4. Bildungsstufe, 11.–13. Schj.) geht sie allerdings ausführlich auf Fragen der Beurteilung ein, aber im Blick auf Abitur und Abituraufsatz. Bei Klaus Doderer[18] finden wir 6 Seiten auf 150. Nur 6 Seiten sind es auch bei Alexander Beinlich im „Handbuch des Deutschunterrichts" (1961)[19], von insgesamt 1224, ein bedenkliches Mißverhältnis zur Bedeutung in der Praxis, verglichen mit der Arbeitszeit für Korrekturen, die der Lehrer verbraucht. Ein paar Zeilen stehen dort über die Verbesserung, nichts über den Stil der Rückgabe der Aufsätze als pädagogische Handlung. Kurt Singers Aufsatzbuch[20] räumt dem Komplex rund 20 Seiten von 220 ein, aber sein Buch beschränkt sich auf das Aufsatzschreiben in der Hauptschule, faßt also nicht die ganze Skala der Bildungsstufen, auch nicht der Aufsatzgattungen. Oswald Beck[21] wendet sich auf 5 von 295 (Bd. 1) und 7 von 322 (Bd. 2) Seiten dieser Frage zu. Hermann Helmers endlich wich in seiner „Didaktik der deutschen Sprache" (1966[1]) dem Problem aus, das er übrigens erst ab 3. Bildungsstufe (8. Schj.) für relevant hielt:

„Als besonderes didaktisches Problem stellt sich von der III. Bildungsstufe an die Frage nach der Aufsatzbeurteilung. Die verschiedenen Ansätze zur Gewinnung eines objektiven Kanons von Beurteilungskriterien haben bisher noch zu keinen befriedigenden Lösungen geführt. Immer noch haftet diesen Versuchen der Mangel subjektiven Dafürhaltens an. Hier besteht für die didaktische Forschung eine wichtige Aufgabe, die nur durch empirische Untersuchungen auf breiter Grundlage zu lösen ist."[22]

Die sechste Auflage (1971) gibt nun der Aufsatzbeurteilung angemessenen Raum (248–250).

Karolina Fahn (1971) sieht die Aufsatzkorrektur im Rahmen der Geschichte der Unterrichts-Richtlinien:

„Auch in der Einschätzung der Korrektur der schriftsprachlichen Leistungen wird der Wandel des Aufsatzbegriffes sichtbar. Man vergleiche die harte Fahndung nach Rechtschreib- und Grammatikfehlern in den Musteraufsätzen, die in den Volksschulen nach der Jahrhundertwende methodisch üblich waren. Erinnert sei an die hilflose Großzügigkeit im Punkt Korrektur bei den subjektiv gefühlshaltigen Erlebnisaufsätzen, den sog. ‚freien' Aufsätzen in der Epoche um 1920—1925. Im Vergleich mit den Nachkriegs-Richtlinien stellt man fest, daß die meisten jetzt (1969) gültigen amtlichen Bestimmungen ausdrücklich Stellung nehmen zur Frage der Aufsatzkorrektur. Dem Schüler in erster Linie Führung und Hilfe bei seinem sprachlichen Wachstum angedeihen zu lassen, seine Gestaltungsfreude zu erhalten trotz sachgerechter Lehrerkorrektur, ist der Grundtenor der diesbezüglichen Ausführungen. Primär wird die Gestaltungsleistung bei der Lehrer- und Schüler-Durchsicht in den Mittelpunkt gestellt..." (161).

Die Lage in der didaktischen Literatur, in der es wohl Zeitschriftenaufsätze, aber eigentlich keine Darstellungen, kein Standardwerk gab, war wohl selbst ein Zeichen der Unsicherheit. Inzwischen ist die Diskussion, ist die Literatur zu diesem Problem erheblich angewachsen.

Lehrer, Schüler, Mitschüler, Eltern beurteilen heute mit. Man fordert die Möglichkeit der Beschwerde auch gegenüber der Ermessensentscheidung der Notengebung. Man fordert irgendeine Mitwirkung. Dazu wären aber Kenntnis der Aufsatzlehre, der Kriterien, der Klassensituation und aller vergleichbaren Arbeiten nötig. Diese hat nur der Lehrer; jede Ausschußarbeit in Beurteilungsfragen müßte als Kraftverschleiß zum Erlahmen des Unterrichts, zu sinkendem Ausbildungseffekt führen. Andererseits müssen die Kriterien *offenliegen*, ja dem vertraut sein, dessen Leistung danach gemessen wird. Sie müssen nachprüfbar sein, in Sonderfällen auch in einer Diskussion mit den Beurteilten aufgewiesen und bestätigt werden. Denn die Beurteilung ist zu schwierig, als daß sich Irrtümer ausschließen ließen. Eine richtige Aufsatzerziehung führt die Schüler an die Kriterien stufenweise heran[23]. Sie müssen erfahren und selbst durch Mitbeurteilung auffinden, worauf es ankommt. Die Maße müssen gegeben und ausgehändigt werden. Das geschieht in jeder Besprechung und Rückgabe durch Beispiele, Vergleiche und folgende Isolierung der Normen.

Der Aufsatz ist als Sprachleistung die Antwort auf einen gewissen Sachverhalt, in Form eines Themas vom Lehrer als direkte oder indirekte Frage oft unter Vorgabe einer Sprechsituation an den Schüler herangetragen. In den Aufsätzen schlägt sich außerdem das Echo unserer Aufsatz- und Spracherziehung nieder. Das Kreative beschränkt sich dabei — besonders bei kürzer gesteckten Lernzielen — manchmal auf des Schülers eigene Verarbeitung ihm mitgeteilten, oft geordneten Materials. „Voraussetzung aller sinnvollen Leistungsbewertung ist die Leistung der Schule selbst."²⁴ Zu dieser Leistung der Schule gehören in der Aufsatzerziehung die Erklärung und Übung der Sprach- und Stilkriterien und dementsprechend auch der Beurteilungskriterien. So wird „Erziehung durch Wertung ergänzt durch Erziehung zur Wertung". Demgemäß „sollten schon früh Selbstbeurteilung und Beurteilung durch die Klassengemeinschaft geübt werden."²⁵ Ingenkamp plädiert in dieselbe Richtung: „Der Mißbrauch der Zensurengebung als Disziplinierungsmittel kann in dem Maße verringert werden, in dem der Lehrer nicht mehr allein Verhalten feststellt und wertet, in dem die Kriterien für das gewünschte Endverhalten den Schülern bekannt sind ... sowie in dem Maße, in dem die Lernenden selbst ihren Lernzuwachs überprüfen können."²⁶ Schröter fordert vom Deutschlehrer, „daß er den Schülern klar und eindeutig sagt, was er von ihnen erwartet"²⁷. Schreiner geht noch weiter und fordert „Anleitung der Schüler zur systematischen Kritik der Leistungsbeurteilung und des Lernangebots" und „häufige selbständige Leistungsbeurteilung der Schüler"²⁸. Sollte nach Göller „bei älteren Schülern gelegentlich über Fragen der Wertung gesprochen werden"²⁹ — wobei „älter" ungenau und „gelegentlich" unverbindlich bleiben — so wäre nach Dohse, der sich auf Hildegard Hetzer beruft, die „Selbstbeurteilung durch den Schüler vom 9. Lebensjahr an möglich, vom 14. an sollte sie vorherrschen"³⁰.

Leseerziehung und Aufsatzerziehung ergänzen einander. Der Vergleich von Texten legt die Kriterien frei. Oswald Beck geht diesen Weg bereits in der Grundschule: „Wir vergleichen besonders gut gelungene bzw. schlecht ausgefallene Ergebnisse miteinander und kommen schon früh zu einfachen Beurteilungskriterien und Wertmaßstäben, die sich fruchtbar auf die eigene Gestaltungsarbeit der Schüler auswirken. Das Kind muß sagen können, *warum* es diese Geschichte für ‚schön', ‚interessant', jene für ‚langweilig' hält, seine Meinung begründen, dafür Verbesserungsvorschläge bringen.³¹ Beck empfiehlt dasselbe Verfahren auch bereits für die Nachbesprechung, um „allmählich einfache stilistische Kriterien zu gewinnen", das „aufbrechende Urteilsvermögen auszubilden". „Wer rechtzeitig damit beginnt, wird erstaunt sein über die oft sehr treffenden Urteile unserer Viertklässer bis hin zu den Bewertungsgesichtspunkten."³² Selbstverständlich muß zuerst der Lehrer die Kriterien der Aufsatzgrundformen gründlich kennen, damit er das Thema im Sinne des Gewollten genau und richtig formulieren kann. Die Kriterien der Beurteilung hängen eng damit zusammen, „je nach Alter, Thema und besondere Aufgabenstellung" unterschiedlich akzentuiert. „Recht bald sollten jedoch bei Aufsatzbesprechungen diese Punkte oder eine Auswahl davon herangezogen und die Schüler bei wachsender kritischer Gesamthaltung mit diesen Wertmaßstäben vertraut gemacht werden."[33] An anderer Stelle fordert Beck ausdrücklich: „Vom 5./6. Schuljahr an empfiehlt es sich, hin und wieder die Klasse zu einer begründeten Notengebung mit heranzuziehen. Auf diese Weise wird das Kritikvermögen wachgerufen und evtl. aufkommenden Zweifeln am Gerechtigkeitssinn des Lehrers bestmöglich vorgebeugt."[34] Beck versieht in beiden Bänden die als Beispiele abgedruckten Aufsätze immer wieder mit Beurteilungsbemerkungen. Sanner gibt darüber hinaus als Unterrichtsbeispiel aus einer 6. Klasse die Erarbeitung von Kriterien für Aufsatzformen anhand von Schülerarbeiten wieder[35]. Walter Hammerstein[36] empfiehlt für die Beteiligung der Schüler als Möglichkeiten: 1. die gegenseitige Korrektur, 2. die Korrektur jeweils einer Gruppe von Arbeiten (6—7) durch einen Schüler zu Hause, 3. die Korrektur von Hausaufgaben, 4. einen „Korrekturstab" (Schülerkollektiv).

Auf der dritten Bildungsstufe (8.—10. Schuljahr), auf jeden Fall aber in der Gymnasialoberstufe sollte man eigene Unterrichtseinheiten der Beurteilung von Aufsätzen widmen. Ein solches Beispiel findet sich bei Georg Kühn „Stilbildung in der Höheren Schule", abgedruckt in Hirschenauers „Deutsches Sprachbuch für Gymnasien" (12. Klasse)[37]. Im dazugehörigen Lehrerheft stehen zusätzliche Beurteilungen zweier Aufsätze zu „Tasso" aus dem Schülerheft, zu einem Aufsatz über den Film, zu einem weiteren Schüleraufsatz. Ähnlich geht Friedrich Kranz in seinen Werkheften „Wege zum Abituraufsatz"[38] vor. Er ist der einzig mögliche Weg: nämlich den Leistenden rücksichtslos unter die Kategorien der Leistung zu stellen und das zu üben[39]. Sinngemäß und pädagogisch abgestuft gilt dies für alle Bildungsstufen, wo zu beurteilende Leistungen gefordert werden.

Die Allgemeinheit und Öffentlichkeit der Maßstäbe gilt es nicht nur Eltern und Schülern gegenüber und mit ihnen zu entwickeln, sie gilt es vor allem im Vergleich mit Kollegen zu prüfen, zu korrigieren, immer neu zu eichen. Zwar schalten auch mehrere Beurteiler die jeweils mit ihnen gegebenen Unsicherheitsfaktoren nicht aus, aber die Diskussion zwischen ihnen vermag diese zu enthüllen oder extreme Positionen zur Selbstüberprüfung zu veranlassen. Papst und Konzilien können nach Luther irren, aber auch Martin Luther kann irren. Mehrheitsentscheide müssen nicht an sich schon gerecht sein. Sie können auch aus der Bequemlichkeit des leichteren Weges, der geringeren Schwierigkeiten für viele entstehen, fragwürdig wie das arithmetische Mittel sein und unter Umständen zu rasch und zu oberflächlich das zur Gerechtigkeit aufgeforderte Gewissen beruhigen, abgesehen von kritikloser Sympathie und billiger Solidarität. Dennoch müssen die Maßstäbe im Kollegium einer Schule oder in noch breiteren, zahlreichen Arbeitskreisen unaufhörlich diskutiert werden, um end-

lich Abstimmung und ein größeres Maß an Gerechtigkeit zu erreichen. Ebendies ist möglich. Schon 1949 schrieb Ulshöfer: „Daß wir Lehrer von Zeit zu Zeit unser Urteil an Hand einzelner Beispiele mit dem von Kollegen vergleichen. Das Aufsatzkorrigieren lernt man durch Übung, das Bewerten jedoch nur durch den Vergleich vieler Arbeiten und durch Aussprache mit Kollegen."[40]
Ernst Raimund Weidig (Die Bewertung von Schülerleistungen, 1961) brachte das Problem der Forschung und Ausbildung in die Diskussion ein. „Durch Zusammenarbeit von Pädagogen der Wissenschaft und der Praxis müßten neue Methoden zur Benotung ermittelt und erprobt werden", so durch „Vergabe von Forschungsaufträgen an Pädagogische Hochschulen" oder die Bildung einer „Arbeitsgemeinschaft für Leistungsmessung in jedem Kollegium". Arbeitsgemeinschaften mehrerer Schulen sollten mit Forschungsstellen an Hochschulen zusammenwirken[41]. Göller (1966) hielt es für „dringend nötig, daß die Lehrer sich darin übten, den Schwierigkeitsgrad von Aufgaben einzuschätzen, und daß sie ihre Maßstäbe für die Bewertung von Aufgaben einander angleichen."[42] „Besonders schwierig ist die Benotung des Aufsatzes, weil hier nicht nach Fehlern zensiert werden kann, sondern unter Abwägung verschiedener Gesichtspunkte ein wertendes Urteil getroffen werden muß. Zur Vereinheitlichung der Bewertung im Aufsatz müßten zunächst einmal von Fachlehrerkommissionen Beurteilungskategorien für jede Aufsatzart bekanntgemacht werden. Dazu müßte aber noch die mündliche Aussprache über konkrete Beispiele von Schüleraufsätzen kommen. Diese Aussprachen sollte man schon in die pädagogische Ausbildung der jungen Lehrer aufnehmen, später aber in Arbeitsgemeinschaften weiterführen."[43] Für Schröter „bleibt die allgemeine Forderung, daß befähigte Gremien vermehrt Normen mit allgemeingültigem Charakter zusammenstellen, die von Lehrerbildung und -fortbildung an die Deutschlehrer weitergegeben werden ... Das intensive Training im Aufsatz-Korrigieren muß dauerhafter Bestandteil der Seminararbeit in beiden Phasen der Lehrerbildung werden."[44] Dabei sollten vor allem der Typ des Außenseiter-Zensors „entdeckt und belehrt werden"[45] und extreme Noten wie sehr gut, mangelhaft, ungenügend „von einem Zweitkorrektor oder von einem Team von Gutachtern überprüft werden."[46] Nach Löffler „sichert auf jeden Fall die kollektive Beratung eine objektive Grundlage für die Bewertung des einzelnen Fachlehrers"[47].
Ähnlich wie Weidig auf „Schülerarbeiten der zentralgesteuerten Abschlußprüfungen"[48] verweist Göller darauf, daß das Zentralabitur „zur Abklärung und Vereinheitlichung der Beurteilerkategorien beiträgt. Denn der Erstkorrektor bekommt nicht nur die Notenvorschläge des Zweitkor-

rektors zu Gesicht, sondern auch dessen schriftliche detaillierte Beurteilung jedes Aufsatzes."[49] Göller stützt sich auf die Untersuchungen Ulshöfers an den Reifeprüfungsaufsätzen in Südwürttemberg-Hohenzollern 1962 und 1963, wo bei „völlig voneinander unabhängiger Korrektur bei zwei Dritteln aller Aufsätze die Notenvorschläge von Erst- und Zweitkorrektor übereinstimmten oder nur um eine halbe Note voneinander abwichen. Nur bei einem Achtel aller Aufsätze war zwischen dem Urteil von Erst- und Zweitkorrektor mehr als eine volle Notenstufe Unterschied ..."[50] Demnach stimmten 66% mit geringfügigen Abweichungen überein, urteilten 21% mit einer sowohl von Ulshöfer wie von Schröter[51] als normale Bandbreite angesehenen Schwankung von einem Notengrad, während nur 13% zwei Noten und mehr differierten. Diese Untersuchung stellt einen hohen Grad von Übereinstimmung fest. Die Kritik daran trifft aber zu, daß in diesem Verfahren der Zweitkorrektor zwar nicht Note und Gutachten, aber die angebrachten Korrekturzeichen sieht und so beeinflußt wird[52].

Die Veröffentlichung der „Flensburger Norm für die Aufsatzbeurteilung" durch Heinz Hahn (1966) bestätigt dies. Auch Hahn geht von jenem schockierenden Korrekturbeispiel von 1949 aus.

„Haben hier die Lehrer versagt? Oder erweist sich die Gesellschaft, unsere Schule, als unfähig, normative Werte zu entwickeln?
Man sollte sich die Antwort nicht zu leicht machen. Schließlich erwächst jeder Aufsatz
a) aus einer ganz bestimmten konkreten Unterrichts- und Erziehungssituation. Er ist b) eingepaßt in eine bestimmte Reifesituation; er hat c) seinen Platz in einem System von mündlichen und schriftlichen Übungen an einem bestimmten Aufsatztyp, gehört also in eine Ausbildungssituation; endlich sind d) Landschaft und Menschenschlag von Belang.
Aber auch das Umgekehrte gilt: Je ähnlicher die Vorstellungen über das Erziehungsleitbild des Gymnasiums und damit auch über das Ziel des Aufsatzunterrichts sind, desto geringer wird die Schwankungsbreite der Urteile. Die einige Jahre hindurch an einigen Flensburger Gymnasien geübte Praxis, Oberprimenaufsätze mit gemeinsamer Themenstellung zu schreiben und die getrennt vorgenommenen Korrekturen zu vergleichen und durchzusprechen, hat kaum je eine Abweichung von mehr als einer ‚³/₄-Note' (‚Glatt 5' zu ‚Schwach 4') gebracht."[53]
So weit Heinz Hahn.

Karlheinz Ingenkamp hat wiederholt hingewiesen auf das amerikanische Verfahren (Wiseman, Finlayson) von Mehrfachbeurteilung bei Prüfungsaufsätzen. Dort hat sich eine *Schnellbeurteilung* — bei relativ kurzen Texten natürlich — durch *drei bis fünf völlig unabhängig* wertende *Beurteiler*[54] bewährt, von denen jeder etwa zehn Minuten benötigt. Als Ergebnis gilt das arithmetische Mittel der Noten aus den Einzelbeurteilungen. Der unterrichtende Lehrer dürfte immer durch die Kenntnis der Personen und der Ausgangssituation bestimmte Erwartungen hegen, die ihn beeinflussen; auch in der Schulpraxis könnte ein unbeteiligter Lehrer als Zweitbeurteiler als Korrektiv objektivierend wirken[55].

Eduard Haueis (1971) meldet gegen kooperatives Beurteilen Bedenken an:

„Daher ist fraglich, inwieweit Bemühungen, die zu einer Objektivierung der Aufsatzbeurteilung beitragen wollen, Erfolg haben können, wenn sie auf einen prozeduralen Bereich beschränkt bleiben.
Zwar würden Vorschläge wie der von Albrecht Weber, die Beurteilungskriterien transparenter zu machen und die Arbeiten kooperativ zu bewerten, gewiß zu einer Demokratisierung der Schule beitragen. Aber es ist zu vermuten, daß das Problem nicht gelöst, sondern nur auf ein anderes Feld verlagert wird, solange die Beurteilungskriterien nicht aus wissenschaftlich gesicherter Einsicht in die Sachstruktur des Aufsatzes gewonnen werden. Denn im andern Fall wird man wohl erfahren, welchen Maßstab der jeweilige Rezensent an die Arbeit anlegt — immerhin wäre dies bereits ein großer Fortschritt —, im Streitfall jedoch würde bei einem kooperativen Beurteilungsverfahren eher ein Kompromiß als eine sachgerechte Bewertung angestrebt werden können." (15)

Warum eigentlich kein Kompromiß, wenn sich dadurch kurzfristig etwas verbessern läßt?

Uwe Jensen hingegen widerspricht der Möglichkeit, gemeinsame Maßstäbe zu erreichen, und fordert operationalisierte Lernziele: „Allgemeingültige Normen heute noch in Expertengremien gewinnen zu wollen, ist demnach ein Anachronismus. Was eine neuzeitliche Aufsatzlehre braucht, sind operationalisierte, altersspezifische Lernziele, darauf abgestimmt, die Fähigkeit zu sprachlicher Kommunikation zu entwickeln."[56] Schreiner versteht Beurteilung „in erster Linie (als) Lern- und Lehrkontrolle" und verlangt individualisierte Leistungsbeurteilung und objektive Vergleichbarkeit[57] und dazu „informelle Lehrertests"[58]. Auch Ingenkamp sieht — und bringt es wiederholt zum Vortrag — für einen „Vergleichsmaßstab über viele Klassen hinweg ... das beste gegenwärtig verfügbare Hilfsmittel ... (in) standardisierten Tests"[59].

Claus Büchner fordert, daß „von der Mittelstufe ab der Schüler wenigstens die Grobziele einer Unterrichtseinheit im voraus erfahren sollte"[60], was „unermüdliche Geduld, aber auch Strenge gegenüber der Sache und dem Schüler" erfordert. „Bei häufig angesetzten mündlichen und schriftlichen Kontrollen wird Leistungsversagen am Beginn einer Unterrichtseinheit deutlich und nicht erst bei der Klassenarbeit."[61] Eduard Haueis kritisiert grundsätzlich „das Fehlen von operationalisierten Zielangaben" als „Mangel an Präzision" und Belastung der Fachdidaktik in ihrer Wissenschaftlichkeit und für die Schulpraxis. (44)

Operationalisierung und Tests? Tests setzen Isolierung bestimmter Wissensstoffe und Normen voraus. Sie zerlegen die Sprache und sind auf deren genormte oder normbare Einzelteile anwendbar, wie in Rechtschreiben, Wortbildung, Wortschatz, wohl noch auf Grammatik, aber kaum je auf Ausdruck und Struktur, auf den Stil, weil es dort auf Auswahl in einer Situation ankommt. Kreative Sprache entzieht sich. Tests führen den Deutschunterricht zurück auf die Methoden früherer Zeiten, auf Abfragen von Grammatik oder Wortschatz, auf Regeldrill oder Einsetzübungen, was bisweilen begrenzte Teilziele sein könnten. Dafür spricht auch die Mitteilung Schröters: „Georg Glatz ist Leiter der ‚Arbeitsgemeinschaft für Leistungsmessung', die in der Praxis recht bewährte objektive Testvorschläge für Rechnen und Rechtschreibung vorlegt. Doch auch diese AG hat den zeitweilig vorgenommenen Versuch, zu objektiven Aufsatzzensuren durch genormte Anweisungen zu verhelfen, aufgegeben!"[62]
Operationalisierung dagegen ist seit je ein Anliegen der Aufsatzerziehung, und jedes bessere Sprachbuch baut das Schreib- und Stiltraining unter alters-psychologischen, sach- und stilbedingten Prinzipien in Lernschritten und Teilzielen auf. Diese Operationalisierung reicht bis in die Oberprima und darüber hinaus. Immer gehen die Erarbeitung von Stoffen und die Einführung, Erklärung und Einübung bestimmter Stil- und Sprachhaltungen der Leistungsforderung voraus und begründen sie. Schon die Feststellung eines verfehlten Themas beinhaltet die Aussage, daß ein Teilziel verweigert oder verkannt worden ist. Völlig operationalisieren läßt sich Sprache nur unter einer Informationstheorie zu Computersprache, verengt, schablonisiert, an Maschinen verfüttert, aber die lebendige situative Sprache, die der Deutschunterricht fördern und lehren will, ist dies nicht. Weder Lehrer noch Schüler sind Sprachmaschinen. Sie sind auch mehr als Mäuse, die man in Lernprozessen sprachlich abrichtet. Operationalisierung des Aufsatzunterrichts findet ebenso ihre Grenzen wie jener dazu entgegengesetzte „freie Aufsatz" der Reformpädagogik. Aufsatzschreiben als Sprachgestaltung bedeutet weder allein Genieerguß noch absolute Lehrbarkeit.
Operationalisierungen könnten beispielsweise sein: die Ausführung nur der Gliederung, mehrerer Möglichkeiten von Einleitung oder von Varianten des Schlusses eines gegebenen Textes, das Weitererzählen, der erzählerische Ausbau eines Textkernes (Temposteigerung durch Syntaxverknappung, Präsentia im Tempus, Dialog), Umsetzen von Dialogen in indirekte Rede und umgekehrt, Textverkürzung bis zur Pointe beispielsweise im Entwurf von Fabeln, das Erfinden von Namen und Bezeichnungen für anonym (X,Y,Z) im Text erscheinende Personen, von Überschriften oder Schlagzeilen, Umformungen von Texten in lange oder kurze Satzperio-

den, Umschreiben von denselben Inhalten und Motiven in die verschiedenen literarischen Stilformen. Erklärung eines Themas, Texten eines Filmes, einer Bilderreihe, Erläuterung informativer Bilder (Stadtplanung), kleine Features, Skizzen usw. Wenn irgendein Inhalt in einem Brief mitgeteilt werden soll, wiegt besonders die Erfassung und Nutzung der Situation, in einer Vorgangsbeschreibung die präzise, unmißverständliche Fachsprache einer Bedienungsanweisung. Operationalisierung der Aufsatzerziehung muß die üblichen Allerwelts-, Allwetter- und Jahreslaufthemen oder jene Allwissenheitsthemen politischer, soziologischer oder philosophischer Natur, die phrasenhaftes Pseudowissen hochschwemmen, ablehnen. Sie vermeidet ebenso die erkünstelte Provokation zu irgendeinem gefühligen „Erlebnis" oder zum Gesinnungserguß, sie geht auch über bestimmte Altersstufen zuzumessende Grundformen und Teilgattungen hinaus, zerlegt sie, sofern sie altersangemessen reflektiert sind, in kleinere Schritte, in Teilziele[63], die sie häufig und Zug um Zug übt, um dieses Geübte und damit sicherer Beurteilbare, akzentuierter zu bewerten, ohne den Zusammenhang mit dem Ganzen des Sprachwerkes zu verlieren. Dafür sind vorher die Kriterien verbindlich zu erarbeiten[64].

„Mit der Erarbeitung formaler Möglichkeiten und Bedingungen einer Stil- und Darstellungsform aus der Situation, der sie zugeordnet ist, ergeben sich notwendige Kriterien der Gestaltung und damit der Bewertung und Beurteilung einer Arbeit. Diese Kriterien sollten ebenso Bestandteil des Arbeitsergebnisses sein wie die stufenweise erreichten und überprüften Fertigkeiten der Schüler, eine Aufgabe zu bewältigen. Je klarer die Bedingungen fixiert werden, umso weniger wird sich das Mißverständnis einstellen, die Ausarbeitung dürfe der Spiegel ungehemmter Subjektivität in Ausdruck und Aussage sein. All diese Bemühungen verlangen die aktive und verantwortliche Beteiligung der Schüler bis hin zur Themenstellung, Korrektur und Verbesserung."[65]

Zur Operationalisierung gehört die Präzisierung des Auftrages und die Erarbeitung der dafür gültigen Kriterien. Dazu gehört auch die Einübung des Schülers in die Arbeitstechnik und Zeitökonomie, die für die Lösung der Aufgabe geboten ist. So disponiert beispielsweise Dora Hujer[66] eine vierstündige Arbeitszeit (240 Minuten) für den Erörterungsaufsatz in folgende zeitliche Arbeitsschritte:

30 Min. Wahl des Themas, Stichwortsammlung, Arbeitsplan
60 Min. Niederschrift des Konzepts
30 Min. Durchsicht des Konzepts
90 Min. Reinschrift
30 Min. Schlußdurchsicht (mehrmals auf Fehler nach Gr, R, Z, W, usw.)

Selbstverständlich gehören dazu als Voraussetzungen eine weitsichtige Unterrichtsplanung, die, eng mit der des Sprachbuchs verzahnt, doch nicht völlig von ihm abhängig sein sollte, und integrative, differenzierende und kooperativ planende Unterrichtsformen.

Die Aufgabenstellung selbst ist ein wichtiger Teil der klaren Lernzielformulierung. Die Motivationsforschung hat erwiesen, daß „sowohl Aufgaben mit zu geringem, als auch solche mit zu hohem Schwierigkeitsgrad zu keiner Leistungsbereitschaft führen"[67]. Die Forderung sollte jeweils ein wenig über dem erreichten und belegten Entwicklungsstand eines breiteren Durchschnitts der Klasse liegen. „Je stärker die Wege zur Erreichung dieser Leistungsziele strukturiert sind, desto eher setzt sich eine Herausforderung optimal in leistungsthematische Aktivität um."[68] Zur Erzielung der bestmöglichen Leistung müssen äußere und innere Störfaktoren ausgeschaltet werden. In den Beurteilungsmaßstab sollten „Schwierigkeitsgrad, Alter und Normwerte"[69] eingehen. Korrektur und Verbesserung des Aufsatzes sind Teilziele der Arbeitseinheit und Teillernziele[70].

Eine operationalisierte Aufsatzerziehung, die inhaltlich-stilistische Schwerpunkte durch begrenzte Gestaltungsaufgaben setzt, hat es doch immer mit Sprache zu tun, die etwas Komplexes ist. Sprache, Sprachvermögen und Sprachwillen dürfen nicht erstickt oder er- bzw. gedrosselt werden, wenn in der Operationalisierung nur *ein* Aspekt herausgehoben, gefördert und geübt werden soll[71]. Solche Schwerpunktbildung kann dann sinnvoll sein, wenn sie in gleitenden Akzenten von Unterrichtseinheiten oder -sequenzen wechselt und stets aus einem situativen, lebendigen Zusammenhang nur vorübergehend und exemplarisch isoliert. Auch dann bleibt Aufsatzbeurteilung hauptsächlich eine Frage der Beurteilung des Stils, der auf Geschmackskonventionen beruht. Viele unserer Urteile beruhen darauf. Dennoch müssen sie durchschaut, zerlegt, kontrolliert und in ihrer möglichen Willkür eingeschränkt werden in „lernzielorientierter Leistungsmessung"[72].

Wir kommen zurück: operationalisierte Lernschritte, nicht zu weit gesteckte und klar formulierte Lernziele und deren einsichtig gemachte Kriterien.

Zusammenarbeit ermöglicht gemeinsame Maßstäbe[73]. Diese aber ermöglichen dann eigentlich auch so etwas wie eine fachliche Beschwerdeinstanz, einen Ausschuß von Fachlehrern, die zur Sache Stellung nehmen. Die Sicherung der Kriterien ist eine wichtige didaktische Aufgabe des Lehrerstudiums, vor allem der Fortbildung, und der Aufsatzerziehung selbst. Erika Essen bezeichnet „die Bildung eines sachbezogenen Leistungsbewußtseins als eine der vordringlichsten pädagogischen Aufgaben" –, um „den Leistungswillen herauszufordern und das Wertbewußtsein für das eigene Handeln zu bilden"[74].

Maßstäbe bilden sich und werden bewußt gebildet durch doppelte Reflexion: des Lehrers mit sich selbst in einer individuellen Wertfindung und der Lehrer untereinander in einer sozialen oder kollegialen Wertfindung. Einzelbeurteiler und Beurteilergruppen sind auf Vergleiche im Rahmen breiteren Materials und auf Erfahrung der Praxis, vor allem der Leistungsmöglichkeiten von Stilaltern, angewiesen. Beide Wege — individuelle und soziale Wertfindung — sind in sich dialektisch und verhalten sich dialektisch zueinander.

Anmerkungen

1 Göller, 19
2 Ingenkamp, Fragwürdigkeit, 14
3 Krämer, DU 1970/5, 134
4 Beck II, 15
5 Beck II, 16
6 Beck II, 17
7 Beck II, 70/71
8 Lehmann, 39
9 Dohse, 149
10 Ingenkamp, Fragwürdigkeit, 17
11 Schreiner, Sinn und Unsinn, 228
12 so auch Beck II, 71; ebenso Storz, Stilfehler, 7; Tille, 161.
13 Ulshöfer, Zur Beurteilung..., 98; Beinlich, Handbuch I, 400
14 Kühn, Georg, Stilbildung in der höheren Schule, 1930, Düsseldorf 1959
15 Ulshöfer, Robert, Methodik des DU, Stuttgart, Unterstufe 1963, 1967[3], Mittelstufe II 1955, 1968[5]
16 Essen, Erika, Methodik des DU, Heidelberg 1955, 1968[6]
17 Essen, Erika, Zur Neuordnung des DU auf der Oberstufe, Heidelberg 1965
18 Doderer, Klaus, Wege in die Welt der Sprache, Stuttgart 1960, 1965[2]
19 Beinlich, Alexander, Handbuch des DU, 2 Bde., Emsdetten 1961, 1966[4]
20 Singer, Kurt, Aufsatzerziehung und Sprachbildung, München 1966
21 Beck, Oswald, Aufsatzerziehung und Aufsatzunterricht, Bad Godesberg, Bd. 1 1969, Bd. 2 1966
22 Helmers, Hermann, Didaktik der deutschen Sprache, Stuttgart 1966, 197
23 vgl. Singer, 80; Tille, 156.
24 Dohse, 174; Dietrich (11, 12, 17, 23) beschreibt die Hilfen des Lehrers (Motivation, Kognition, Integration, Organisation).
25 Dohse, 174; so auch Krecker, 339; Winterling, 193
26 Ingenkamp, Fragwürdigkeit, 29
27 Schröter, Die ungerechte Aufsatzzensur, 135
28 Schreiner, Sinn und Unsinn, 236
29 Göller, 157
30 Dohse, 109
31 Beck I, 79
32 Beck II, 96
33 Beck II, 72
34 Beck II, 74
35 Sanner, 85–92
36 Hammerstein, DU (Ost) 1969, 209

37 Hirschenauer, Rupert, Deutsches Sprachbuch für Gymnasien, Bd. 8 (12. Klasse), München 1971⁴
38 Kranz, Friedrich, Wege zum Abituraufsatz, 6 Bde., München 1966 ff.
39 so auch: Beinlich, Handbuch I, 403; Singer, 69; Essen, Methodik, 303; Zur Neuordnung, 61, 105; Tille, Josef, Theorie und Praxis des Aufsatzunterrichts, Wien 1968⁵, 152–191
40 Ulshöfer, Zur Beurteilung, 98
41 Weidig, 48
42 Göller, 44
43 ebd., 46/37
44 Schröter, Die ungerechte Aufsatzzensur, 136; ebenso: Wie in Deutschland, 417
45 ebd., 134 bzw. 417
46 ebd., 136 bzw. 417
47 Löffler, DU (Ost) 1969, 208
48 Weidig, 49
49 Göller, 47
50 ebd., 47
51 Schröter, Die ungerechte Aufsatzzensur 134/135
52 Ingenkamp, Probleme 61
53 Hahn, Heinz, Flensburger Norm für Aufsatzbeurteilung, in: Die Pädagogische Provinz, 1966, 190
54 Ingenkamp, Probleme der schulischen Leistungsbeurteilung, 66; Zur Problematik, 447/448
55 so Wieczerkowski – Nickel – Rosenberg, 293
56 Jensen, Aufsatzzensuren, 511
57 Schreiner, Sinn und Unsinn, 23
58 ebd., 236
59 Ingenkamp, Fragwürdigkeit, 163; Probleme, 75
60 Büchner, Claus, Mangelnde Effizienz des Deutschunterrichts, in: Ide, Bestandsaufnahme Deutschunterricht, 234
61 ebd., 234
62 Schröter, Die ungerechte Aufsatzzensur, 85/86
63 Weis, Valentin, 549: „Zerlegung des Unterrichtsziels in Teillernziele (ist) die zentrale Frage der Didaktik überhaupt"
64 so Winterling, 193; Ingenkamp, Probleme, 61
65 Winterling, 192
66 Hujer, Dora: Zum Problem des Erörterungsaufsatzes, in: DU (Ost) 1962, 276
67 Schröter, 649; so auch Heckhausen, in: Begabung und Lernen, 195; Für Erika Essen (Beurteilung, 34) „sollte sowohl der Ehrgeiz, die Überspannung des Leistungswillens, als auch die Angst, die Lähmung der Leistungsfreude, soweit wie nur möglich ausgeschaltet bleiben".
68 Vontobel, 142
69 Schröter, 655
70 so auch Winterling, 190
71 Schröter, WPB, 1971, 614: „Ein zu starkes Maß operationalisierter Lernziele kann kreatives Tun verhindern."
72 Weis, 546
73 so auch Beck, II, 71, und Lehmann, 39
74 Essen, Zur Neuordnung, 126

Grundhaltung des Beurteilers

Die Korrektur ist die Voraussetzung der Beurteilung. Sie stellt, juristisch gesprochen, den Tatbestand fest. Sie legt die Substanz der Sache frei. Sie soll nicht verstellen. Der Lehrer darf unter keinen Umständen mit der eigenen Person die des Schülers zudecken. Man müßte annehmen, daß er es besser kann. Eines Beweises auf dem Feld des Schüleraufsatzes bedarf es dazu nicht. Der Lehrer soll zurückhaltend, ja vornehm korrigieren. Er darf nur anstreichen, was falsch ist, nicht aber, worüber man verschiedener Meinung sein könnte. Er muß gelten lassen und damit anerkennen[1], nicht verbissen aufstöbern und abschießen. Ein Schlachtfeld entmutigt gerade den schwachen Schüler noch mehr[2]; der soll aber im Aufdecken seiner Leistungsschwächen auch Hilfe erfahren durch eine annehmbare, nicht durch Ärger und Verbissenheit bittere Form, durch fragende, die Einsicht fördernde Bemerkungen. Lob entbindet mehr Leistung als Tadel. Darüber sind sich die Didaktiker des Aufsatzes einig[3]. „Mehr Berater als Zensor"[4], „mehr Helfer denn Richter"[5] soll der Lehrer sein, sachlich, objektiv und wohlwollend[6].

Die Form der helfenden Bemerkung, der Ton der kritischen Stellungnahme, der Tenor eines bestärkenden Lobes oder aneifernden, wohlwollenden Tadels beeinflußt entscheidend die Wirkung des Lehrerurteils, also die Folgen, die es doch auslösen soll. Grundsätzlich soll es den Arbeits- und Leistungswillen wecken, stärken oder fördern, nicht entmutigen, sofern überhaupt einer vorhanden und, wenn auch verborgen, aufzuwecken und anzusprechen ist. Die Vorstellung von Demokratie und einer demokratischen Schule setzt allerdings diesen allgemeinen und gleichen Arbeitswillen voraus, wie sie im Grunde die gleichen Anlagen voraussetzt, die lediglich durch die verschiedenen sozialen Bedingungen ins Ungleiche gebracht seien, was durch Erziehung gerechterweise ausgeglichen werden müsse. Nachdem die Erbanlage im biologischen Sinne lange Zeit fast ausschließlich als entscheidender Faktor angesehen wurde, geschieht das heute oft fast ebenso ausschließlich von den sozialen Umweltbedingungen. Ohne dieses Problem mit seinen außerordentlich schwierigen, weil von einer Vielzahl schwer isolierbarer Faktoren abhängigen Forschungen und Aussagen, hier überhaupt aufrollen zu können, soll doch grundsätzlich von der These der Gleichheit, damit von dem Versuch einer Verwirklichung gleicher Chancen bei der Aufsatzbeurteilung ausgegangen werden, worauf die vom Lehrer erwartete und von ihm selbst erstrebte Gerechtigkeit beruht.

Nicht die sachliche und belegte Feststellung einer schlechten Leistung muß schon entmutigen, aber die Mitteilung dieser Feststellung, die ohne Trost, Rat und Wegweisung bleibt, wird es. Zu geringe menschliche Zuwendung beim Vollzug an sich zutreffender sachlicher Feststellungen kann frustrieren und in Aggressionen zurückschlagen. Natürlich kann der Lehrer nicht sich einstellen, als ob Schüler heute nur wehleidige Psychopathen oder Neurotiker wären, und wo Arbeit und Leistung trotz vorhandener Potenz verweigert wird, liegt unsoziales Verhalten vor, das nicht geduldet, geschweige gefördert werden darf. Aber auch dann müssen Beurteilung und Spruch, wenn schon unbequem oder unangenehm, so doch durch die mitfühlende und mitwissende, helfende Zuwendung des Urteilenden menschlich annehmbar sein.

Behandelt der Lehrer den Aufsatz und seinen Schreiber unpersönlich wie eine Sache, also „sachlich", indem er in der Bemerkung von dem Schüler oder dem Verfasser und darüber vor ihm und von ihm gutachtet, als ob das Gutachten an einen außerhalb des pädagogischen Bezugs stehenden anonymen Dritten gerichtet wäre, dann verfehlt er wahrscheinlich eben die pädagogische Wirkung. Der Aufsatz ist doch die schriftliche Antwort auf ein Thema, also auf eine allgemeiner und an alle gestellte größere Frage des Lehrers, dessen Beurteilung und Bemerkung antwortet wiederum dem Aufsatz, und der Autor des Aufsatzes sollte wiederum, wie das Erika Essen[7] vorschlug, auf diese Antwort antworten, mündlich oder schriftlich. Die Bemerkung sollte zu solchem Gespräch auffordern, nicht den Menschen herausfordern. Sie sollte ihrerseits nicht der Kritik entzogen sein, sollte sich der Diskussion stellen, ohne sich deswegen ihr zu unterwerfen. Wir stehen als Lehrer nun einmal zur Diskussion. Die Spannung der Argumente als Grundlage eines gerechten Urteils muß willkommen sein, von welcher Seite diese Argumente auch kommen. Der Ton, der Tenor, die Anrede soll dieses Gespräch anregen und einleiten, nicht abschneiden.

Selbstverständlich wird man Kollegiaten (11.–13.) nicht gerade mit Du ansprechen, es sei denn, die Klasse hat die persönlichere Anrede von früher aufrechterhalten wollen. Das zeichnet bisweilen einen Lehrer aus, und er wird schon deswegen das Du nicht ausschlachten und übertreiben. Oder es ist billige Anbiederung, sogenannte Solidarisierung, dann steht es um des Lehrers Objektivität gewöhnlich schlecht. Vertraulich ist aufdringlich. Das Grundschulkind werden wir in der Aufsatzbemerkung mit Du ansprechen wie sonst auch und diese Anrede bis zum Ende der Orientierungsstufe beibehalten. Von da ab (7.–9.) sollten wir die Form der Anrede immer wieder bedenken, vielleicht etwas zurückhaltender und distanter, versachlichender formulieren. Auf keiner Stufe aber dürfen wir innerhalb der Klasse oder des Kurses Unterschiede in der Anrede zulassen, den einen durch unsere Du-Anrede auszeichnen und sie einem anderen verweigern. Der Lehrer darf sich keinen Freund unter den Schülern, etwa Gesinnungsgenossen, halten und ihn bevorzugen. Sein Wille zur Gerechtigkeit gegenüber allen würde bezweifelt werden können. Es gilt allgemein vom Verhältnis zwischen Lehrern und Schülern, daß auf Gleichheit und Gleichbehandlung Gerechtigkeit beruht.

Nicht zuletzt fragt es sich, ob man zuerst das Negative in der Bemerkung feststellen soll, um mit dem Positiven abschließen zu können, sozusagen zur Aufrichtung und gutem Ende, oder umgekehrt: zuerst das Positive aufzeigen zwecks leichterer Annahme und dann als deutliche Mahnung und Warnung das Negativere. Sicher werden für die Entscheidung des Lehrers neben dem Alter des Schülers vor allem der Stellenwert seiner Leistung innerhalb der Klasse und seine charakterliche Festigkeit bzw. Labilität eine Rolle spielen. Vielleicht sollte man, wie eine Diskussion mit Studenten ergab, leistungsschwächere Schüler eher mit dem Betonen der ans Ende der Kritik gesetzten Positiven aufmunternd entlassen, während der leistungsfähigere, aber schuldhaft unter seinen Möglichkeiten arbeitende Schüler eher abschließend den Tadel des Lehrers spüren sollte. Könnte man auf der Kollegstufe die Kritik nach Sachgesichtspunkten in systematischer Folge anordnen, so wird man Grundschüler lieber mit einer Aufmunterung entlassen.

Was allein die Formulierung ausmacht, verdeutlichen folgende *Beispiele von Bemerkungen zum Aufsatz A* (Abb. S. 22—24).

I. Die Beurteilerin gibt -4. Welch Unterschied aber der ersten dürren Bemerkung (a) gegenüber der ausführlicheren Neuformulierung (b) mit der Du-Anrede, die das Positive ans Ende stellt und mit einem Rat ausklingt!

a) Gedanken und Aufbau im allgemeinen befriedigend; wegen der sprachlichen Mängel und einiger schwerwiegender Unklarheiten nur —4. Auf die äußere Form achten!

b) Du mußt Dich in Zukunft um bessere Rechtschreibung und passendere Ausdrücke bemühen. Besonders schwer sind die das-daß-Fehler. (Üben!!) Achte in Zukunft, besonders bei einem Hausaufsatz, darauf, daß Dir keine Flüchtigkeitsfehler mehr unterlaufen. Einige unklare Satzinhalte und Satzformulierungen mindern den guten Eindruck, den man durch die lebendige Gestaltung Deines Aufsatzes gewinnt. Versuche die guten Gedanken, die Du hast, auch stilistisch gut darzustellen, dann wird die Note das nächste Mal besser!

II. Der Beurteiler, der in seinem Urteil auf −3 bleibt, wendet in der Neuformulierung (b) ebenfalls die Du-Anrede an, setzt aber gegenüber der ersten Fassung (a) das Negativere an das Ende.

a) Etliche Mängel in der Rechtschreibung, falsche Satzzeichen und umgangssprachliche Ausdrücke mindern den Wert der Arbeit. Hervorzuheben sind gute und treffende Vergleiche. Das Thema war erfaßt. Gut ist die bilderreiche Sprache.
b) Gute und treffende Vergleiche, eine bilderreiche und lebhafte Sprache gestalten Deinen Aufsatz lebendig und anschaulich. Du hast das Thema der Aufgabe gut erfaßt. Allerdings solltest Du Dich mehr um die Rechtschreibung und die richtige Setzung der Satzzeichen bemühen und umgangssprachliche Ausdrücke vermeiden!

III. Der Beurteiler gibt 3 und bleibt dabei auch in der Neuformulierung (b), die durch die Du-Anrede anders klingt. Vergleiche auch die Redundanz von IIIb oder Ib gegenüber IIa und Ia!

a) Der Aufsatz ist lebendig gestaltet. Dazu tragen vor allem die bildhaften Redewendungen, Vergleiche und die häufige Anwendung der direkten Rede bei. Allerdings fehlt es an manchen Stellen an der nötigen Klarheit in der Darstellung des Inhalts. Außerdem fließen gelegentlich unpassende umgangssprachliche Ausdrucksweisen ein.
b) Dir ist gelungen, Deinen Aufsatz in einer erfrischenden Natürlichkeit zu gestalten. Gut machen sich vor allem bildhafte Redewendungen, treffende Vergleiche und die häufige Anwendung der direkten Rede. Allerdings werden umgangssprachliche Ausdrucksweisen an manchen Stellen eher störend als belebend empfunden. Bei der Darstellung des Inhalts solltest Du Dich um etwas mehr Klarheit bemühen. Die vielen Rechtschreibfehler könntest Du vermeiden, wenn Du Deinen Aufsatz am Ende nochmals durchlesen würdest, damit Du ausgelassene Buchstaben noch einfügst. Unbedingt nötig ist es, daß Du lernst, das und daß zu unterscheiden (das = welches).

Der Lehrer, oft eine Generation älter und mehr, soll den Schülern zusprechen. Dabei muß er sich seiner Fixiertheit, auch der seiner Sprache, bewußt sein. Seine Beurteilung sollte Kommentar und Wegweisung sein. Er nimmt als Leser die Leistung als Problemlösung und Sprachwerk, begründet das Urteil (Note) und berät die künftige, selbständige Weiterarbeit[8]. Er fragt, ob die Lösung der Situation entspricht, ob der Verfasser sich oder die Sache artikuliert und ob er den Leser(kreis) anspricht. „Je sachlicher eine so vorbereitete Charakteristik ist und je besser sie sich überprüfen läßt, um so leichter läßt sich verhindern, daß sie sich hemmend auf künftige Leistungen auswirkt ... Die Noten sind stärker in den pädagogischen Akt der Korrektur einbezogen."[9]
Fassen wir zusammen und folgern: Der Lehrer soll sich durch die Sache hindurch dem Schüler zuwenden, ebensoweit entfernt von ächzender Last wie von pedantischer Lust.[10]

Der Lehrer stellt positive und negative Tatbestände fest. Er darf die negativen nicht übersehen, aber je mehr er dergleichen registrieren muß, um so mehr wird er nach positiven als Gegengewichten suchen. Im Dialog mit sich soll er Richter, aber auch Anwalt der zu beurteilenden Leistung sein. Entscheidend ist das positiv Geleistete[11]. Jeder negative Punkt fällt wertmindernd ins Gewicht. Ist das Ergebnis eindeutig, muß der Lehrer als Folgerung die entsprechende Note geben. Gibt er trotzdem eine bessere, die nicht in einer besonderen Leistungssituation begründet ist (wie Ausländerkind, lange Krankheit, Sprachfehler, Schreibschwächen usw.), ohne deren Berücksichtigung er die eigentliche Leistung gar nicht erfassen könnte, gibt er bloß eine bessere Note aus Sympathie zum Schüler oder Scheu vor der schlechteren Note, verfälscht er eigentlich das Urteil. Güte wird zur bald mißbrauchten und bespotteten Gutmütigkeit, die keine Leistung freilegt. Dabei ist er immer in erster Linie Ratgeber und Helfer, beurteilt aus den Sachkriterien der Sprache und zugleich aus pädagogischer Verantwortung. Er strebt nach Gerechtigkeit: bemüht um Objektivität unter pädagogischem Aspekt und Beachtung der subjektiven Komponenten[12]. „Jede objektive Korrekturmethode stellt den von pädagogischen Takt gestifteten optimalen Kompromiß zwischen Freiheit der Würdigung des sprachlichen Befundes und der Notwendigkeit verpflichtender Rahmengesichtspunkte der Beurteilung dar."[13] „Die eigentliche pädagogische Aufgabe der Leistungsbeurteilung besteht eben darin, die beiden Dimensionen der Objektivität: den inter- und intraindividuellen, den querschnittlichen und längsschnittlichen, den psychometrischen und biographischen Aspekt zu verknüpfen und ohne Einseitigkeit dem Schüler zu vermitteln."[14]

Thesen aus der didaktischen Literatur

Über die verschiedenen Einzelheiten, die angesprochen wurden, weil sie als diskutierte Fragen offen scheinen, hinaus ist die *Haltung* des Lehrers *als Korrektor* und *Beurteiler* von Aufsätzen wiederholt zusammengefaßt und auf kürzere Nenner gebracht worden, wie das auch in jedem Seminar von Referendaren oder außerplanmäßigen Lehrern geschieht. Dabei verschieben sich die Akzente von der pädagogischen Komponente auf die fachliche, je mehr man sich der Abschlußklasse nähert. Entsprechend formulieren auch die Didaktiken.

Oswald *Beck* summiert für die Grundschule so:

„Insgesamt ist festzuhalten: Korrektur, Beurteilung und Benotung von Grundschulaufsätzen verlangen vom Lehrer ein Mindestmaß von Einfühlungsvermögen in die Seele des Kindes, pädagogischem Takt und fachlichem Wissen und Können. Bei aller Objektivität und Zielstrebigkeit ist besonders am Anfang und bei schwachen Schülern in der Kritik Rücksicht geboten ... Es wäre deshalb verkehrt, ihn nur oder vornehmlich auf dieser Stufe als Mittel zur Leistungsmessung zu betrachten. Erhaltung und Förderung sprachlichen Gestaltungswillens genießen Vorrang."[15]

Kurt *Singer*[16] nennt als Merkmale und Vorzüge der schriftlichen Beurteilungen:

1. Wir halten die Bemerkungen überwiegend positiv ...
Es gibt kaum einen schlechten Schüler, der nicht zuinnerst ein entmutigtes Kind wäre ...
2. Mangelhaftes erwähnen wir behutsam und wohlüberlegt.
3. Die Beurteilung gibt dem Kind genaue Auskunft."

Klaus *Doderer* fordert:

„1. genügend Spielraum zum Üben.
2. Was das Kind nicht wissen kann, können wir ihm auch nicht als Fehler anrechnen.
3. Wir sollen versuchen, auf alle Hilfen zur Fehlerverbesserung hinzuweisen.
4. die Anforderungen nicht zu hoch stellen ..., da der Leistungswille der Kinder nicht etwa mit der Häufigkeit der Fehler zunimmt."[17]

In solchen Merksätzen findet die pädagogische Zuwendung des Grundschul- oder Förderstufenlehrers ihren Niederschlag, eine durchaus sachgemäße, also der Aufsatzerziehung angemessene Haltung; geschieht sie doch immer in bezug auf ein bestimmtes Stilalter.

Für die Hauptschule formuliert *Beck* das von ihm für die Grundschule Gesagte allgemeiner:

„Die Beurteilung in der Schule, vor allem die Aufsatzbewertung, hat in erster Linie eine pädagogische Funktion. Sie soll nicht pauschal aburteilen, sondern individuell beurteilen, den schwächeren Schüler nicht entmutigen, sondern ihm helfen und Mut zusprechen. Der wahre Spracherzieher wird deshalb bei aller Strenge und Objektivität selbst in der schlechtesten Arbeit neben dem Tadelnswerten noch etwas Gutes finden und herausstellen. Aufsatzunterricht und Aufsatzerziehung gedeihen nämlich nicht unter ungebührlichem Zensurendruck, sondern in freudvollem, ermutigendem Schaffen, wo im Zweifelsfall die Strenge der Milde den Platz räumen sollte."[18]

Bei Eduard *Lehmann* lesen wir:

„Der Lehrer ... muß auch im konkreten Fall die andere Ansicht als möglich anerkennen. Das bedeutet, daß er — wenn er den Schüler ernst nimmt — auch diesem das Recht eigener Gesinnungsart und damit eigenen Geschmack zubilligt ...
Vor allem ist vom Beurteiler zu fordern: Anerkennung des vorgegebenen Sprachwerks als die einer Individualität zugehörigen Leistung, der gegenüber die erste Haltung ein Aufnehmen und Feststellen sein muß ... Aufgegeben ist uns die ständige Bemühung um diese Haltung der Anerkennung ... Der Ausgangspunkt der Beurteilung muß das Positive, Eigenständige einer Leistung sein."[19]

Zur Korrekturhaltung des Lehrers der 3. Bildungsstufe bemerkt Robert *Ulshöfer*[20]:

„Du hilfst ihm (dem Schüler), wenn du ihm Mut zu seinen eigenen Erfahrungen, Betrachtungen, Gedanken und Worten, aber auch zur Selbstprüfung und Selbstkritik machst. Du schadest ihm, wenn du ihn durch zu große Strenge ängstlich und unsicher oder durch zu große Milde selbstgefällig und unkritisch machst."

Ulshöfer formuliert Merksätze:

„1. Anerkenne, was anerkennenswert ist! ...
  Je mehr Mängel du an einem Aufsatz feststellst, desto mehr bemühe dich, auch das Brauchbare hervorzuheben ...
2. Stelle Sprachfehler (in Rechtschreibung, Zeichensetzung, Ausdruck, Satzbau, Zeitenfolge) und Denkfehler (Gedankensprünge, Widersprüche, Wiederholungen) ohne Ausnahme fest ...
  Verwende Abkürzungen: R, Z, A, Gr., W. T.
3. Gängle nicht das Denken! ...
4. Auf Unstimmigkeit des Stils, unechte, unwahrscheinliche, übertriebene Darstellungen mache den Schüler aufmerksam!"[21]

Robert Ulshöfer[22] schlug 1949 „allgemeine Bewertungssätze" in Hinblick auf die Gymnasialoberstufe vor:

„1. Sei streng in der Korrektur, gerecht in der Beurteilung, verständnisvoll im Abwägen des Gewichtes der Fehler bei der Zeugnisfestsetzung.
2. Prüfe, ob die Fehler behebbar sind, oder ob sie aus dem Wesenskern des Schülers kommen.
3. Unterdrücke nicht die Individualität des Schülers! Im Rahmen des gesunden Menschenverstandes ist dem Schüler jede Auffassung und Ausführung des Themas zuzubilligen.
4. Prüfe, ob das Thema aus einem Mißverstehen eines Begriffes (des Themas) *falsch*, oder aus geistiger Unfähigkeit nicht erfaßt worden ist. Der erste Fall ist je nach dem Grad und der Art des Mißverstehens zu werten.
5. Prüfe, wieweit der Schüler fähig ist, sich sachlich und ernsthaft mit der gestellten Frage auseinanderzusetzen. Davon gehe aus bei der Beurteilung des Schreibers und seiner Leistung. Die Wortemacher, der Blender, der Schönredner soll sich durchschaut wissen; der verantwortungsfreudige, mutige und lautere Schüler, der selbständig Denkende und künstlerisch Begabte soll sich verstanden und anerkannt sehen.
6. Die vielen Zwischenstufen zwischen echtem und unechtem, klarem und unklarem, wahrem und unwahrem Stil sind nicht leicht zu fassen. Der Korrektor, der sich ständig bemüht um Echtheit, Einfachheit und Wahrheit, wird sich das nötige Vermögen zur Einfühlung in das Denken und Wollen des Schülers erwerben." —

Die zitierten Stellen aus Becks, Singers, Doderers, Lehmanns und Ulshöfers Veröffentlichungen belegen die angedeutete Differenzierung und Präzisierung der Haltung des Lehrers, entsprechend der wachsenden Breite und Differenzierung der Leistungen im Aufsatz und der durch sie sich darstellenden Persönlichkeit des Schülers. Wenn wir das Verfahren der

Korrektur und des Beurteilens von Aufsätzen mit dem richterlichen des Feststellens eines Tatbestandes und des Fällens eines Urteils vergleichen können und verglichen haben, dann darf auch der alte Rechtsgrundsatz gelten: in dubio pro reo[23].

Anmerkungen

1 so auch Lehmann, 40
2 dazu auch Beck II, 74
3 vgl. dazu Beinlich, Handbuch I, 398; Essen, Methodik, 83, 228; Doderer, Wege ..., 112 ff.; Ulshöfer, Methodik Mittelstufe II, 157; Singer, 61
4 Doderer, Wege ..., 109
5 Singer, 61; ebenso Tille, 152
6 dazu Beck I, 91: „Mehr helfen statt richten, mehr aufbauen als ankreiden ... Sachlich-objektive Kritik bedeutet jedoch nicht Schönfärberei". Ähnlich auch in II, 73: „... sondern ihm helfen und Mut zusprechen". Und in II, 74: „Mehr helfen als zensieren, fördern statt nörgelnde und beißende Kritik, neben den Fehlern auch besonders gelungene Stellen konkret vermerken, nie den Verfasser gar vor der Klasse bloßstellen ... Der sachlich-objektive und dabei stets wohlwollende Korrektor wird der beste sein."
7 Essen, Methodik, 83
8 so Winterling, 196/197
9 ebd., 198
10 Krecker, 336: „Dem Pädagogen ist der staatliche Zwang zum Notengeben eine Last, dem durch die schulischen Produktionsverhältnisse zum Zensurenfetischisten gewordenen Lehrer ist er eine Lust."
11 so Essen, Beurteilung, 37
12 so auch Hojer, 939; Ingenkamp, Fragwürdigkeit, 27
13 Krämer, DU 1970/5, 138
14 Schreiner, Sinn und Unsinn, 228
15 Beck I, 94
16 Singer, 67/68
17 Doderer, Wege ..., 113
18 Beck II, 73
19 Lehmann, 40
20 Ulshöfer, Methodik Mittelstufe II, 157
21 ebd., 158
22 Ulshöfer, Was kann der Aufsatzunterricht beitragen zur Neubesinnung über die Aufgaben der höheren Schule? in: DU 1949/5, 20/21
23 so auch Beck II, 73

Korrektur und Notenskala

Die Korrektur ist der Akt der Verwirklichung von Beurteilung und Zensur, die Zeit, in der der Lehrer korrigiert. In vielen Kapiteln dieses Buches, besonders in Arithmetische Selbsttäuschungen, Unsicherheitsfaktor Lehrer, Aufsatznote — ein Politikum, Geeichte Maßstäbe, Grundhaltung des Beurteilers, ist von der Haltung, die er bei der Korrektur einnehmen sollte, und ihren Voraussetzungen die Rede. Dieses Kapitel soll dies nicht wiederholen oder zusammenfassen, noch soll es Fragen anschneiden, die Arbeitsökonomie oder -hygiene dem einzelnen unmittelbar aufgeben, wie Korrekturzeiten (ob ein nachtlang korrigierender, am Morgen übernächtiger unwirscher Lehrer ein guter Lehrer sein kann?) oder Arbeitsstimulantia (ob Coffein, Teein oder Nikotin einen klaren Kopf zur Urteilsfindung schaffen?) usw. Hier sollen verschiedene *Teilaspekte des Korrigierens*, aber auch *Relationen des Urteils im Zensurensystem* erörtert werden.

Eigentlich hat die Korrektur mit dem Schreiben der Arbeit und ihrer Überwachung schon begonnen. Lehrer, die Unterschleif dulden, verzichten von vornherein auf faires Spiel und klare Leistungsfeststellung. Sie dulden ein verzerrtes Bild. Das gilt auch für Gruppenarbeiten bzw. -leistungen, die bis in die Hochschule bestenfalls brauchbare, meistens aber dürftig kompilierte Einzelarbeiten sind, wobei die wirkliche Entfaltung der Leistung des einzelnen eher behindert wird. Die Korrektur beginnt auch schon damit, daß der Lehrer die Vollständigkeit der abgelieferten Arbeiten überprüft und keine Gelegenheit gibt, durch Fehlen, Nichtabliefern, Arbeitszeitüberschreitung (z. B. Terminverlängerungen) usw. die Gleichheit der Bedingungen, eben auch die Chancengleichheit, zu unterlaufen aus Eigennutz, also das, was er beurteilen soll, von vornherein ins Ungerechte zu verzerren. Klassenarbeiten von den, aus welchen Gründen auch, Fehlenden nicht nachschreiben zu lasen, bedeutet von vornherein eine *schwere Ungerechtigkeit des Lehrers* oder Lehrerkollegiums, d. h. der Schule, denen gegenüber, die sich der Forderung, damit dem Lernziel, unterziehen. In dieser Hinsicht praktizieren viele, die so empört die mangelnde Gerechtigkeit der Beurteilungen tadeln, in einer eigenartig lässigen Verantwortungslosigkeit selbst permanente Ungerechtigkeit. Es hat keinen Sinn, etwa schichtspezifische Benachteiligungen ausgleichen und deren gesellschaftliche Voraussetzungen ändern zu wollen, wenn nicht einmal im Rahmen einer Klasse faire, gleiche und damit gerechte Bedingungen herzustellen und aufrechtzuerhalten versucht wird. Wenn sich der Lehrer hier, in der Wirklichkeit, wo Möglichkeit besteht, nicht der Gerechtigkeit annähern will, wie soll dann je die Gesellschaft als Ganzes mit durch ihn gerechter werden? Projiziert er nicht sein Versagen, nach außen, immer auf andere, auf das Anonyme, die Gesellschaft? Weicht er nicht in eine Utopie aus, anstatt sie täglich zu verwirklichen, hier und jetzt?

Vor der vollständigen Zahl der Aufsätze sollte sich der Korrektor bisweilen wieder einmal klar machen, daß er zunächst einmal möglichst viel feststellen, *möglichst viele Informationen* sammeln[1] und noch nicht werten, sondern sein Urteil zurückhalten sollte. Erst den Tatbestand und seine Relationen zu anderen klären und aufnehmen! Feststellung und Aus-Wertung sind zu trennen[2]. Die Korrektur dient in ihrem ersten Arbeitsgang dieser Feststellung.

Als Fehler ist festzustellen, was falsch ist, d. h. was gegen objektiv fixierte Normen verstößt[3], nicht nur, was der Schüler als falsch erkennen kann[4]. Letzteres ist Frage der Wertung, die Aufklärung des Sachverhalts Aufgabe des Unterrichts. Angestrichen darf nur werden, was als falsch belegt werden kann, nicht, worüber man im Zweifel oder anderer Meinung sein könnte, was in Ausdrucks- oder Stilfragen häufiger zutrifft. Man darf und kann sich der Art und Weise, wie sich ein Mensch äußert, als Lehrer nicht mit der eigenen aufdrängen, in sie nicht hineinreden, muß aber auf die Verständlichkeit und Einsichtigkeit der Wirkung auf den anderen hinweisen.

Darum sollte das Korrekturzeichen A (Ausdruck) nicht allein stehen[5], sondern verbal ergänzt sein und stets zur Besprechung komplizierterer Stilfragen mit der Klasse[6] führen. Der Lehrer muß, nach Winterling, Stellung nehmen bei Verstößen gegen die Norm, stilistischen Fragwürdigkeiten, Denk- oder Formulierungsmängeln schließlich zur Gesamtheit des Aufsatzes[7].

Auf gewisse Korrekturzeichen wird man sich einigen können. Im Gymnasium sind ein paar mehr üblich, auch vertretbar, als in der Hauptschule oder noch weniger in der Grundschule. Allgemein gebräuchlich sind: Unterstreichen, Schlangenlinien, Unterstricheln, Auslassungszeichen, Fragezeichen, Ausrufezeichen, dann die Abkürzungen A, Sb, Gr, Tr, R. Z (I), T, W. Benützt man sie, müssen sie wenigstens innerhalb einer Schule vereinbart und den Schülern bekannt sein[8]. Je sparsamer man davon Gebrauch macht, desto besser. Günstiger ist immer ein unmittelbares Wort, eine Frage, ein Satz am Rand. Damit antwortet der Lehrer als Person, und wenn die Schlußbemerkung so verfaßt ist, dann soll der Schüler darauf antworten (im Heft), und der Lehrer antwortet zurück, woraus ein Gespräch entsteht und ein neuer Impuls zur Überarbeitung[9]. Jedenfalls sollte man die Fehler suchen lassen, weil der Erkenntniswert höher liegt[10].

Auffallend oft werden die Beurteilungsweisen diskutiert, ob Punktwertung, Notenskala, Verbalbeurteilung[11]. Die Ziffernote als solche und allein ist unbedingt abzulehnen[12]. „Die Mitteilung, die in der Niederschrift vom Kind formuliert ist, verträgt eigentlich keine Ziffer, sondern eine Antwort ... Im Verhältnis zum Kind ist die Note kein gutes Kontaktmittel." (Doderer)[13] „Eine nackte Ziffer unter dem Aufsatz ist nie die richtige Antwort des Lehrers auf die Anstrengung und Leistung des Schülers." (Beck)[14] Einen pädagogischen Notbehelf nennt Ferdinand Kopp die Ziffern.

„Ziffern sagen nichts über die Umstände, unter denen eine Leistung zustande kam, sie gehen von der Fiktion einer Normalleistung aus und berücksichtigen nicht die individuellen Sonderumstände einer Leistung; sie beanspruchen überindividuelle Gültigkeit und sind doch in hohem Maße von der Person des Lehrers und der Besonderheit einer Klasse, einer Schule, einer Schulgattung abhängig; sie nivellieren auf einige wenige Stufen und werden dadurch von vornherein ungenau, ja ungerecht.

Die Ziffernbeurteilung ist nur Teilbeurteilung — nicht zu umgehen, aber unbedingt der Ergänzung durch ein Gutachten bedürftig, das allein der Individualität eines Schülers und seiner eigenen Leistung gerecht wird."[15]

Daß die Note oder die Beurteilung — gleich ob Ziffer oder Gutachten — ein extrinsischer Faktor[16] sei, wenn man die Leistungsmotivation betrachtet, bedarf keiner Erörterung. Fraglich ist nur, ob Institutionen von solcher Allgemeinheit wie die Schule in Ländern mit Schulpflicht mit nur intrinsischen Motivationen auskommen. Sie verhalten sich nicht anders als Staaten, die gesetzlich durch Gebote und Verbote das Zusammenleben regeln.

Die Zensur ist die Feststellung eines Trainingsstandes[17], ermöglicht *Orientierung und Information*[18], die in Ziffernnoten praktikabler sind. Der Streit Ziffer oder Wortbeurteilung ist vom Problem des Urteils her gesehen müßig. Die *Verbalbeurteilung umgeht oder ersetzt nicht die Beurteilung*, drückt sie nur *in anderer Form* aus[19].

Unter Umständen kann man auch noch ein Punktsystem mit den anderen Weisen kombinieren[20]. Ohne — notfalls sehr ausführliche — Bemerkungen des Lehrers sollte kein Aufsatz zurückgehen. Die Bemerkung begründet die Entscheidung des Lehrers für eine Note, zeigt sein Abwägen, auch seine Zweifel und nennt das, was den Ausschlag gab. Es ist die Begründung, die mit jedem Urteil verbunden ist. Beck spricht sich für eine Verbalbeurteilung vom 2. Schuljahr an aus. „Eine Ziffernbenotung sollte bereits im 3. Schuljahr nur dort hinzukommen, wo sie gefordert ist ... Sie sollte im Grunde auch später nur in Verbindung mit einer Verbalbeurteilung gegeben werden."[21] Er wiederholt es allgemein: „Die Aufsatzlehre soll grundsätzlich durch eine schriftliche Bemerkung in Textform ergänzt werden. Mit ihr wird die Note, besonders bei schlechten Leistun-

gen, näher begründet und der Schüler auf besondere Vorzüge und Mängel der Arbeit aufmerksam gemacht."[22]
Natürlich muß die Anwendung von Bemerkungen, Punkten und Noten sorgfältig und umsichtig pädagogisch bedacht sein, abgesehen von deren Inhalten. Beck beispielsweise stuft vorsichtig ab:
„Bis zum Ende des 3. Schülerjahrgangs begnügen wir uns mit der Verbesserung und einer allgemeinen schriftlichen Bemerkung. Vom 4. Schuljahr an versehen wir die vorgeschriebenen Aufsätze mit einer Note, zuzüglich einer mehr ins Detail gehenden schriftlichen Beurteilung. Bei den übrigen Arbeiten genügen schriftliche Bemerkungen. Vom 5./6. Schuljahr an empfiehlt es sich, hin und wieder die Klasse zu einer begründeten Notengebung mit heranzuziehen."[23]

Diese Stufung nimmt auch Sanner an, wenn er eine Benotung „nicht vor dem vierten Schuljahr"[24] billigt. Solche Differenzierungen aus pädagogischer Erfahrung stimmen übrigens überraschend überein mit den Ergebnissen der Forschungen von Dietrich Pregel, der das erste (additive) Stilalter mit $8^{1}/_{2}$ Jahren, also Ende drittes Schuljahr, übergehen läßt in ein zweites, das sprachlich schon perspektivisch gestaltet, also die eigene Person und Position distanzierter aufzufassen beginnt. Demnach wäre die Empfehlung, vom vierten Schuljahr an die Schüler in diese Perspektive auf ihre eigene Leistung und deren beurteilende Einordnung zu bringen, auch vom Sprachverhalten der Kinder her gerechtfertigt, ebenso wie eine eigens den Beurteilungskriterien gewidmete Unterrichtsstunde im sechsten Schuljahr.

Sollte man nicht in Fortentwicklung dieses Ansatzes, Schülern der oberen Klassen (etwa 10. – 13.) mitunter einmal die Korrektur und Beurteilung auftragen? Jedenfalls: je anspruchsvoller Forderung und Leistung, also auf der 3. und 4. Bildungsstufe (8.–13.), desto sorgfältiger, genauer und ausführlicher soll die Begründung sein, aus der die Note hervorgeht, nicht aber umgekehrt. Relativ kurz kann sie nur sein bei ganz eindeutigen Leistungen, sehr guten oder sehr schlechten, wo der Lehrer eigentlich nichts mehr zu sagen hat.

Schwierigkeit macht vor allem die Bildung der Gesamtnote. Viele Didaktiker schließen Schrift und Rechtschreiben von der Aufsatznote aus[25], diese hätten mit dem Aufsatz als sprachlicher Gestaltung nichts zu tun, brächten die Darstellungskraft in eine schiefe Perspektive. Das Rechtschreiben stünde ohnehin vor einer Reform, sei also nicht vordringlich, meint E. Essen[26]. Man bildet Teilnoten, wie Inhalt, Ausdruck, Grammatik, Rechtschreiben, Schrift. Die Teilnoten kommen in verschiedene Rubriken des Notenbüchleins und ergeben die Note in der jeweiligen Zeugnisspalte.

Dann müßten allerdings die Rechtschreibleistungen oder Schriftleistungen usw. in allen Fächern gerechterweise dort erscheinen. Dem steht das aufkommende Fachlehrersystem entgegen, am Gymnasium seit je, wo der Fachlehrer seine Note vorschlägt, sich damit eben für ein Urteil entscheidet. *Teilnoten umgehen die Schwierigkeit des Gesamturteils*, schieben es nur auf. Sie sind gerechtfertigt dort, wo das Zeugnissystem eine Auffächerung zuläßt, also pädagogisch begründet in der Grundschule und vielleicht auf der Förderstufe. Vom 7./8. Schuljahr ab sollte spätestens jedoch der Aufsatz als sprachliche Gesamtleistung auch ein Gesamturteil erfahren, das sich in einer Gesamtnote ausdrückt. Rechtschreiben fällt dann mit ins Gewicht, neben Ausdruck, grammatischer Richtigkeit oder Gedankenführung. Das sollte ab 3. Bildungsstufe (8. Kl.) immer gelten. Mit der Selbständigkeit und Bewußtheit des jungen Menschen muß auch die Gesamtforderung an ihn wachsen. Die Gesamtnote ist kein notwendiges Übel mehr, sondern entspricht dem Wesen der Leistung im Aufsatz als Ganzem. Grundsätzlich steigt die Kurve der Forderungen und damit die Strenge des Maßstabs. Beinlich will Aufsätze bis zum Ende des 3. Schuljahrs nicht benoten[27], Erika Essen hat in einem Sonderfall die Benotung bis ins 9. Schuljahr aufgeschoben und sich mit Notizen begnügt. Ob das Notenbuch des Lehrers heute genügt und der Kritik der Öffentlichkeit standhält? Ob der Lehrer die Maßstäbe seinen Schülern vermitteln kann, wenn er sie im eigenen Urteil nicht anwendet? Man wird von den Kriterien, die etwa für die Abiturklasse alle voll gelten, abstreichen, je jünger die Schüler sind, und zwar aus psychologischen Gründen (z. B. noch unentwickelte Abstraktionsfähigkeit) als auch aus pädagogischen (z. B. Sprachfähigkeit, Schreibgewandtheit usw.). Aber auch die Primaneraufsätze sind noch Übungen, trotz oder wegen strengerer Beurteilung. Mit den Referaten der Studenten ist es nicht anders. Dabei verlangt der Vergleich mit der Arbeitsweise von Schriftstellern, vom Einfall über oft zahlreiche Fassungen bis zum fertigen Sprachwerk, den Übungscharakter des Schulaufsatzes erneut zu betonen. Es handelt sich um einen längeren Arbeitsprozeß, bei dem Beurteilungen an verschiedenen Abschnitten eingeschaltet werden können, in unteren und mittleren Klassen am besten nach dem Entwurf und vor der vorbesprochenen Reinschrift.

Probleme der Notenskala sollte man nicht überwerten. Welche Skala auch immer — in Holland 10, Frankreich 21, Italien 11, Dänemark + 15 bis − 16, Schweden 7, England 4 mit plus und minus — die Skala ersetzt nicht das Urteil. Differenziertere Urteile erfordern aber auch eine differenziertere Skala[28], ohne daß die mit Noten gemeinte relative Generalisierung allzusehr zerfasert werden dürfte. Die Sechserskala entspricht nicht den Ansprüchen differenzierterer Beurteilung, noch weniger, wenn der

Lehrer selbst durch seinen Gebrauch sie auf vier Grade oder weniger reduziert.

Unter den gegebenen sechs Notengraden und ihrer verbalen Definition muß sich der Lehrer nicht durch Reduktion, sondern durch innere Differenzierung helfen. Festlegen muß er sich zuletzt auf eine Note. Niemand kann ihm aber verwehren, wenn er sie mit *Plus oder Minus differenziert,* und, wenn ihm schon eine Schulaufsicht diese Festlegung in dem Aufsatz selbst verwehren sollte, diese für sich festhält und dem Schüler mitteilt. Er verfügt, wenn 1+ oder 6- sogar möglich wären, damit über 24 Stufen, und er müßte bei Plus 0,25 von Notenganzen abziehen oder bei Minus 0,25 dazuzählen (also 3+ = 2,75; 3 = 3,0; 3- = 3,25).

Die Skala verfeinert sich weiter, wenn man jeweils die *erste Dezimale* voll anwendet. Der Lehrer hätte damit 60 Teilnoten zur Verfügung, wodurch vor allem Grenzleistungen besser gekennzeichnet werden (z. B. 2,6 = 3+; 2,9 oder 3,1 = 3; 3,4 = 3-). Die Differenz zwischen 2,4 (= 2-) und 2,6 (= 3+) ist geringer als ein Notengrad, geringer auch als ein grob gerechneter halber Notengrad (2- = 2,25, 3+ = 2,75). Erreichen Schüler mehrmals solche Grenzwerte (wie 2,4 oder 2,6), dann scheint die Jahresnote schon von daher ungerechtfertigt, weil sie die differenzierte Leistung vergröbert. Nehmen wir vier Arbeiten mit 2,6 und zwei mit 2,0 an, ergibt die Rechnung mit Dezimalen 2,4 als Jahresnote (4 x 2,6 + 2 x 2,0 = 14,4 : 6 = 2,4), also 2 als Zeugnisnote, wenn das Mündliche und andere Teilleistungen das zulassen, also ebenfalls gut sind. Mit ganzen Ziffern gerechnet, drückt sich dieselbe Leistung (4 x 3 + 2 x 2 = 16 : 6 = 2,7 = 3) als 3 aus, und die genannten anderen Leistungen vermögen dies schwerer aufzuwiegen. Der Lehrer muß sich für jede Arbeit zu einer Note zwischen 1 und 6 entschließen, er muß sich auch zu einer Jahresnote entschließen, aber dazu sollte er den *differenzierenden Weg* der Dezimalen wenigstens in seinem Notenbüchlein gehen, dann geben oft kleinere Gewichte des Mündlichen usw. leichter und überzeugender den Ausschlag.

Die *differenzierenden Dezimalen* sollten genauso auf die *Teilnoten in einem Aufsatz* eingesetzt und erst zusammenfassend zu einer Hauptnote entschieden werden, wie unsere variablen Beurteilungsmodelle versuchen. Die Verfeinerung der Skala erlaubt Differenzierung der Urteile, was differenzierteres Werten und Denken voraussetzt.

Zur Gewinnung der *Deutschnote selbst* sind *möglichst viele Methoden*[29] einzusetzen. Wenn in einem Münchner Gymnasium das Mündliche soviel wie eine (1) Schulaufgabe zählte (etwa 1/8 bis 1/10 der Zeugnisnote), ist das ebenso falsch, wie wenn es an einem Hanauer Gymnasium etwa umgekehrt gehandhabt wird. Gegen die Überwertung des Mündlichen spricht, daß mündliche Leistungen noch schwerer objektivierbar[30] sind, oft rein impulsive und emotionale Schätzurteile des Lehrers, der noch mehr undistanzierendes Meßinstrument[31] ist als in der Aufsatzbeurteilung. Wegen der Möglichkeit distanzierterer Urteile und der Nachprüfbarkeit muß der Schriftlichkeit, d. h. vor allem der *Aufsatznote* ein gewisses *Gewicht* in der Gesamtnote zukommen. Wieviel, ist generell in Prozenten schwer anzugeben, weil sich das *Verhältnis* von der Grundschule bis zum Abitur zum Schriftlichen hin verschiebt. Gehen wir hypothetisch aus von etwa 10% Anteil des Schriftlichen an der Gesamtnote Deutsch im zweiten Schuljahr zu maximal etwa 60% in der Abiturklasse, dann ergäben sich etwa 10-20% Anteil in der *Grundschule* (2-4) — das Urteil zum Übergang in weiterführende Schulen beruht also in Deutsch zu vier Fünfteln auf dem Eindruck der mündlichen Leistung — würde in der *Orientierungs- oder Förderstufe* (5/6)[32] bis auf 30%, also einem *Drittel*, anwachsen, bis zum 10. Schuljahr der *Sekundarstufe* (7-10) von 30% bis etwa 45-50%, also *von einem Drittel zu* knapp der *Hälfte*, auf der *Kollegstufe* (11-13) von 50% zu 60% steigen oder generell 60%, also knapp unter *zwei Dritteln* liegen. Eine solche Faustregel entspricht der Wirklichkeit und ist praktikabel.

Während der Aufsatz von dieser Gewichtung her noch lange, bis in die Sekundarstufe hinein Schreibtraining sein kann, müssen die Methoden für die *Feststellung mündlicher Leistungen* ausgebaut und verfeinert, die Leistungen selbst erheblich differenziert werden[33]. Grundsätzlich zählt immer die Leseleistung, dazu Vorträge, Schulspiel, Beteiligung am und Beitrag zum Unterrichtsgespräch, Mitwirkung an Diskussion, Disputation, Referate, Rede, dramatische Sprache usw.; dann die analytischen Fähigkeiten bei der Sprach- und Textbetrachtung. Die Stufung dieser Leistungen wäre ein eigenes Problem.

Die *schriftliche Teilnote* ihrerseits ist nicht nur die Summe der Aufsatznoten. *Tests*[34] *verschiedener Art, Nachschriften*[35] zur Kontrolle der Schreib-, Rechtschreibleistung und Grammatikbeherrschung zählen mit, in der Grundschule verhältnismäßig viel, vielleicht die Hälfte, in der Abiturklasse vielleicht noch 5%. Dort versammeln die verschiedenen Formen des Aufsatzes im wesentlichen die schriftliche Leistung. Demnach kämen der *Aufsatznote an der Gesamtnote Deutsch* etwa folgende Anteile zu: in der *Grundschule 5-10%*, in der *Orientierungs- oder Förderstufe* etwa *20%*, in der *Sekundarstufe* etwa *35-40%*, in der *Kollegstufe* etwa *55-60%*. In solchen Anteilen würde das Gewicht des Aufsatzes, vor allem in jüngeren Stufen, nicht überbetont, das des Rechtschreibens (innerhalb des Aufsatzes) noch eingeschränkt. Dabei geht es nicht um bloße „statistische Gerechtigkeit", die „letztlich unverantwortlich"[36] wäre.

Nach mindestens zweimaligem Durcharbeiten aller Aufsätze[37], nach der Feststellung des Tatbestandes, der Klärung von Teilbereichen, muß sich der Lehrer zu einem Urteil entschließen, nach sorgfältigem Abwägen und Kontrolle durch Bewertungssysteme, deren man verschiedene entwickeln kann. Das Hinauszögern der Entscheidung aus Angst vor Fehlurteilen macht aber die Rückgabe des Aufsatzes pädagogisch unfruchtbar, weil die Spannung erloschen ist, weil nach Wochen oder gar Monaten längst nicht mehr die Sache und die Leistung, nur noch die Note, auch kaum die Bemerkungen des Lehrers noch berühren. Der Aufsatz sollte so schnell wie möglich[38] zurückgegeben werden, damit er als Übung, die er doch ist, noch fruchtbar gemacht werden kann und Korrektur und Kritik des Lehrers, die viel Kraft und Arbeit beinhalten, zur eigentlichen erzieherischen Wirkung kommen und nicht bloß ein Verwaltungsakt zur Stützung von Zeugnisnoten sind. Man sollte nicht dann ein Urteil sprechen, wenn der Tatbestand inzwischen „verjährt" ist.

Die Nachbesprechung sollte auch nach Beck „möglichst bald im Anschluß an den Entwurf der Schüler geschehen, solange das Ereignis in der Klasse noch frisch ist". Wegen des geringeren Umfangs der Aufsätze in der Grundschule ließe sich „die Arbeit auch vom Lehrer rascher bewältigen".[39] Jedenfalls ist „ohne sorgfältige Nachbesprechung der Aufsatz weitgehend umsonst geschrieben"[40]. Dazu muß den Schülern der Gegenstand noch gegenwärtig sein. Mag sein, daß die eine oder andere Aufsatzform — wie Beschreibung oder Erörterung — etwas mehr Zeitabstand in der Rückgabe verträgt.

Auf der dritten und vierten Bildungsstufe (8.–13.) bereitet der größere Umfang der Aufsätze einer kurzfristigen Rückgabe Schwierigkeiten; der Korrektor vermag kaum dreißig bis vierzig Arbeiten in einem Zuge zu lesen und zu beurteilen. Seine Ermüdung, abgesehen von der Vorbereitung anderer Unterrichtsaufgaben, zwingt ihn zu abschnittweiser Korrektur. Andererseits gefährdet wiederum die unterschiedliche Disponiertheit an verschiedenen Tagen die Gleichheit des Messens, die ein nicht unterbrochener Durchgang eher ermöglicht. Jedenfalls ist das Durchhalten der Konzentration oder ihre Wiederaufnahme mit die schwerste Anforderung an den Korrektor, wie bei jeder geistigen Arbeit. Und wie viele Stöße von Klassenarbeiten und Aufsatzheften stapeln sich schließlich vor dem Lehrer! Läßt er sie anwachsen, wird er schließlich durch sie und vor ihnen nervös. Er beurteilt unzuverlässiger, weil hastig und gehetzt, er büßt auch die Freiheit zum eigentlichen Unterrichten ein; denn er erniedrigt sich zum Sklaven seiner Korrekturen.

Die Mühe des Korrigierens und Beurteilens durch den Lehrer darf pädagogisch nicht verpuffen. Darum ist die Rückgabe und Nachbesprechung[41] ebenso ein Stück der Aufsatzerziehung, die jedesmal durchdacht und anders angefaßt, jedesmal mit anderem Erziehungsteilziel und flexibel in der Methode geschehen soll.

Häufig wird sich mit der Rückgabe ein Orthographikum oder/und ein Stilistikum ad hoc verbinden. Dabei gilt es, an akuten Beispielen bestimmte Rechtschreib- und Sprachregeln als Denk- oder Analogieprinzipien oder bestimmte Ausdrucksmöglichkeiten oder -mängel (wie schiefes Bild, falscher grammatischer Bezug usw.) aufzugreifen, aufzuhellen und immer wieder zu zeigen und damit einzuüben, wie beispielsweise die Rückführung auf das Grundwort oder Einordnung bzw. Ableitung in/von eine(r) Wortfamilie[42]. Bei jeder Rückgabe einer Arbeit sollte sich der Lehrer schwerpunktmäßig auf einige Beispiele einer bestimmten Fehlergruppe oder Sprachschwäche beschränken und von Arbeit zu Arbeit bei der Rückgabe diese Schwerpunkte verlagern, aber doch in längeren Intervallen dieselben Sprachnormen wieder aufgreifen. An akuten Anlässen wird es, bis zum Abitur und darüber hinaus, nicht mangeln. Nur kann der Lehrer bei der Rückgabe *einer* Klassen- oder Hausarbeit niemals alle Mängel allgemein besprechen. Die Rückgabe des Aufsatzes ist ein Unterrichtsvorhaben mit Lernzielen, das eine Folge mehrerer Unterrichtsstunden beanspruchen kann. Man sollte es allerdings nicht zu breittreten. Vielleicht wird man Rechtschreiben und Sprachlehre während der Rückgabe so lange nicht zu sehr betonen, als eigene Rechtschreib- und Sprachlehrestunden im Deutschunterricht vorgesehen sind; denn diese stehen dann vom akuten Anlaß her speziell zur Verfügung, sicher also in der Grundschule und Orientierungs- (Förder-) Stufe. In den späteren Stufen (Sekundar- und Kollegstufe) darf die Rückgabe eines Aufsatzes *nicht nur Anlaß zu Inhaltsdiskussionen* sein, sondern muß über *Stil- und Ausdrucksprobleme* hinaus auch gezielt die *Prinzipien der Rechtschreibung oder Grammatik* permanent aufrufen, klären und befestigen. Nur dann erhält der Aufsatz — auch oder gerade der beurteilte und benotete — den Übungs- oder Trainingscharakter, weil aus den Fehlern gelernt und sinnvoller weitertrainiert werden kann.

So bedeutet die rasche und unterrichtsmethodisch gezielte Rückgabe die Antwort des Lehrers auf eine Leistung, die er gefordert hat. Sie ist dann auch pädagogisch sinnvoll, entspricht menschlichem Takt: das Gegenüber, den Schüler, ernst zu nehmen, gleich und ebenbürtig in der gemeinsamen Arbeit.

Anmerkungen

1 Ingenkamp weist wiederholt darauf hin, z. B. Probleme, 75, Zur Problematik, 442, 456

2 Ingenkamp, Probleme, 56, 60, 76

3 so auch Winterling, 194
4 wie Roche (98) vorschlägt
5 Winterling, 194
6 Roche, 102
7 Winterling, 194
8 Beck betont die Notwendigkeit der Vereinbarung der Zeichen mit den Kindern, die Erneuerung dieser Vereinbarung in jedem Schuljahr und druckt die Korrekturzeichen ausführlich ab: I, 92 und II, 75/76
9 dazu auch Essen, Methodik, 83
10 so Doderer, Singer, Beck, Roche, 97
11 Doderer, Wege . . ., 114
12 so Göller, 16, 143, 148, 167, Schreiner, 231 u. a.
13 Doderer, Wege . . ., 109
14 Beck I, 93
15 Kopp, Ferdinand, Didaktik in Leitgedanken, Donauwörth 1965, 144; so auch Singer, 64 f.
16 Jäger-Duhm, 172
17 Winterling, 198
18 so Göller, 136, 142; Schreiner, 226, 229; Dohse, 41; Ingenkamp, Zur Problematik, 454
19 so Ingenkamp, Zur Problematik, 454; Göller, 167; Schröter, 133; Schreiner, 231
20 so auch Winterling, 199; Fliegner will mit 30 Punkten arbeiten.
21 Beck I, 93
22 Beck II, 72
23 Beck II, 74
24 Sanner, 46; ebenso Tille, 168
25 so Beinlich, Handbuch I, 401; Beck I, 94, II, 72; Lehmann, 34 Anmerk. 4; Schröter, 27; Singer, 63
26 Essen, Methodik, 228
27 Beinlich, Handbuch I, 399
28 Göller, 53/54; er plädiert für das französische System von 21 Punkten.
29 Ingenkamp, Probleme, 75; Göller, 95: „Jede Einzelzensur ist eine Chance. Mehr Einzelzensuren bedeuten mehr Chancen."
30 Ingenkamp, Probleme, 69
31 Ingenkamp, Zur Problematik, 442
32 Daß, nach Göller, 107, ab 10. Lebensjahr der Schwerpunkt der Bewertung im Fach Deutsch beim Aufsatz liege (wenigstens so viel wie alle anderen Leistungen zusammen), kann erst gegen Ende der Sekundarstufe gelten.
33 Erika Essen gibt zahlreiche und genauere Kriterien (Beurteilung von Leistungen im DU 38/39, 45/46).
34 so z. B. für quantitative Fehleranalysen im Rechtschreiben die RST 4+ und RST 8+, als diagnostische Rechtschreibtests DRT 2, DRT 3, DRT 4–5. Alle Tests im Beltz-Verlag, Weinheim.
35 Rolfes, 25: „Diktatbewertung darf nicht nur schematisches Anstreichen und Addieren sein, sie muß eine sinnvolle, auch psychologisch vertretbare Entscheidung darstellen."
36 Rolfes, 72
37 Beinlich, Handbuch I, 401; Doderer, Wege . . ., 114
38 dazu: Doderer, Wege . . ., 114; Singer, 79
39 Beck I, 94
40 Beck II, 76
41 Roche rät von Fehlerbeispielen auszugehen (102) und fordert hartnäckige Kontrolle der Verbesserungen (99) in vollen Sätzen (100). Ein Notenspiegel sollte angegeben werden (100). Winterling (199) verlangt konkrete Ratschläge zur weiteren Arbeit für alle unter „Befriedigend", Roche für schlechter als „Ausreichend" beurteilte Arbeiten die Wiederholung als Training (103). Was aber, wenn diese Wiederholung wieder mangelhaft ausfällt? Etwa Wiederholung der Wiederholung?
42 vgl. Glogauer, 233

Beurteilungssysteme

Man kann eine Reihe von Bewertungsschemata entfalten. Das ist vielfach geschehen. Einige davon sollen gezeigt und diskutiert werden.
Für den Aufsatz der *Grundschule* finden wir seltener solche Anhalte, weil es sich dort eher um Ratschläge für ein sich Entfaltendes, nicht um Urteile über ein schon endgültig Konturiertes handelt. Oswald *Beck* allerdings nennt auch dazu Gesichtspunkte:

„Zur sprachlichen Gestaltung:
Klarer, natürlicher, kindgemäßer Ausdruck, treffende Wortwahl; einfache Sätze, belebendes Gespräch?
Zum Inhalt:
Thema erfaßt (Überschrift treffend gewählt, spannungsweckend), Wichtiges gesagt, genau beobachtet, Nebensächliches vermieden, Lücken, Ungenauigkeiten?
Zum Aufbau:
Packende Einführung bei Erzählungen; Aneinanderreihung oder bereits Verknüpfung der Gedanken, deren Gliederung, folgerichtiger, ggf. spannender Aufbau; Schlußgedanke; wird somit bereits ein ‚Gestaltungszusammenhang' (Seidemann) erreicht, inwieweit werden schon Gestaltungskriterien auftretender Aufsatzformen beachtet?"[1]

Sprachliche Gestaltung — Inhalt — Aufbau: sind die nicht weithin identisch? Hören wir nicht von allen Seiten, auch von Beck selbst, nur die Sprachgestaltung sei zu beurteilen, und lassen doch wieder den Inhalt als ein Hauptkriterium zu? Sind solche Gesichtspunkte für die Grundschule überhaupt möglich und angebracht?

Eigentlich begegnen wir vor dem Aufsatz auf der *zweiten Bildungsstufe* (5.—7.) erst den Systematisierungen. Ich setze vorweg zwei kleine Beispiele, die hauptsächlich von Arbeiten dieser Bildungsstufe auf der Hauptschule abgeleitet sind.

I.
„1. Erste Durchsicht des Aufsatzes im Hinblick auf das sprachliche Leistungsvermögen des speziellen Kindes.
2. Verhältnis von Aussagewillen und Aussagevermögen
3. Gestaltung (Stil, Satzbau, Ausdruck etc.)
4. Rechtschreibung
   (Fehler kennzeichnen, jedoch ohne Addition)
5. Im Zusammenhang mit 4): Schrift
6. Beurteilung:
   Note ergibt sich aus 2)
   Schrift und Rechtschreibung werden benotet, wirken sich aber nicht auf das Gesamturteil aus.

Jeder Aufsatz erhält ausführliche Beurteilung mit Hinweisen auf mögliche Verbesserungen.
In kritischen Fällen kann die Note ausgespart werden."
(Ingeborg Hass)

II.
„1. Das Thema muß gedanklich und sprachlich erfaßt sein.
2. Rechtschreibung, Grammatik und Zeichensetzung sollen bei der Bewertung berücksichtigt werden.
3. Der Aufsatz soll als Ganzes mit einer Zensur bewertet werden. (Wenn der Lehrer verpflichtet ist, Zensuren zu geben. Wertende und anerkennende Bemerkungen können die Beurteilung begründen)." (Christian Baltes)

Schon an der Gegenüberstellung beider zeigen sich wieder die erwähnten neuralgischen Punkte der Beurteilung von Aufsätzen dieser Bildungsstufe, etwa Benotung des Rechtschreibens und Feststellung einer Gesamtnote.

Oswald *Beck* erweitert als Beurteilungsmerkmale unter denselben Hauptpunkten wie für die Grundschule für die Aufsätze des Hauptschulalters (5.—9. Kl.) seinen Fragenkatalog[2]:

„Zur sprachlichen Gestaltung:
Ist der Ausdruck anschaulich, klar, echt, natürlich, bildhaft, lebendig, kindgemäß, somit wahr? — Werden treffende Wörter, belebende Gespräche, einfache Sätze verwendet? — Ist die Sprache fließend, beim Vorlesen freiströmend oder hart, holprig, schwerfällig, langweilig?

Zum Inhalt:
Ist das Thema in seinem Kern erfaßt? Auch: Trifft die gewählte Überschrift den Hauptgedanken? Wirkt sie anregend, und erzeugt sie Spannung? — Enthält die Darstellung alles Wichtige? Wo bestehen Lücken, Unklarheiten, Ungenauigkeiten, Ungereimtheiten? Wo ist Nebensächliches, Überflüssiges, vom Thema Abweichendes gesagt? — Wird gegebenenfalls selbständig zum Thema Stellung genommen? Gedankenreichtum, Originalität, Reife, Verantwortungs- und Wertgefühl, das sich in der Aussage kundtut?

Zum Gesamtaufbau:
Wird packend in das Thema eingeführt, zielbewußt und spannend zum Höhepunkt geführt und die Darstellung wirkungsvoll abgeschlossen? — Sind die Gedanken nur lose aneinandergereiht oder folgerichtig aufgebaut, themengemäß, sinnvoll und übersichtlich gegliedert und die Übergänge gleitend gestaltet? — Wird eine einheitliche Grundstimmung getroffen und eingehalten? Z. B. distanziert und sachlich-nüchtern oder warm-gefühlsbetont und mitschwingend; kurz: Handelt es sich um eine abgerundete Darstellung, eine Gestaltungsganzheit? — Ist die gewünschte Aufsatzgrundform berücksichtigt?
Gewiß, je nach Alter, Thema und besonderer Aufgabenstellung erfahren die einzelnen Gesichtspunkte unterschiedliche Akzentuierung und Wertung."

Zur Kritik läßt sich das Vielerlei und die Diffizilität der Punkte anführen. Muß man einen solchen Katalog nicht erweitern, wenn er vollständig sein soll? Ist er aber, in diesem Umfang schon, überhaupt praktisch anwendbar? Muß sich nicht auch das Urteil aus einem Kern entfalten? Was ist „echt, natürlich ... kindgemäß und damit wahr"? Was ist Originalität, Reife? Sind folgerichtiger Aufbau und lose Aneinanderreihung Gegensätze? Kann Parataxe nicht bewußtes Stilmittel sein? Müssen Übergänge gleitend sein? Heißt bildhaft und anschaulich sein etwa, daß man zahlreiche Adjektiva verwendet? Von welchen Stil-Vorstellungen her wird hier wertend gefragt?

Aus Eduard *Steinbügls*[3] Grundregeln für den Aufsatz lassen sich als Beurteilungspunkte anwenden:

1. Äußere Form
2. Übersichtliche Gliederung durch Absätze
3. Erfüllung des Themas
4. Gelingen der Übergänge
5. Klarheit des Ausdrucks
6. Anschaulichkeit

Josef *Fliegner* beschäftigte sich im Rahmen eines Kölner Dissertationsthemas intensiv mit Beurteilungskriterien für Aufsätze in der Hauptschule anhand eines Materials von 2 000 Schülerarbeiten des 7.–9. Schuljahrs, repräsentativ über verschiedene Ortsklassen verteilt[4]. In einem Aufsatz 1968 führt er „zahlreiche Gesichtspunkte (an), nach denen ein Aufsatz beurteilt werden kann ... Gehalt, Gestalt, Beachtung des Themas, Gedankenreichtum, Einhaltung der Stilform, Lebendigkeit, Wortschatz, Ausdruck der einzelnen Gedanken und Gedankenverbindung"[5]. Dennoch möchte er, ähnlich der „Bewertungspraxis des Geräteturnens ... auch beim Aufsatz die bloße Durchführung des Themas und die Art seiner Ausführung voneinander unterscheiden"[6]. An die Aufsatzleistung stellt er als Grundforderungen der *Durchführung*

> Einhaltung des Themas,
> der Stilform,
> einer Mindestlänge.

Für jede Arbeit will Fliegner 30 Grundpunkte erteilen, davon 10 für die Einhaltung der genannten drei Forderungen der Durchführung, 10 für den Ausdruck der Einzelgedanken, 10 für Gedankenverbindung. Im Bereich der Grundpunkte können Verlustpunkte abgezogen werden, im Bereich der Gestaltung – wiederum Ausdruck und Gedankenverbindung, dazu noch Gedankenfülle – Pluspunkte dazugezählt werden.
Im folgenden *Beispiel D*, aus Fliegners Material, bedeuten A = Ausdrucksmängel, B = Beziehungsfehler, G = Grammatikfehler, W = unzulässige Wiederholung, Z = unerlaubter Tempusgebrauch.

Aufsatz D

Beisp. Gerd S.: Besuch der Berufsausstellung in Köln (Bericht), 8. Schuljahr

Am Dienstag dieser Woche fuhr unsere Klasse zur Berufsausstellung nach Köln. Es s i n d schon viele andere Klassen angekommen, die vor u n s hineingingen. Nun, e n d l i c h konnten wir auch hinein. Der Berufsberater empfing uns in der Halle und zeigte uns die verschiedenen Berufsbereiche. Danach g i n g e n w i r zum ersten Stand, an dem ein Schornsteinfeger[1] saß und an verschiedenen Teilen v o n Heizungen herumbastelte. Nachdem er uns die Geräte erklärt hatte, g i n g e n w i r weiter zu den Stukkateuren[1] — die an einem Verzierungsstück[2] arbeiteten. Vorbei an den Malern[1] und Zimmerleuten[1] kamen wir zu den Tischlern[1]. Einer von ihnen zeigte uns ein paar Bilder, die aus hellem und dunklem Funierholz hergestellt waren. Danach durften a u c h e i n i g e mit einem Hobel ein eingespanntes Stück Holz abhobeln. Wir konnten auch sehen — wie das Furnierholz gesägt und aneinandergeleimt wurde.
Zu den Kraftfahrzeugschlossern[1] g i n g e n w i r a u c h. Die zeigten uns einen VW ohne Karosserie[4]. Da konnte man den Motor ganz deutlich sehen. Fast alle Jungen nahmen sich die Prospekte — die bei den einzelnen Ständen lagen. Danach g i n g e n w i r weiter zu den Drehern[1], die Maschinenteile herstellten.
Bei den W e r k z e u g m a c h e r n waren die Lehrlinge dabei, einige W e r k z e u g e h e r z u s t e l l e n. B e i der Bundespost durften wir uns gegenseitig mit Telefonen anrufen. B e i den Chemikern[1] sah man ein Gewirr von Glasrohren und Gummischläuchen[5].
Nun besichtigten wir n o c h eine große Eisenbahnanlage[6] — die uns ein Bundesbahnbeamter erklärte. Bis um z w ö l f U h r durften wir in kleinen Gruppen die einzelnen B e r u f e n o c h einmal gründlich anschauen. Als es z w ö l f U h r war, mußten wir zum Bus zurückgehen.
Vor der Halle spielte n o c h ein Polizeiorchester.

Erklärungen zum Beurteilungsbeispiel:

Die im Text *unterschlängelten* Stilfehler waren am Rand in der Reihenfolge ihres Auftretens numeriert, während die Ziffern im Text bemerkenswerte Gestaltungsleistungen bezeichnen. Rechtschreibfehler waren *glatt* unterstrichen. *Unterstrichelte* Stellen, obwohl Stilschwächen, wurden nicht als Fehler gewertet. (Unterschlängelte Stellen sind hier gesperrt, unterstrichelte kursiv gesperrt.)

Schema 3: Leistungsübersicht

Minuspunkte			Pluspunkte			Grundpunkte	Endsumme
Textstelle	Fehlerart	Pkt.	Textstelle	Leistung	P.		
1) sind	Z (II 1b)	−1	1)	(II 2a)	1		
2) (wohin?)	B (II 1b)	−1	2) Verzierungsst.	(II 2a)	1		
3) endlich	Ib	−1	3) Furnierholz	II 2a	1		
4) einige	B (II 1b)	−1	4) VW ohne..	II 2a	1		
5) auch	W (II 1b)	−1	5) Gewirr von	II 2a	1		
6) bei	W (II 1b)	−1	6) Eisenbahnanl.	II 2a	1		
7) Berufe	A (II 1a)	−1	7) Polizeiorch.	II 2a	1		
8) noch (überflüssig)	A (II 1a)	−1	8) 10 Zeilen mehr	(II 2c)	2		
		−8			+9	30	31

Ergänzungen: zu 3) Erzählung statt Bericht
 zu (1) genaue Berufsbezeichnungen
 zu (8) Normallänge von 1 DIN a A 4 − Seite = 15 Zeilen um
  ²/₃ Seiten
  (= 10 Zeilen) überschritten; deshalb 2 Punkte

Schema 4:

I.	II.					III.	
Durchführung (−)	Ausführung					a) PUNKTE	b) NOTE
Verstöße gegen Grundforderungen zu	1. (−)		2. (+)				
	unkorrekt		bemerkenswert				
a) Thema b) Aufsatzart	Einzelausdruck	Ausdrucksverbindung	Einzelausdruck	Ausdrucksverbindung	Umfang (Länge)		
c) Länge	a.	b.	a.	1. b. 2.	c.		
−1	−2	−5	+7	− −	+2	31	
b. [3]	2 A[7;8]	Z, 2B, 2W [1; 2:4 5:6]	s. o.! [1→7]	s. Anm.	²/₃ Seite [8]		

Anmerkung: Die letzte Zeile von Schema 4 enthält die Begründung für die Punktvergabe. Bemerkenswerte Ausdrucksverbindungen fehlen (II 2 b 1). Auch die Gesamtstruktur (II 2 b 2) verdient keinen Pluspunkt wegen der vorherrschenden Tendenz zur zeitlichen Aneinanderreihung der Beobachtungen und der zahlreichen Wiederholungen („gingen wir auch").

Fliegner selbst wägt dieses Punktsystem ab[7]:
„Das System hat bei wiederholten Korrekturen folgende *Vorzüge* gezeigt:
1. Es lenkt die Aufmerksamkeit auf das Wesentliche: die Gestaltung. Die verwirrende Vielfalt möglicher Sichtweisen wird dadurch von einem zentralen Gesichtspunkt her durchschaubar, nachdem der Rahmen der Grundforderungen abgesteckt ist.
2. Bei der Korrektur des einzelnen Aufsatzes zwingt es zur Beachtung seiner positiven wie seiner negativen Aspekte. So bewahrt es durch Genauigkeit in der Bewertung vor einseitigem Urteil.
3. Durch die Notwendigkeit der Notierung von Punkten nach den verschiedenen Leistungsaspekten hilft es, die während einer Korrektur gewonnenen Erkenntnisse nicht zu vergessen.
4. Es läßt sich auf alle Aufsätze aller Stilformen anwenden.
5. Den Vergleich der Schülerleistungen untereinander erleichtert das System, weil es einen schnellen Überblick über alle Arbeiten der Klasse gewährt. Dadurch verringert sich die Ermessensspanne bei der Zuweisung von Rangplätzen. Eine Notenverteilung im Sinne der Gaußschen Kurve ist leichter zu begründen.

Andererseits lassen sich folgende *Nachteile* nicht vermeiden:
1. Die Leistungspunkte können nicht gemessen, sondern nur abgeschätzt werden. Die Ermessensentscheidungen werden dem Lehrer also nicht abgenommen. Eine exakte Bestimmung der Leistungsgröße entfällt damit ebenso wie eine eindeutige Zuweisung von Rangplätzen.
2. Der Zeitaufwand für die Korrektur verringert sich kaum.
3. Die Konzentration auf die Einzelheiten verführt zur Fehler- und Punktarithmetik, welche den Blick für das Ganze trübt.
4. Die Verwendbarkeit des Systems ist an die Einhaltung der Grundforderungen, insbesondere die Beachtung des Themas, gebunden. Sobald dieses völlig verfehlt wird, fällt die Arbeit aus dem Rahmen, für den das Punktschema vorgesehen ist.
Der letzte Mangel wiegt allerdings nicht so schwer, weil dann die Zensuren 1 bis 3 überhaupt nicht in Frage kommen, die Note „ausreichend" nur in Ausnahmefällen bei nennenswerten Vorzügen, die Prädikate „mangelhaft" und „ungenügend" in der Regel erteilt werden.
Das Verlassen einer Stilform kann man dagegen nicht so scharf bewerten, da die Grenzen zwischen den verschiedenen Darstellungsweisen ohnehin fließend sind.
Kommt man jedoch nachträglich zu dem Ergebnis, daß die Themenstellung die Schüler überfordert hat, weil sie ungenau, mißverständlich oder nicht kindgemäß war, wendet man aus Gründen der Billigkeit besser mildere Maßstäbe an.

Fliegner verschweigt auch nicht sein Unbehagen: „Die Furcht, daß peripheren Phänomenen zuviel Aufmerksamkeit geschenkt wird, hat mich nie ganz verlassen. Andererseits halte ich es für notwendig, was am Aufsatz zähl- und meßbar ist, festzustellen, um aus dem Bereich bloßer Mutmaßungen herauszukommen."[8]

Unsere Einwände können sich beschränken auf den Mangel der Nichtbewertung von Rechtschreibung, Zeichensetzung und Schriftbild (8. Schuljahr!), auf eine Bewertung von Sprache als solcher, unabhängig von Inhalt, Sachstil, Situation usw. Nach Fliegners Erfahrungen lägen die Ergebnisse zwischen 40 und 15 Punkten, was in der Notenskala etwa 2 bis 5 entspräche. Interessant scheint bei solchen *in Relation zueinander gesetzten Teilwertungen offenbar die Tendenz, kaum Extremwerte zuzulassen*, die nur möglich würden, wenn die Grundpunkte als Vorgabe völlig versagt werden müßten. Gottfried Schröter berichtet skeptisch von der Anwendung eines solchen Schemas in einer Arbeitsgemeinschaft von Georg Glatz[9].

Robert *Ulshöfer*[10] nennt für die 2. Bildungsstufe (5. bis 7.) I. Sprachliches Können und II. Inhalt und Darstellung als Gesichtspunkte, die gleich zählen.

Er erläutert:
„I. Zum sprachlichen Können zählen
a) Rechtschreiben und Zeichensetzung
b) Lebendigkeit, Anschaulichkeit, Treffsicherheit des Ausdrucks
c) Satzbildung: richtige Anwendung der direkten und indirekten Rede, Zeitenfolge, richtige Verwendung der Fügewörter
II. Zu Inhalt und Darstellung zählen immer auch Schrift und Heftführung.
  Beim *Erlebnis*aufsatz werden ferner gewertet:
a) Wahrheit der Erlebnisechtheit;
b) Ursprünglichkeit und
c) Abgerundetheit

Beim *sachlichen* Aufsatz:
a) Genauigkeit und Richtigkeit des Beobachteten
b) Folgerichtige Darstellung
Beim *Phantasie*aufsatz und der Gestaltungsübung:
a) die Stimmigkeit einer erfundenen Erzählung in sich selbst
b) Einfallsreichtum; Phantasie (keine Phantasterei)."

Kritisch darf man dazu anmerken:

Worin unterscheiden sich, bei den Hauptgesichtspunkten, sprachliches Können (I) und Darstellung (II)? Zählen Rechtschreiben und Zeichensetzung zum sprachlichen Können (Ia), und gar als dessen erster Gesichtspunkt? Warum zählen dann Schrift und Heftführung zu Inhalt und Darstellung? Kann man beim Erlebnisaufsatz Wahrheit oder Erlebnisechtheit (IIa) werten? Was heißt Ursprünglichkeit und wie soll sie festgestellt und kontrolliert werden? Wie grenzt der Lehrer Phantasie als erlaubt von Phantasterei als unerlaubt ab? Ulshöfers Kriterien beziehen, wie am

Gymnasium üblich, die Wertung der Regelverstöße in der Gesamtbeurteilung, bereits ab 5. Schuljahr ein. Sie nennen, trotz der Einwände, auch brauchbare Gesichtspunkte.

Josef *Tille*[11] schlägt als Kriterien etwa von der 3. Bildungsstufe (8.) an vor:

„1. Die Überschrift:
Wirkt sie anregend, erzeugt sie Spannung? Trifft sie den Hauptgedanken? Ist sie nicht zu lang?
2. Das Wichtige:
Ist alles Wichtige gesagt? Enthält die Niederschrift Lücken, Unklarheiten? Etwa durch unrichtige Abfolge der Gedanken? Was sollte man noch genauer wissen?
3. Das Überflüssige:
Finden sich überflüssige Einzelheiten? Irrt die Darstellung vom Thema ab? Sind in einem Aufsatz zwei Aufsätze vermengt?
4. Der Beginn:
Gibt er einen passenden allgemeinen Gedanken voraus? Führt er uns packend in eine Situation? Verrät er nichts zu früh?
5. Der Höhepunkt:
Ist der Höhepunkt deutlich erfaßt?
Finden sich Gegensätze? Ist die Darstellung spannend?
6. Anschaulichkeit:
Ist die Darstellung klar, wahr, ohne Phrase? Verwendet sie treffende Wörter, belebende Gespräche, Ausrufe?
7. Umständlichkeit:
Ist die Darstellung langweilig? Wiederholt sie sich in der Wortgebung und Gedankenführung?
8. Der Abschluß:
Ist er ohne Wirkung? Stört er irgendwie? Reißt die Darstellung zu früh ab?
9. Der Gesamtaufbau:
Trägt die Niederschrift eine übersichtliche Gliederung? Zeigt der Aufsatz eine einheitliche Grundstimmung? Sind die Anforderungen an die einzelnen Aufsatzgattungen berücksichtigt?"

Prüft man Tilles Gesichtspunkte auch auf die Vielzahl von neun Punkten hin, erkennt man sogleich, daß sie sich zusammenfassen ließen in: Sache (1. Überschrift, 2. Das Wichtige, 3. Das Überflüssige), Bau (9. Gesamtaufbau, 4. Der Beginn, 5. Der Höhepunkt, 8. Der Abschluß) und Darstellung (6. Anschaulichkeit, 7. Umständlichkeit). Man erkennt bei dieser Konzentration weiter, daß die Bewertung der Sprache als Darstellung sozusagen zu kurz kommt. Immerhin ließen sich die drei Hauptgesichtspunkte leichter anwenden, weil man elastischer damit umgehen kann als mit jenen neun.

Alexander *Beinlich,* der Tilles Schema anführt, schränkt auch sogleich ein:
„Für die durchschnittliche Aufsatzarbeit übersteigt der erforderliche Kraft- und Zeitaufwand bei weitem das Maß des Zumutbaren. Mindestens zwei oder drei *feste Beurteilungsgesichtspunkte* sollte jedoch jede Beurteilung zur Grundlage haben: entweder

I.
a) Sind die Einzelheiten scharf und richtig gesehen und sprachlich treffend gestellt?
b) Wie steht es mit der Gesamtabrundung der Darstellung?
oder aber
II.
a) das sprachliche Können
b) Der Gesamtaufbau
c) Der Inhalt

Es ist müßig, über eine Rangordnung innerhalb dieser Punkte zu streiten."[12] Wenngleich Beinlich mit dem abschließenden Satz eine Diskussion ablehnt, sollte man sie doch führen. Seine erste Alternative (I) bezieht nur Gesamtabrundung und Einzelheiten aufeinander und läßt sich fast unter (II)b einfügen. Sie ist als Korrekturhilfe unzureichend. Die zweite Alternative nennt die Hauptpunkte. Dennoch sollte man auch hier, wenn Sprache aus einer Intention heraus erfolgt, vom Inhalt über den Aufbau zum sprachlichen Können vorschreiten.

Für die 3. Bildungsstufe etwa (8.—10.) findet Ludwig *Müller*[13] folgende Kriterien:

„1. Der Einzelausdruck
   Entspricht er der Forderung nach Klarheit und Deutlichkeit, Anschaulichkeit und Lebendigkeit? Ist er auch schön?
2. Der Wort- und Satzzusammenhang
   Sind die Sätze vollständig, sind sie richtig gebaut, gut miteinander verbunden, logisch aufeinander abgestimmt? Kehren nicht die Allerweltsbindewörter dauernd wieder?
3. Die Übereinstimmung von Inhalt und Form
   Entspricht die Art der Darstellung (also der Aufsatztyp) dem Inhalt? Ist die Darstellung gegenüber dem Inhalt nicht zu trocken, nicht zu phantasievoll, zu aufgebläht, zu geschwollen? Ist der Schreiber seiner Darstellungsform treu geblieben? Hat er also alles erzählt, wie er selbst erlebt hat, oder so, als ob er es mit uns noch einmal durchlebte?
4. Gliederung
   Heben sich sinnfällige Bilder voneinander ab? Stimmt die Reihenfolge des Erzählens? Hat der Schreiber keine ungerechtfertigten Gedankensprünge gemacht?
5. Überschrift
   Stimmt diese mit dem Inhalt überein? Lockt sie zum Lesen? Verspricht sie nicht zuviel?

6. Lesewürdigkeit
Hat der Schreiber sein Ziel erreicht, erfüllt der Aufsatz seinen speziellen Zweck? Wird z. B. der Empfänger dieses Briefes mit ihm zufrieden sein? Hat er jetzt das erfahren, was er wissen wollte? Lohnt es sich überhaupt, den Aufsatz zu lesen?"

Die Teilfragen Müllers erschließen zweifellos viele Seiten und Schichten eines Aufsatzes. Die Gesichtspunkte aber, beginnend ausgerechnet mit dem Einzelausdruck, reihen sich ungleichwertig aneinander. Lesewürdigkeit (6) beinhaltet bereits ein Gesamturteil, Gliederung (4) und Wort- und Satzzusammenhang (2) zielen auf den logischen Konnex, Übereinstimmung von Inhalt und Form (3), Überschrift (5) und Einzelausdruck (1) betreffen die Gestaltung. Das Gesagte selbst, der Inhalt, wird als Gegenstand des Urteilens ausgespart.

Robert *Ulshöfer*[14] konkretisiert die Maßstäbe von der 3. Bildungsstufe (ab 8. Schuljahr) an. Sprachliche Sicherheit, Inhalt und Darstellung sollen „gleich stark gezählt" werden.

„I. Die *sprachliche Sicherheit* umfaßt

1. Rechtschreibung und Zeichensetzung
2. Richtigkeit im Ausdruck
3. Vollständigkeit und Sprachrichtigkeit des Satzbaus.

II. Der *Inhalt* erfordert

1. Wahrheit: Übereinstimmung von Wort und Sache, Natürlichkeit von Empfindung und Urteil, Kürze und Treffsicherheit des Ausdrucks
2. Anschaulichkeit, Beobachtungsfähigkeit, Erlebnisfülle, Gedankenreichtum, Reichtum des Wortschatzes.
3. Selbständiges Urteilsvermögen

III. Die *Darstellung* erstreckt sich auf:

1. Schriftbild: Sauberkeit der Heftführung, geordneter Rand, gut leserliche oder gar schöne Schrift
2. äußere Gliederung in Absätze
3. Übereinstimmung von äußerer und innerer Gliederung."

Wieder melden sich Bedenken gegen manche Formulierung an. Warum erscheinen Fragen des Ausdrucks sowohl unter sprachlicher Sicherheit (I,2) als auch Inhalt (II, 1)? Können Wort und Sache in der Sprache je übereinstimmen als Wahrheit? Lassen sich Beobachtungsfähigkeit, Gedankenreichtum und Reichtum des Wortschatzes unter demselben Punkt (II, 2) rubrifizieren? Handelt es sich nicht um verschiedenartige menschliche Vermögen? Verlangt die Darstellung (III) nicht eine Reihe von unter Inhalt (II) genannten Kriterien? Hat „äußere Gliederung" (III, 2) Sinn, wenn sie nicht von der Komposition bedingt ist?

Das Schema scheint noch nicht klar strukturiert.

Erika *Essen* konkretisiert in ihrer „Methodik"[15] die Beurteilungsgesichtspunkte erst für die *Gymnasialoberstufe:*

> „Mit der Aufgabenstellung ergeben sich bereits Richtlinien für die Korrektur und Gesichtspunkte der Beurteilung:
> a) Ist die der Aufgabe entsprechende sprachliche Grundhaltung verwirklicht in methodisch sauberer Anwendung der ihr zugehörigen sprachlichen Mittel und Formen?
> b) Sind die mit der Aufgabe gesetzten Forderungen zur Art der Durchführung erfüllt?
> c) Entspricht der vom Schüler gewählte Stoff den Formanforderungen der Aufgabe?
> Zeigt die Stoffwahl selbständige Beobachtung und eigene Besinnung und Auseinandersetzung im Erfahrungsbereich?
> d) Zeigt die Darstellung, Gestaltung und Erörterung zuchtvolles sprachliches Verhalten, Sorgfalt im Wortzugriff, Ordnung in der syntaktischen Gliederung, Bemühung um klare Begrifflichkeit oder um wesentliche Benennung?
> e) Zeigt die Arbeit im ganzen eine der sprachlichen Grundhaltung entsprechende Gestaltordnung? Läßt sich ein Denkziel oder eine Gestaltungsabsicht erkennen?"

Mit Erika Essens Fragenkatalog dürfte sich schwer arbeiten lassen, weil einige Fragen (z. B. a, b, e) sich zu allgemein an den ganzen Komplex wenden, andere zwar detaillieren (z. B. c, d), aber wieder zu viele Gesichtspunkte subsumieren. Die einzelnen Kriterien sollen genaue Teilbereiche ansprechen und damit zur Analyse als der Feststellung des Tatbestandes verhelfen.

In „Zur Neuordnung des Deutschunterrichts auf der Oberstufe" zitiert Erika Essen ausführlich die Stoffpläne der Bundesländer und die dort genannten Kriterien zur Aufsatzbeurteilung. Sie erkennt darunter nur zwei als brauchbar an:

Erfassung des Themas
Folgerichtigkeit des Aufbaus

> „Das erstere nennt die grundlegende Verstehensleistung, das andere die grundlegende Leistung zusammenhängender Darstellung. Beide Leistungen müssen erfüllt sein, wenn die Arbeit als ausreichend oder besser beurteilt werden soll. Wir haben hier zwei Leistungskategorien, die in einem System fachlicher Leistungen an übergeordneter Stelle ihren Platz hatten, und die Aufgliederung in Teilleistungen auf fachlichen methodischen Grundlagen klaren Anhalt bieten könnte."[16]

Essen bejaht also im Prinzip doch klare sachbezogene Kriterien, deren sie in den Stoffplänen zu wenig findet. Zwei davon könnten „Erfassung des Themas", „Folgerichtigkeit des Aufbaus" heißen.

Fritz *Rahn*[17] gab 1949 für den Besinnungsaufsatz der Gymnasialoberstufe als „Maßstäbe der Beurteilung" an:

„1. Lebensbreite:
Zeigt der Aufsatz genügend aufgesammelte und verarbeitete Erfahrung?
2. Erlebnistiefe:
Beweist der Aufsatz lebhafte Empfindung und lebendiges Gefühl für das Wesen und den Wert der Dinge?
3. Verantwortungsgefühl:
Zeigt der Aufsatz, daß der Verfasser eine Sache ernstnehmen kann? Zeigt er Gewissenhaftigkeit in der Wahl seiner Worte, der Handhabung seiner Begriffe?
5. Gedankenklarheit:
Besitzt der Verfasser Verantwortungsgefühl für schlüssige Gedankenbewegung (Logik)?
6. Darstellungsvermögen:
Verfügt der Verfasser über einen Schatz von treffenden Worten, über Klangsinn und rhythmisches Gefühl (Anmut, Beweglichkeit und Anschaulichkeit des Ausdrucks)?
7. Beweist der Verfasser einen Sinn für klare Ordnung, Sauberkeit der Darstellung und Gefälligkeit der äußeren Form?"

Die Kriterien sollen auf den Besinnungsaufsatz angewendet werden. Sie sind vom Typ der geforderten Leistung bestimmt. Dennoch treten die inhaltlichen und formallogischen Gesichtspunkte gegenüber denen der sprachlichen Verwirklichung zu stark hervor.

Georg *Kühn*[18] faßte die Kriterien im Blick auf die Gymnasialoberstufe bereits 1930 so zusammen:

„I. Gehalt

a) Menge und Brauchbarkeit der aus Erfahrung und Wissen beigebrachten stofflichen Inhalte (Erfahrungsbreite).
b) Klarheit und Angemessenheit der angewandten Denk- und Wertkategorien (Erkenntnis des Wesentlichen, Tiefe der Auffassung, Urteilsfähigkeit)
c) Persönliche innere Haltung: Ernst, Sorgfalt, Ehrlichkeit, Verantwortungsgefühl, Ergriffensein.

II. Gestalt

a) Folgerichtigkeit und Zielstrebigkeit der geistigen Bewegung und Gedankenfolge und -führung.
b) Sprachliche Ausformung: Sprachrichtigkeit in Satz und Wortfügung, Schärfe in Wortgebung, Stilempfinden (Klarheit, Knappheit, Anschaulichkeit, Lebendigkeit, Ausdruckskraft, Angemessenheit, Klang und Rhythmus).

III. Äußeres

Durch Kühn scheint das Problem der Kriterien des Aufsatzes der Gymnasialoberstufe auf eine aus der Sache folgerecht entwickelte, doch knappe und darum anwendbare Formel gebracht, der man am ehesten zustimmen könnte.

Das umfangreichste und differenzierteste Beurteilungssystem ist die „Flensburger Norm für die Aufsatzbeurteilung"[19], Ergebnis eines Arbeitskreises, das Heinz Hahn 1966 vorgelegt hat. Trotz des Umfangs soll sie zitiert werden.

A. *Allgemeine Bewertungsgrundsätze*

I. Die Gesamtnote ergibt sich aus drei Teilnoten
1. „Gehalt"
(oder auch: „Inhalt", „Aussage", „Auseinandersetzung mit dem Thema". Also: Sachangaben, Antworten, Ergebnisse — Gedankenführung, Gliederungsmethode)
2. „Ausdruck"
(oder auch: „Stil". Treffendes, angemessenes, flüssiges Sprachformen. Gebrauch der lexischen, grammatischen und phraseologischen Ausdrucksmittel)
3. „Sprachrichtigkeit"
(oder auch: „Grammatik i. w. S.". Also: Rechtschreibung, Zeichensetzung, Grammatik, Schreibrichtigkeit).

II. Allgemeine Grundsätze für die Festlegung der Gesamtnote:
Die Gesamtnote wird durch Abwägung der drei Teilnoten ermittelt. Es wäre falsch, dafür ein Schema anzugeben. Andererseits verpflichten deutliche Vorstellungen vom Bildungs- und Erziehungsziel der höheren Schule auch zu klaren Festlegungen in Fragen der Aufsatzbeurteilung.
1. Die Gesamtnote darf nicht besser sein als die jeweilige Teilnote für den „Gehalt" der Arbeit.
2. Die Gesamtnote darf höchstens *eine* Note besser sein als die jeweils schlechteste der Teilnoten „Ausdruck" und „Sprachrichtigkeit".
3. Die Gesamtnoten „Sehr gut" und „Gut" dürfen nur erteilt werden, wenn das Äußere der Arbeit (Handschrift, Sauberkeit usw.) mindestens befriedigend ist.

B. *Abgrenzungen zu den drei Teilnoten*

I. Teilnote „Gehalt"
Die Teilnote soll sich beziehen auf ...
a) „Inhalt" i. e. S. (Sachangaben, überzeugend begründete Antworten, klar herausgearbeitete Ergebnisse, Argumentation) —
b) Gliederung und Gedankenführung (Gliederung dem Thema angemessen? proportioniert? klar? konsequent durchgehalten? Gedankenführung zusammenhängend? fogerichtig? zielstrebig? klarer Leitgedanke? sinnvolle Gelenkstellen? klare Begriffsklärungen? klare gedankliche Beziehungen? —
c) Methode des Aufsatztyps (Besinnungsaufsatz: Streitgespräch? Dialektik? Interpretationsaufsatz: Art der Ableitung aus dem Text? der Zitierung?).

Note 1
Leistung, wie sie im Hinblick auf Urteilsvermögen, Einsicht in Zusammenhänge, Selbständigkeit, Aufsatztechnik (Methode des Aufsatztyps, Gliederungstechnik, Gedankenführung) von einem Schüler der bestimmten Alters- und Ausbildungsstufe nicht besser erwartet werden kann.

Note 2

Die Arbeit löst die gestellte Aufgabe voll, enthält selbständige und reife Urteile (gibt also nicht bloß Eingelerntes wieder), zeigt Vielseitigkeit und sicheres Beherrschen der Aufsatztechnik.

Note 3

Das Thema ist in einer der Alters- und Ausbildungsstufe angemessenen Weise bearbeitet worden, (d. h.: weder Gedankenfülle, Vielseitigkeit, Vollständigkeit, Originalität noch Gedankenarmut, Einseitigkeit, Lückenhaftigkeit.) Nicht vorkommen dürfen grob überspitzte radikale, generalisierende Urteile. Die Aufsatztechnik wird im allgemeinen beherrscht. Einzelne Schwächen können in Kauf genommen werden.

Note 4

Das Thema ist verstanden worden — freilich u. U. nur grob und vordergründig — und ist richtig — freilich u. U. gedanklich etwas dürftig — bearbeitet worden. Nur bei einem der Punkte „Methode" und „Gliederung bzw. Gedankenführung" dürfen Schwächen auftreten, im übrigen ist Beherrschung der geforderten Aufsatztechnik nachzuweisen, (d. h.: bei aller sonstigen Einseitigkeit, Lückenhaftigkeit, Grobheit, Unreife muß doch mindestens *eine* klar und überzeugend begründete Antwort gegeben werden, müssen die wirklich wesentlichen Sinngedanken und Gestaltmerkmale erfaßt und sicher dargestellt werden.)

Note 5

Mangelhaft ist eine Arbeit zu nennen, wenn

a) die Aufgabe — bei einwandfreier Themenstellung! — nicht erkannt worden ist, so daß auch keine Sachangaben erfolgen (Themenverfehlung), *oder:*
b) die Aufgabe nur zum Teil verstanden ist bzw. zwar verstanden, aber nicht gelöst ist, *oder:*
c) der Aufsatz so schwere Mängel der (genügend vorgeübten!) Aufsatztechnik aufweist, daß der Arbeitsauftrag in bezug auf Methode des Aufsatztyps, Gliederung und Gedankenführung als nicht bewältigt gelten muß.

Note 6

Wenn zwei oder drei der unter „Note 5" genannten Punkte Mängel aufweisen. Anmerkung: Der Maßstab sollte in voller Breite genutzt werden; die Noten „sehr gut" und „ungenügend" sollten also nicht als „praktisch unerreichbar" gelten.

II. Teilnote „Ausdruck"

1. *Vorfragen*

a) Eindruckscharakter zur Bestimmung des Gesamteindrucks
   glatt — elegant — flüssig?
   sachlich — treffend — sicher?
   leicht — oberflächlich — lässig?
   trocken — alltäglich — abgedroschen?
   zurückhaltend — vorsichtig — unsicher?

grob — schwerfällig — steif?
breit — ungenau — umständlich?
gewählt — gekünstelt — pomphaft?
distanziert — ironisch — zynisch?
b) Entsprechen Sprachhaltung und Stilebene dem Thema?

2. *Im Anschluß an die Vorfragen notwendige genaue Untersuchung*

Die Teilnote „Ausdruck" soll sich beziehen auf ...

a) Gebrauch der lexischen Ausdrucksmittel
(Wortwahl; aktiver Wortschatz: reich, klar, genau, anschaulich, treffend, abstrakt, trocken, schief, gekünstelt, eintönig, arm? Dialektismen? Umgangssprachliches? Hilfsverben statt Vollverben? „Substantivitis"? Wortwiederholungen aus Schwäche?)

b) Gebrauch der grammatischen Ausdrucksmittel
(Satzbau ausgewogen, klar, sachgerecht, abgestuft, abwechslungsreich, primitiv, breit, holprig, umständlich-zerbrochen? Einfache Satzreihen? Komplizierte Gefüge? Gebrauch der Möglichkeiten, die in der Rahmenstruktur liegen? Variationsmöglichkeiten in der Stellung des Prädikats? Besetzung der Erststellen? Neben- oder Unterordnung vorgezogen? Abwechslung in den Konstruktionen? Aus-der-Konstruktion-Fallen? Ellipsen?)

c) Gebrauch der phraseologischen Ausdrucksmittel
(Metaphern? Vergleiche? Wortspiele? Stehende Wortverbindungen wie Sprichwörter, Sentenzen, Losungen? Bildvermengungen? Unfähigkeit, sich bildhaft und anschaulich auszudrücken? Am gefundenen Ausdruck „kleben" bleiben?

Note 1

Bewertung, die zum Ausdruck bringt, daß ein Grad von Sprach- und (damit) Persönlichkeitsbildung erreicht ist, wie er von einem Schüler der betr. Alters- und Ausbildungsstufe nicht höher erwartet werden kann.

Note 2

Sicherheit auch bei schwierigerer Aussage, also: Fähigkeit, Nuancen zu treffen. „Echtheit" (also weder Gekünsteltheiten noch Zynismen noch unangebrachte Ironie).

Note 3

Leistung, die in allen drei Punkten im Hinblick auf die Alters- und Ausbildungsstufe als angemessen gelten kann. Vereinzelte Schwächen können also durchaus in Kauf genommen werden.

Note 4

Schwächen im Punkt c) bei sonst ausreichender Sprachsicherheit. Erläuterung: Armut, Schwerfälligkeit, Grobheit, Umständlichkeit sind in Kauf zu nehmen, wenn deutlich erkennbar ist: a) Fähigkeit, sich verständlich zu machen (also kein „Das-habe-ich-gemeint-Stil"), b) Wahrhaftigkeit des Aussagemühens (also kein Sichwohlfühlen beim Schlagwort).

Note 5

Beim Vorliegen erheblicher Mängel in den Punkten a) oder b). Oder: Wenn über längere Abschnitte hin die dem Thema angemessene Stilebene verlassen ist.

Note 6
Wenn alle drei Punkte schwere Mängel aufweisen oder wenn für den ganzen Aufsatz eine falsche Stilebene gewählt worden ist.

III. Teilnote „Sprachrichtigkeit"

1. Die Fehler (Z, Gr,R usf.) werden nach Art und Schwere gekennzeichnet:
ganz grober Verstoß (= 1¹/₂ Fehler): +
„ganzer" Fehler (= 1 Fehler): /
leichter Fehler (= ¹/₂ Fehler): —
Am Ende der Arbeit wird die Fehlerzahl angegeben (Form 2/3/5), ferner wird die Beziehung zwischen der von den Schülern ermittelten Aufsatzlänge und der Fehlerzahl gekennzeichnet (z. B.: 1 : 105).

2. Es zählen als ...
ganz grober Verstoß:
Verstoß gegen Rechtschreib- oder Grammatikstoff der ersten vier Grundschuljahre (etwa: daß-das; nämlich). Dabei muß zu vermuten sein, daß es sich nicht um bloße Flüchtigkeiten handelt.
„ganzer" Fehler:
Alle Rechtschreibfehler; Verstöße gegen Groß- und Kleinschreibungsregeln; alle Kommafehler; falsch verstandene Fremdwörter; falsche Wörter (z. B. Präpositionen und Konjunktionen); klare Verstöße gegen Grundregeln des dt. Satzbaues; eindeutig falsche Satzgliedstellung; Beziehungsfehler ...
leichter Fehler:
Gebrauch des Kommas statt des notwendigen Semikolons; mehrfach auftretende Übertragungsfehler; Unleserliches; Flüchtigkeiten (z. B. Umlautstriche), sofern diese mehrfach vorkommen; vergessener Punkt am Satzende; Auslassungen, die auf Flüchtigkeit, und Verschreibungen, die auf Liederlichkeit beruhen; ...
als Fehler sollten zwar gekennzeichnet, aber nicht durchgezählt werden:
noch nicht zugelassene oder noch nicht übliche Rechtschreibformen („Filosofie"); Zeichensetzung, Groß- und Kleinschreibung in den wenigen Tückefällen, bei denen Wörterbücher verschiedener Meinung sind; gelegentlich auftretende Schreibfehler (z. B. beim Übertrag aus der Kladde); gelegentlich auftretende kleinere Flüchtigkeiten (fehlender Umlautstrich).
(Also: nicht pedantisch sein!)

3. Bestimmung der Teilnote (Oberstufe):
Note 6: 1 Fehler auf weniger als 35 Wörter
Note 5: 1 Fehler auf weniger als 75 Wörter
Note 4: 1 Fehler auf weniger als 125 Wörter
Note 3: 1 Fehler auf weniger als 200 Wörter
Note 2: 1 Fehler auf weniger als 400 Wörter
Note 1: 1 Fehler auf *mehr als 400 Wörter Text.*
Bestimmung der Teilnote (Mittelstufe):
In Obertertia erscheint ein Maßstab als angemessen, der um etwa *eine* Fehlergruppe günstiger liegt.

4. Es ist zu empfehlen, Hefte nur einseitig beschreiben zu lassen, so daß auf der freien gegenüberliegenden Seite sowohl Korrekturzeichen als auch Berichtigung angebracht werden können. Auf diese Weise läßt sich dann auch rasch die sorgfältige und vollständige Ausführung der Berichtigung kontrollieren.

In ein System wie diese „Flensburger Norm" muß man zweifellos eingearbeitet sein. Es eignet sich aber dann sicher gut zur Beruteilung der wichtigen, umfangreichen schriftlichen Leistungen der Gymnasialoberstufe. Mehr und mehr vereinfacht könnte es auch auf der 3. Bildungsstufe und früher im Prinzip angewendet werden. Denn Gehalt, Ausdruck und Sprachrichtigkeit werden immer die entscheidenden Hauptgesichtspunkte sein, wo Aufsätze geschrieben werden.

Edgar *Krämer*[20] dagegen bestreitet, „daß die ‚Flensburger Norm' einen Fortschritt auf dem Weg zur Erarbeitung einer objektiven Korrekturmethode gebracht hat". Seine Überlegungen führen zu einer gewissen Variation anderer Modelle:

Voraussetzung für den Entwurf einer objektiven Korrekturmethode ist die Besinnung darauf, daß der Aufsatz in sich eine Vielschichtigkeit unterschiedlicher geistiger Leistungen birgt, die es zu sondern und einzeln zu beurteilen gilt, so daß eine Gesamtnote, die die Einzelnoten rafft, jede differenzierte Leistung mit berücksichtigt. In der Einzelnote werden die Leistungsschichten des Aufsatzes auseinandergelegt und in der Gesamtnote zusammengesetzt. Es gibt objektiv nur vier Schichten: I. Inhalt. II. Form. III. Stil. IV. Art und Zahl der Fehler. Innerhalb dieser Schichten sind geordnete Einzelaspekte der Sprachbetrachtung zu gliedern, die zu einem Werturteil führen. Den Schülern sind Abschriften dieser Korrekturmethode zu geben ...

Gesichtspunkte der Beurteilung

I. Inhalt
 1. Zahl und Nennung der Urteile
 2. Sachwissen
 3. Wertigkeit des Stoffes
 4. Dimension (Oberfläche — Vertiefung)

II. Form
 1. Gliederung des Aufsatzes
 2. Art der Einleitung und des Schlusses
 3. Stufungen des Hauptteils
 4. Verknüpfung

III. Stil
 1. Satzpläne
 2. Ausdruck
 3. Wortschatz
 4. Denkstil und Schreibweise
 5. Temperament

IV. Art und Zahl der Fehler
 1. Satzquotient (je Fehler)
 2. Art der Fehler
 3. Streuung

Bei der Gewichtung der Gesamtnote schiebt Krämer gewisse Sperren ein:

„Die Gesamtnote errechnet sich aus dem arithmetischen Mittel der Teilnoten. Als Ausnahme jedoch hat zu gelten: Sind I *oder* IV ‚ungenügend', so kann die Gesamtnote nicht besser als ‚mangelhaft' sein; sind I *und* IV ‚ungenügend', so kann die Gesamtnote nicht besser als ‚ungenügend' lauten; sind alle Teilnoten ‚ausreichend' und Teil IV ‚mangelhaft' oder ‚ungenügend', so darf das Gesamtergebnis auch nicht besser als ‚mangelhaft' genannt werden ..."[21]

Schwierig an dem durchaus praktikablen Modell ist, neben dem Gebrauch der Termini Form und Stil, daß Art und Zahl der Fehler eine Schicht des Aufsatzes sein sollen. Gäbe es unter Inhalt, Form und Stil keine Fehler? Sie gibt es nur dort, nicht abgelöst von ihnen. Warum sollen Fehler in I und IV so rigoros Leistung in II und III sperren können? Müßte es nicht gerade umgekehrt sein?

Endlich faßte C. H. *Lueg* (1972)[22] die Beurteilungskriterien zusammen und ordnete sie neu an:

1. Ein Aufsatz ist als Prüfungsaufgabe in einer Lernzielkontrolle zu verwenden, wenn er dazu dient, ein vorher fixiertes Lernziel, das durch planmäßigen Unterricht angestrebt ist, abzurufen; d. h. wenn er *curricularen* Kriterien genügt.

2. Aufsatzerziehung dient der Einübung in Kommunikation. — Von einem kompetenten „Kommunikator" erwartet man nicht nur, daß er den „Kode" seiner Muttersprache beherrscht, um sich dem „Rezipienten", der dieselbe Sprache spricht, verständlich machen zu können, sondern auch, daß er bestimmte Mitteilungsformen oder -muster internalisiert hat, die sich im Laufe der kulturellen und gesellschaftlichen Entwicklung herausgebildet haben.

3. Im Curriculum der Aufsatzerziehung werden diese Mitteilungsformen
3.1 durch eine möglichst präzise Lernzielbeschreibung sowohl hinsichtlich ihrer Intention als auch hinsichtlich ihrer — durch die Intention bedingten — Struktur bestimmt,
3.2 so eingeübt, daß jeder Schüler die Chance hat, sie zu internalisieren.

4. Je präziser die Lernzielbeschreibung ist, desto eher lassen sich aus ihr intersubjektiv anwendbare Kriterien für die Lernzielkontrolle gewinnen.

5. Relevant für jede Form der Mitteilung erscheinen folgende Gesichtspunkte
5.1 verfügt der „Sender" über die Methoden, die zur Hervorbringung bestimmter Mitteilungsmuster erforderlich sind?
5.2 bringt der „Sender" Informationen in die Kommunikation ein, die für die jeweilige Sprechsituation und -intention relevant sind?
5.3 vermag der „Sender" seine Sprechintention so zu kodieren, daß sie vom „Empfänger" richtig und einigermaßen mühelos de-kodiert werden kann?

6. Ein Kriterien-System muß offen sein; je nach Sprechintention erfährt es eine spezifische Differenzierung und Konkretisierung.

7. Entwurf eines „offenen" Kriterien-Systems

7.1 *methodische Bewältigung der Aufgabe*

7.1.1 Hat der Schüler das Thema — ggf. die dem Thema beigefügte Arbeitsanweisung — sorgfältig gelesen, richtig erfaßt und erschlossen?

7.1.2 Hat er begriffen, welche Aufgabe ihm — bei diesem so formulierten Thema — gestellt ist?

7.1.3 Hat er die ihm gestellte Aufgabe im vollen Umfang erfüllt?

7.1.4 Beherrscht der Schüler die Methoden, die zur Lösung der ihm gestellten Aufgabe angewandt werden müssen?

Es ist Aufgabe der Lernzielbeschreibung, die unter diesem Teilaspekt relevanten Kriterien zu konkretisieren.

7.2 *inhaltliche und gedankliche Bewältigung der Aufgabe*

Hat der Schüler den Gegenstand oder Sachverhalt, den er durch seine Mitteilung einem Adressaten zugänglich machen will, inhaltlich erfaßt und gedanklich bewältigt?

Es ist Aufgabe der Lernzielbeschreibung, die unter diesem Teilaspekt relevanten Kriterien zu konkretisieren.

Beispiele:

a) für die Erörterung eines Problems
die Fähigkeit, ein Problem als Problem zu erkennen (Problembewußtsein); das Problem aus verschiedenen Perspektiven sehen und erörtern; Argumente pro et contra vorbringen und entfalten; Hypothesen zur Lösung aufstellen und verifizieren bzw. falsifizieren; die Gedanken logisch und zielstrebig zu geschlossenen Sinnschritten verknüpfen usw.

b) für die Beschreibung eines Vorgangs
die Menge sachlich zutreffender Beobachtungen; Genauigkeit der Beobachtungen; Selektion unter dem Gesichtspunkt der Relevanz; Artikulation des chronologischen Ablaufs; Präzisierung der kausalen Zusammenhänge usw.

7.3 *die sprachliche Bewältigung der Aufgabe*

7.3.1 „Repertoire"

7.3.1.1 sind die Sätze und sonstigen syntaktischen Fügungen grammatisch möglich?

7.3.1.2 sind die Zeichen (Wörter)
phonemisch (also in ihrer Lautgestalt) richtig reproduziert
semantisch (also in ihrer inhaltlichen Bedeutung) richtig erfaßt
orthographisch (also im Schriftbild) richtig abgebildet
worden?

7.3.1.3 sind die Vorschriften der Interpunktion eingehalten worden?

7.3.2 „Gestaltung"

7.3.2.1 sind die Sätze so strukturiert, daß sie der gegebenen Sprechintention zu der gewünschten Wirkung verhelfen?

7.3.2.2 sind die Wörter ebenfalls so ausgewählt, daß sie die Sprechintention angemessen verbalisieren?

Es ist Aufgabe der Lernzielbeschreibung, die unter diesem Teilaspekt relevanten Kriterien zu konkretisieren.

„Zur Beurteilung von Reifeprüfungsaufsätzen" hat Robert *Ulshöfer*[23] 1949 beispielsweise als „objektive Kriterien" genannt:

„1. der Inhalt
2. die Gliederung
3. das sprachliche Können."

In dem Kapitel „Die diagnostische Auswertung des Schulaufsatzes" in seinem Buch „Pädagogische Psychologie des Lehrens und Lernens"[24] fordert Heinrich *Roth* die Analysen

der Geistigkeit (geistiges Format, Niveau)
des logischen Aufbaus (denkerische Disziplin)
des sprachlichen Ausdrucks und Stils.

Auch Walter *Dohses* „Ideale der sachgemäßen Wertverwirklichung"[25] lassen sich am Aufsatz konkretisieren:

1. Richtigkeit (Logik, Tradition)
2. Zweckmäßigkeit (Kommunikation)
3. Formgerechtigkeit (Harmonie)
4. stofflicher Reichtum
5. Lebendigkeit (Funktionstüchtigkeit)

Fragen der Aufsatzbeurteilung werden von Hermann *Helmers* nun in der 6. Auflage seiner „Didaktik der deutschen Sprache" (1971)[26] aufgegriffen:

„Als besonderes didaktisches Problem stellt sich hierbei die Frage der *Aufsatzbeurteilung*. Die verschiedenen Ansätze (einen guten Überblick gibt Albrecht Weber — „Das Problem der Aufsatzbeurteilung") haben bisher zu keiner befriedigenden Lösung geführt. Alle genannten Beurteilungs-Kriterien halten einer kritisch-systematischen Überprüfung nicht stand. Hier besteht für die didaktische Forschung eine wichtige Aufgabe, die nur durch empirische Untersuchungen auf breiter Grundlage zu lösen ist. Das Ziel ist ein Beurteilungs-Kanon auf objektiver Basis. Dabei sind für jede Darstellungsart und für jede Bildungsstufe spezifische Kriterien der Beurteilung zu entwickeln. Bei starker Abstraktion kann man *allgemeine Beurteilungs-Kriterien* nennen, die u. a. zu beachten sind:

1. *Aufgabengemäßheit* (In welchem Maß sind die vom Thema her geforderten Strukturen der Darstellungsart erreicht? Zum Beispiel: Das Thema „Wie man an einem Münzfernsprecher telefoniert?" verlangt eine Arbeitsanweisung und nicht einen Erlebnisbericht.),
2. *Komposition* (Sind die einzelnen Teile der Darstellung aufeinander abgestimmt, etwa Einleitung und Schluß? Ist die Darstellung sinnvoll gegliedert? Zum Beispiel: Eine Erörterung zum Thema: „Machen Kleider Leute?" verlangt am Schluß eine Zusammenfassung der verschiedenen Standpunkte.),

3. *Folgerichtigkeit* (Sind die einzelnen Teile der Darstellung konsequent und logisch auseinander entwickelt? Zum Beispiel: Bei einer Sachbeschreibung zum Thema „Das Fahrrad" müssen erst die Hauptteile des Fahrrads genannt werden, bevor die kleinen Einzelteile beschrieben werden.),
4. *Stilistische Feinstruktur* (Ist die Darstellung im einzelnen, etwa Wortschatz und Zeitformen betreffend, stilistisch angemessen gestaltet?).

Jede Darstellungsart hat außerdem ihre spezifischen Beurteilungs-Kriterien. Beim Erlebnisbericht z. B. ist es u. a. die Frage nach lebendiger und anschaulicher Darstellung, bei der Inhaltsangabe u. a. die Frage nach der knappen Erfassung des Wesentlichen, bei der Erörterung u. a. das Erreichen einer objektiven abstrahierenden Reflexionsstufe. Da die Beurteilung von Aufsätzen außerdem abhängig ist von der jeweiligen speziellen Klassensituation, gehört die Zusammenstellung geeigneter Beurteilungskriterien für die einzelnen im Verlaufe eines Schuljahrs auftretenden Darstellungsarten zu jenen didaktischen Aufgaben, die bei der Herstellung eines Jahresplanes für den Aufsatzunterricht zu Beginn jedes Schuljahres vom einzelnen Lehrer durchzuführen sind."

Groth zitiert die Schlußseiten (70/71) von „Das Problem der Aufsatzbeurteilung" und bemerkt: „Über jede formale Urteilsfindung, die nivellierende Maßstäbe nicht völlig ausschließen kann, muß der Lehrer jedoch immer die sprachliche Persönlichkeit des einzelnen Schülers stellen."[27]

Geht man vom Wesen der Sprache aus als der angemessenen klanglichen (im Aufsatz als Schrift fixierten) Verwirklichung einer Mitteilung, die aus einer Kommunikationssituation etwas intendiert, müssen alle Kriteriensysteme zurückgeführt werden auf wenige *Grundkriterien*, auf

die Aussage,
deren sprachliche Gestaltung,
die Beachtung der Sprach- und Stilnormen
und das Erscheinungsbild.

Anmerkungen

1 Beck I, 94
2 Beck II, 71/72
3 Steinbügl, Eduard, Der deutsche Aufsatz, Bd. I (5.–9. Schuljahr), München 1965, 9–13
4 Brief und übersandtes Material vom 30. 12. 1970
5 in: lehren und lernen, 369
6 ebd., 369
7 ebd., 372/373
8 Brief vom 30. 12. 1970
9 Schröter, Die ungerechte Aufsatzzensur, 85
10 Ulshöfer, Methodik Unterstufe, 193/4

11 Tille, 152 ff.
12 Beinlich, Handbuch II, 402
13 Müller, Ludwig, Der natürliche Aufsatz. Moderner Aufsatzunterricht der Volksschuloberstufe, München o. J. 3, 50
14 Ulshöfer, Methodik Mittelstufe II, 159
15 Essen, Methodik, 303
16 Essen, Zur Neuordnung..., 109
17 Rahn, Fritz, Der Besinnungsaufsatz, in: DU 1949/50, 53/54
18 Kühn, 234
19 Hahn, Flensburger Norm, 190–194
20 Krämer, Korrekturmethode des deutschen Aufsatzes..., in: DU 1970/5, 135
21 ebd., 138
22 Lueg, in: Mitteilungen des Deutschen Germanistenverbandes, 1972, 8–9
23 Ulshöfer, Zur Beurteilungsreife von Prüfungsaufsätzen..., 101
24 Roth, Heinrich, Pädagogische Psychologie des Lehrens und Lernens, Hannover 1957, 1967[10], 60
25 Dohse, 157
26 Helmers, Didaktik... 1971[6], 248/249
27 Groth, in: Wolfrum, Taschenbuch, 1972, 195

Kriterien der Beurteilung

In seinem Aufsatz „Aufsatzbeurteilung nach Maß?"[1] betont Josef Fliegner: „Ein primärer Bewertungsmaßstab jedoch bleibt konstant, da er auf einen eindeutigen Sachverhalt begründet ist, dessen Größe sich bestimmen läßt", und dieser „eindeutige Sachverhalt" sei die Sprache. Er folgert daraus für „einen Bewertungsmaßstab im Aufsatz folgende Ansprüche:

1. Der Bewertungsmaßstab muß sich auf exakte Meßergebnisse stützen, welche die Bestimmung einer Durchschnittsleistung gestatten. Das würde die eindeutige Zuweisung von Rangplätzen innerhalb und außerhalb einer Klasse möglich machen; der Lehrer brauchte keine Ermessensentscheidungen mehr zu fällen.
2. Meß- und Bewertungsverfahren müssen einfach sein. Aus der Unzahl komplexer Aspekte gilt es, einen wesentlichen herauszuschälen, so genau einzugrenzen und notfalls zu schematisieren, daß er exakt faßbar wird (wie z. B. die Fehler im Diktat).
3. Deshalb soll der Bewertungsmaßstab so allgemein sein, daß er auf alle Stilformen des Aufsatzes anzuwenden ist.
4. Er muß für alle Zensierenden einheitlich und verbindlich werden können.
5. Auch Eltern und Schülern müßte er durchschaubar, also allgemeinverständlich sein.
6. Im Hinblick auf die Klasse und den einzelnen Schüler hat er zu gewährleisten, daß jedem Aufsatz die objektiv richtige Note zuerkannt wird.
7. Bei der Ausarbeitung überregionaler Bewertungsnormen muß er die Vergleichbarkeit der Prädikate über Klasse und Schule hinaus sicherstellen.
8. Er soll eine schnelle Korrektur ermöglichen.

In zwei Worten zusammengefaßt, ein Bewertungsmaßstab müßte *allgemein* und *gültig*, d. h. für alle Lehrer brauchbar, auch für Laien durchschaubar, einheitlich, verbindlich und auf jeden Aufsatz zutreffend sein."[2] Fliegners Forderungen nach Praktikabilität, Exaktheit, Allgemeingültigkeit, Verbindlichkeit, Durchschaubarkeit, Einfachheit, Nachprüfbarkeit leuchten ein. Es sind die von der Forschung der pädagogischen Leistungsmessung (z. B. Ingenkamp) stets wiederholten Forderungen nach Zuverlässigkeit, Gültigkeit und Wiederholbarkeit des Maßes. Dennoch wäre einzuwenden, daß die geforderte Exaktheit auf dem Feld der Sprache, wie auch Fliegner vorschlägt, sich nur durch Isolierung von Einzelfaktoren auf Kosten der Komplexität gewinnen läßt, und daß genau dieser isolierte Faktor wieder innerhalb des Bezugsfeldes gewertet werden muß. Der Maßstab kann auch nur in Grundprinzipien so allgemein sein, daß er „auf alle Stilformen" anwendbar bleibt.

In einem späteren, im Kapitel Beurteilungssysteme vorgestellten Ansatz verbessert und konzentriert Fliegner diese Ansprüche:
1. Anwendbarkeit auf alle Aufsätze
2. Beschränkung auf die wesentlichen Gestaltungsleistungen
3. Verwendung eines Bezugssystems, das die Komplexität der verschiedenen Leistungsaspekte zu gewährleisten hat (Bewertungsmaßstab)
4. Quantifizierung der Leistung nach Punkten
5. Begründung der Punktvergabe unter Bindung an den Text.

Fliegner selbst weist darauf hin, daß die Wertung von Stilelementen eine Ermessensentscheidung des Lehrers sei. Die Forderungen Punkt 4 und 5 werden damit fragwürdig, das komplexe Bezugssystem (3) bleibt weiter aufgetragen.

Bedenkt man die unterschiedlichen Sprech- bzw. Schreibsituationen, die verschiedenen Stilalter der Schreibenden, die verschiedenen, keineswegs exakt erfaßten und erfaßbaren Stilkriterien der verschiedenen Aufsatzformen, dann wird man von einem *Grundmodell* ausgehen müssen, das *in Varianten* anzuwenden wäre.

Was beurteilen wir im Aufsatz? Welche Kriterien haben wir dafür? Grundsätzlich beurteilen wir mit dem Aufsatz ein Sprach*werk*, ein Stück Literatur, ein abgeschlossenes Ergon, *nicht* den *Prozeß* seiner Entstehung. Dieses Sprachwerk entstand unter bestimmten Bedingungen: als Abschluß einer Übungsreihe unter präzisiertem Lernziel (Stilform und Thema als Aufgabenstellung), möglicherweise an einen Adressaten (Lehrer!) gerichtet, geleistet von einem jungen Menschen auf einer bestimmten Altersstufe in einem bestimmten Ausbildungsrahmen. Unter diesen Bedingungen ist zu beurteilen die *dem Stilalter angemessene Lösung der Aufgabe* nach Inhalt, Stil und Form, sofern sich Sprache darin zerlegen läßt. Solche begrenzte Operationalisierung schränkt von vorneherein den Spielraum, damit auch die Willkür, der Beurteilung ein. Angesichts der „komplexen Zusammenhänge"[3] in einem Aufsatz wird es schwer fallen, „Beurteilungskategorien für jede Aufsatzart und jede Klassenstufe"[4] allgemein zu fixieren, wenn nicht eine möglichst wirklichkeitsnahe Sprech- und Schreibsituation gedrosselt werden soll. Lernziel und kreativer Sprachvorgang können auch gegeneinander stehen oder sich dialektisch verhalten, und es ist eine schwierige Frage, welchem der Vorrang gebührt. Wir lehnen den „freien Aufsatz" ab und bejahen in der Aufsatzerziehung als Sprach- bzw. Schreibtraining bestimmte Trainingsprogramme. Aber dennoch muß das ursprüngliche Spiel sein Recht erhalten, der Antrieb ist nicht Training um des Trainings willen, sondern Lust und Freude am sprachlichen Wachstum und steigendem Können. Die Motivation reicht über die Lernziele hinaus und hinter sie zurück; sie sollte durch sie hindurch oder in sie eingegangen sein.

Gegenstand des Urteils ist „primär die sprachliche Gestaltungskraft"[5], ablesbar an der Sprachgestalt, die immer gestalteter Inhalt ist. „Gegenstand der Aufsatzbeurteilung ist die Sprache: die sprachliche Gestaltungskraft — eine Formulierung, die die Sprache als Medium der Mitteilung, der Erkenntnis und des Ausdrucks gleichermaßen umfassen soll."[6] Selbstverständlich ist der Inhalt eine konstituierende Komponente des Sprachwerks. Lernziele und Motivationen, Inhalte und Sprachgestaltung treten in Spannung zueinander, die sich nur dialektisch begreifen und lösen läßt. Der Lehrer muß dazu Mut haben.

Was beurteilt werden kann, richtet sich jeweils nach den Forderungen, die an den Aufsatztyp und das Stilalter zu stellen sind. Die typischen Merkmale, auf die es bei einer Aufsatzart ankommt, sind auch die Kriterien im speziellen Fall. Sie kommen zu anderen hinzu, sind aber nicht die einzigen. Dabei wird die sprachliche Erfüllung bestimmter Grundhaltungen, wie subjektiv und objektiv, oder Erlebnis-, Denk- und Sachhaltung, zum Maßstab. Allgemeiner aber richtet sich das Urteil auf die Sprachkraft des Schülers, eine geistige Kraft. Geisteskraft ist Originalität. Sie tut sich in der Schule einer vorgeschrittenen Kultur und Sprache, wie der unseren, eher in der Kraft der Aneignung und Verarbeitung von Vorgegebenem kund als in dessen sinnlosem Zerschlagen. Wer kann heute schon original sein? Nicht einmal der Nihilist. Wir denken Gedachtes, sind beeinflußt und beeinflussen. Noch nie war geistiger Austausch so breit und allgemein. Ob er heute dadurch tiefer und intensiver geworden ist? Wichtig sind die Wege, die einer geistig geht, die Klarheit, die er erreicht, die eigenständige Prägung, die er seinem Sagen gibt; dann das Bauvermögen (Komposition, Steigerung, Einsatz und Ausklang, Pointe usw.), dann die Sprachfähigkeit (Umfang des aktiven Wortschatzes, Bildhaftigkeit, Verfügung und variabler Einsatz von Satzmodellen), wobei Gewandtheit und Eleganz nicht unbedingt schon gegen den Schreiber zeugen, aber doch auch mögliche Gefahren des Verlustes von Unmittelbarkeit andeuten; dann der bewußte Einsatz rhetorischer und künstlerischer Mittel und die Geschlossenheit des Ganzen. Als Rahmen gilt dabei immer der mögliche Altersstil.

Vom Aufsatztyp, dem jeweils ein Stiltyp unter den Schülern in besonderer Weise antwortet, ist schon gesprochen worden. Nun ergeben auch die speziellen Kriterien für die einzelnen dieser Grundformen bereits gewisse Beurteilungskriterien, dadurch, daß man prüft, ob sie als das zu Übende erkannt, erfaßt und erfüllt sind. Durch die einzelnen Formen hindurch werden als Bildungswerte etwa lebenspraktische Haltung, Wille, Blick für das Wesentliche, gedankliche Ordnung, Urteilsvermögen, Phantasie, ästhetisches Empfinden sichtbar[7]; ihr Vorhanden- oder Nicht-Vorhandensein tritt dann unter die Beurteilungskategorien.

Wenn es im Aufsatz nur Inhalt — mit oder ohne Beurteilungskategorien — gäbe, schiene es nahezuliegen, die *Differenzierung in objektgerichtete und subjektbetonte Darstellungsformen* aufzugeben.[8] Dem liegt jedoch die Auffassung zugrunde, daß Inhalt als solcher keine unterschiedene Gestaltung erfahren könne, weil objektgerichtete oder subjektbetonte Formung müßige Unterscheidungen, in Wirklichkeit beides, Aussagen des Subjekts und für die Aufsatzlehre und -beurteilung irrelevant seien. Diese Schlüsse trügen insofern, als wir in unterschiedenen Haltungen den Inhalten gegenübertreten und als Aufsatzerziehung gerade *differenzierende Spracherfassung* der Phänomene erstrebt und deswegen die, als philosophische These, grundsätzliche Subjektperspektive unserer Erkenntnis abstuft. Mit dem betonten prinzipiellen Subjektivismus verträgt sich allerdings schlecht die betont behauptete Gleichheit der Menschen, also auch ihrer Erkenntnismöglichkeiten, was auf einem gemeinsamen Objektiven oder Objektivierbaren beruhen müßte. Sozialismus schließt doch wohl Subjektivismus als uneingeschränkte Setzung aus. In der Perspektive des Subjekts und seiner Erkenntnismöglichkeiten verändert die Aufsatz- und Stillehre die Blickrichtung auf die Absichten: ob ein Sprecher *sich* aussprechen und ausdrükken will und dazu Anlässe, Zeichen, Bilder, Chiffren von außen nimmt — *Welt* als Feld und *Mittel der Selbstdarstellung* — oder von sich absehen will, um die *Dinge* zu beschreiben, wie sie sind oder wie er sie erkennt — *Welt als Ziel der Darstellung durch ein Ich*. Das Es tritt unter das Gesetz des Ich, oder das Ich tritt unter das Gesetz des Es. Dabei sind wir uns klar, daß auch subjektbetonte Darstellung objektiviert, weil sie als Sprache absetzt, vernehmbar und verstehbar, also kommunizierbar, macht. In der Sprache objektivieren wir immer unter den Gesetzen der uns vorgegebenen Perspektive.

Der Eindringlichkeit halber gebe ich die Formulierungen Werner Ingendahls wieder: „Auch die *objektivste* Sprechweise ist die eines *Subjekts*, wie der objektivste Nachvollzug der eines Subjekts ist; es kann nur zu *objektiv* intendierten Sprechweisen kommen, weil es entscheidungsfähige objektivierende *Subjekte* gibt. — Auch die subjektivste Sprechweise resultiert aus dem *objektiven* Geist der Sprache — wenn sie *Sprech*weise, also *intersubjektiv* sein will. Projizieren wir nun diese Überlegungen auf die Unterscheidung der Aufsatzformen, so lassen sich intersubjektive Intentionen und Aufgabenstellungen den objektiven gegenüberstellen. Den objektiven geht es primär um Denotation, um die Information des Gestalteten, um das *Was*, den intersubjektiven um die Konnotation, um die sprachliche Gestalthaftigkeit des Gestalteten, um das *Wie*."⁹ In diesem Rahmen differenziert die Aufsatzlehre nach der Sprechrichtung und Sprechhaltung. Selbstverständlich sind reine Kristallisationen objektgerichteter oder subjektbetonter Sprache Idealtypisierungen, die selten unvermischt, meist in unterschiedlichen Mischungsverhältnissen vorkommen. Wir akzentuieren Stilformen zu Übungszwecken, isolieren sie zu Lernzielen für bestimmte Unterrichtssequenzen. Wir urteilen vom Lernziel her, wenn wir die Einhaltung bestimmter Grundformen des Aufsatzes fordern, und wir fordern Konzentration und Schwerpunktbildung zwecks Stilübung und Sprachdifferenzierung zu Recht. „Die wechselseitige Bedingtheit der beiden Gestaltungsprinzipien" — wieder Jugendahl — „verwehrt aber nicht eine Entscheidung für ein dominierendes, das in der Gesamtkonzeption die primäre Intention und (oder) Aufgabenstellung erkennen läßt ... Die Entscheidung entweder zur denotativen oder zur konnotativen Gestaltung durchzieht und beeinflußt den gesamten Gestaltungsprozeß von der *Planung* über die *Ausführung* bis zur *Korrektur* und *Auswertung*; denn mit der Wahl des Gestaltungsprinzips ist zugleich die Wahl gefallen für eine spezifische Weise der Weltbegegnung und Weltbewältigung, für bestimmte Leistungen der Sprachmittel *an* der Wirklichkeit *für* das Sprachwerk."¹⁰

Daraus ergeben sich Folgerungen für die Systematisierung der Aufsatzformen und ihren pädagogischen Einsatz — was nur gestreift werden kann — und für die Bewertung der unterschiedenen Fähigkeiten. Die Einteilung soll kurz erwähnt sein (zum Teil nach Marthaler):

bezogen auf	*Objektive Formen*	*Mischformen*	*Subjektive Formen*
	objektgerichtet, sachlich—wissenschaftlich denotativ		subjektbetont persönlich—künstlerisch konnotativ
Zeit	Bericht	Erlebnisbericht	Erzählung (Phantasieerzählung, Erlebniserzählung usw.)
Raum	Beschreibung	Schilderung	Stimmungsbild
Gedanken	Abhandlung (Texterläuterung, Problemaufsatz)	Interpretation Erörterung,	Betrachtung

In den *objektiveren Darstellungsformen* drücken sich eher Beobachtungsgabe, Sachlichkeit, Genauigkeit, Problembewußtsein, Abstraktionsfähigkeit und dialektisches Denken[11] aus, durch sie wird Erkenntnis und damit Verfügbarkeit über außersprachliche Wirklichkeit erweitert[12]. In den *subjektiveren* dagegen mehr Phantasie und Einfühlung[13], sie erweitern das Weltbild durch Vorstellungen, die sprachliche Wirklichkeit werden, und die verfügbare Sprachfähigkeit[14]. Mit den unterschiedenen Richtungen des Sprechens verbinden sich unterschiedene Sprachkräfte und Fähigkeiten, denen unterschiedene Beurteilungskategorien entsprechen. *Beurteilungsmaßstäben* müssen in elementarer Weise *nach den Grundformen und den Altersstilen modifiziert* werden, in einem *variablen Grundmodell*.
Erika Essen hat schon 1964 die Forderungen an die verschiedenen Darstellungsformen aufgezeigt. In der *objektgerichteten Darstellung*[15] erwartet sie

>genaue Benennung
>klare Erfassung der räumlichen und zeitlichen Verhältnisse
>Auswahl des Wichtigen
>Übersicht und Gesamtordnung
>Zweckmäßigkeit des Satzgefüges
>Bemühung um Gestaltganzheit.

Im Problemaufsatz[16] zählen

>klare Begrifflichkeit
>Problemfähigkeit (Fragestellung, Gegensetzung, Begründung, Folgerung, Schluß, Urteil)
>Durchführung des Gedankengangs (Planung, Aufbau, Darstellung).

Bei Nachlässigkeit, Unbestimmtheit, Ungenauigkeit, Mangel an syntaktischer Zucht (im Problemaufsatz bei Mangel an Verantwortlichkeit im Begrifflichen und an Ordnung im Gedanklichen) dürften die Leistungen in einer objektgerichteten Darstellungsform nicht ausreichen.

In subjektbetonter Darstellung[17] dagegen kommt es an auf

>Vergegenwärtigung (Bild, Klang, Bewegung)
>Vorstellung von Raumordnungen und Zeitbezügen
>Spannung und Dichte
>Komposition
>Versuch zeichenhafter Andeutung.

Auf Wertungsmerkmale legt sich Essen nicht fest; sie betont, daß „die Wertmaßstäbe von der Unter- bis zur Oberstufe anwachsen" und daß „mehr als in den anderen Aufgabenbereichen hier Spielraum bleiben muß für die Wert-Einstufung des Geleisteten. Immerhin bleibt auch hier die Notwendigkeit, das Urteil zu prüfen und zu begründen."[18] Es fehlen offenbar einleuchtende und praktikable Kriterien, weil die Darstellung an keinem Gegenständlichen überprüft werden kann, weswegen beispielsweise Rolf Geißler die Erlebnisdarstellungen ablehnt. Wir wiesen darauf hin, daß eine fiktive Welt aus Sprache entsteht, die in sich stimmen muß. Anzuwenden wären damit Kriterien der Literatur — wir wissen, wie es damit steht. Immerhin gelten seit Lessing bestimmte Annahmen, so Wahrscheinlichkeit, Stimmigkeit, Zusammenspiel von Ganzem und Teilen, Steigerung, Höhepunkt, Sinnbildlichkeit. Marken wie lebendig, frisch, treffend, nüchtern, trocken usw. reichen nicht aus; sie sind zu unbestimmt und werden, wie Schröters Untersuchung zeigte, sogar im Gegensinne gebraucht. Im Grunde sind es die Sprache und die Weise der Darstellung, die den Leser (Lehrer) überzeugen und bewegen müssen. Der Akzent des Urteils wird mehr auf dem *Wie der Darstellung* liegen, während er in objektgerichteten Formen auf dem *Was des Dargestellten* liegt. Unvermeidlich wirken Geschmacksurteile und Stilgefühl dabei mit. Man muß das sehen und in Rechnung stellen. Kreativität und Originalität, die keineswegs überbewertet werden sollen, spielen hier eine größere Rolle, auch Intuition und Impulsivität. Sie schlagen auch über die Stränge zu eng und streng gezogener Lernziele. Der Lehrer muß hier Spielraum lassen und Spielraum für seine Wertung haben. Das Formale darf gerade hier nicht überwertet werden.

Nun gibt es in allen Aufsatzformen gegenüber dem Ganzen und gegenüber den Teilen *untere Grenzen* der Leistung, wo der Beurteiler *Sperren* einsetzen muß: Nicht mehr ausreichend als Ganzes oder als Teil. Erika Essen hat, wie oben zusammengefaßt, solche unteren Grenzen gekennzeichnet. Dort wird die Leistung hinfällig. In subjektbetonten Formen geschieht das zweifellos spätestens dort, wo der Leser das Gesagte nicht mehr verstehen und nachvollziehen kann, wo der Zusammenhang reißt, die Proportionen verlorengehen, die Sprache zu weit hinter der Absicht zurückbleibt oder angesichts eines dünnen Inhalts zu hoch angesetzt ist und zu viel vorgibt. Sperre: wenn das Ich mit seiner Weltdarstellung nicht oder nicht ausreichend kommunizieren kann.
In einem Sprachwerk wirken *endogene, sprachbezogene und exogene Faktoren* zusammen. Die endogenen liegen vor und sind durch Analyse festzustellen: Inhalt, Aufbau, Stil, Regelrichtigkeit, Schriftbild. Die sprach-

bezogenen sind verdeckter, geben mehr Rahmen, Boden oder Hintergrund für das Sprachwerk ab, ihr Einfluß ist wirksam, aber indirekt und schwerer zu fassen: Dialektraum, Stilalter, Situation, Vorübung, Lernziele, Aufgabenstellen, früherer Unterricht, Relationen innerhalb der Klasse und zwischen den Klassen, Arbeitsbedingungen. Sie können kaum unmittelbar im Aufsatz analysiert werden. Von ihnen könnten allenfalls Sperren abgeleitet werden. Sie können aber doch — generell und allgemein geltend — in die Waagschale gelegt werden, das Zensurniveau mildernd oder verschärfend. Exogene Faktoren sind Außenfaktoren wie Zeitalter, Generationsstile, Subkulturen, soziokulturelle Abhängigkeiten, Wohnort, Entwicklungsgang. Sie wirken zweifellos; sie gerecht zu erfassen, ist aber sehr schwer. Im Aufsatz sind sie kaum analysier- und meßbar. Sperren (negativer Art) kann man aus ihnen nicht ableiten, aber unter besonderer und *für alle gültiger Begründung könnten* sie Anlaß zur *Hebung oder Senkung des Zensurniveaus* sein.

Die Beurteilung eines Aufsatzes resultiert aus der Analyse der *endogenen Faktoren*. Wie diese Faktoren (Inhalt, Aufbau, Stil, Regelrichtigkeit, Schriftbild) zueinander relieren, soll am Modell selbst erörtert werden. Jedenfalls wären die Verhältnisse zueinander zu *variieren* entsprechend der *Aufsatzform* (dem Lernziel) und dem *Stilalter*. Insgesamt dürften keinesfalls mehr als *ein Viertel* (=25%) der Wertungsgesichtspunkte den normativ festgelegten, mehr *formalen Kategorien* (Grammatik, Rechtschreiben, Schriftbild) zufallen, also *mindestens drei Viertel* (= 75%) für die *Sprachleistung*, die auf Auswahl und Entscheidung beruht (Inhalt, Aufbau, Stil). Das Formale darf nicht überbewertet[19] werden; denn die äußeren Momente beeinflussen die Beurteilung, weil sie relativ leicht (Fehlerzählen, Tests) erfaßbar sind[20]. So klammert sich der Deutschlehrer an das Meßbare im Aufsatz, anstatt seinem ausgebildeten und geprüften Geschmacksurteil und einem trainierten, keineswegs unkritischen Wissen um Stil zu vertrauen. Von den zum Übertritt erteilten Deutschnoten korrelieren diese am engsten mit den Teilnoten Rechtschreiben[21]. So werden die Deutschnote und auch die Aufsatznote vom Äußerlichen fixiert, kreative Sprachfähigkeiten und -leistungen benachteiligt.

Gehalt und Gestalt sind nicht quantifizierbar[22], kein meßbarer Maßstab. Fliegner erhebt daher als Grundforderungen an einen Aufsatz Erfüllung von Thema und Stilform, eine Mindestlänge und erkennbare Gestaltung[23], zweifellos endogene Faktoren.

Ob die Einhaltung der *Stilform* etwas mit dem *Inhalt* zu tun hat, scheint fraglich; denn die Inhalte können beigebracht, aber nicht unter dem Gesetz einer bestimmten Form gestaltet sein. Man kann diesen Punkt auch nicht unter „Inhalt" subsumieren und dort mitwiegen. Er ist eng mit dem vorbereitenden Unterricht, den präzisierten Lernzielen und der Aufgabenstellung verbunden, die nicht genau und eindeutig genug formuliert werden kann. Sollte man deswegen nicht die Stilform als Lernziel im Untertitel des Aufsatzes ausdrücklich festhalten? Als Beispiele:

>Wie ein Bagger arbeitet.
>Vorgangsbeschreibung
>Ein Bagger reißt unsere Straße auf.
>Erlebnisbericht oder Schilderung
>Als ein Bagger unseren Zaun durchbrach.
>Erlebende Erzählung
>Wenn ein Bagger unser Haus aushöbe.
>Phantasieerzählung
>Immer dieser Bagger-Lärm!
>Stimmungsbild

Als sprachbezogener Faktor kann das Verfehlen der Stilform eine Sperre auslösen, wenn eine vorgeübte Lernfolge am Kontroll-Aufsatz das Lernziel verfehlt. Dann dürfte die Leistung nicht mehr als ausreichend beurteilt werden. In den Umkreis Stilform gehört auch die Beurteilung der *Stilebene*. Thema kann erfüllt, Inhalt richtig sein, dennoch kann die Stilebene verfehlt werden: ein Brief an einen Fremden würde plump vertraulich, ein Problemaufsatz im Gassenjargon, eine Schilderung in Papier- oder Wissenschaftsdeutsch geschrieben. Der Schreiber handelt der Situation nicht angemessen, hat sie nicht erfaßt, verfehlt damit den (oder die) Hörer oder Leser, stört oder beeinträchtigt die Kommunikation. Das kann in krassen Fällen eine Sperre rechtfertigen: auf dieser Stilebene kann dieses in dieser Situation nicht gesagt werden. In leichteren Fällen muß die Teilnote Stil entsprechend belastet werden.

Stellt man die Frage nach der Erfüllung der Stilform und der Stilebene als erste? Ich meine, der Aufsatz wäre zuerst als solcher zu lesen und zu analysieren. Folgerungen über die erfüllte Stilform ergeben sich daraus, die Entscheidung über eine Sperre fällt unter die sprachbezogenen Faktoren. Entgegen Göller bin ich auch nicht der Auffassung, daß „die erste Frage des Beurteilers lautet: Hat der Schüler das *Thema erfaßt?*"[24] Zuerst lesen und analysieren! Dann könnte die Frage lauten: *Wie* hat der Schüler das Thema aufgefaßt? Und: *Warum* hat er es nicht so aufgefaßt wie der Lehrer? Konnte man die Formulierung auch anders auffassen? Damit stellen sich zuerst Fragen an den Lehrer, bevor er über Verfehlung des Themas entscheidet: War das Thema unmißverständlich formuliert? War das Lernziel eindeutig präzisiert? Aufsatzschreiben hat nichts mit Enträtseln von Textaufgaben in Mathematik oder von Quizaufgaben zu tun. Kann der Lehrer letztere Fragen an ihn nicht sicher bejahen, dann muß er die andere Themaauffassung gelten lassen, kann keine Sperre einschalten. Spricht der Aufsatz inhaltlich — gleich wie gewandt — von allem anderen, nur nicht von dem Gegenstand, an dem das Lernziel zu erreichen wäre, dann reicht die Leistung nicht aus. Was in keinem Bezug zur Sache geredet ist, zählt nicht. Je nach der Schwere der Abschweifung vom Thema oder des Verlierens des Themas und der Relation in der Klasse, d. h. der Häufigkeit dieses Mangels (Vorübungen, Aufsatzerziehung bisher?) ist dem Lehrer die *Alternative* zu überlassen, das *Teilurteil Inhalt* zu belasten (bis zur Note „Ungenügend") oder/und

aus der Verfehlung des Inhalts eine *Sperre* abzuleiten, die „Ausreichend" nicht mehr zuläßt.

Nach Göller kann das Zeugnis nicht höher als „Ausreichend" sein, wenn das Thema verfehlt ist, auch längeres Abweichen davon ist ein schwerer Verstoß.[25] Gottfried Schröters Untersuchungen zeigen, wie sich selbst Urteile über das Erfassen des Themas widersprechen;[26] schon deswegen ist Vorsicht geboten. Aus den Ausführungen über subjektbetonte Darstellungsformen folgt, daß in diesem Bereich die „Themarichtigkeit" nicht so konsequent gefordert werden kann, wie im objektgerichteten, weil der Aufsatz nach Schreibanlaß zur Ichaussprache gibt, die nicht gedrosselt werden sollte, und weil es um Auffassungen gehen könnte. Dann lassen sich Stilformen und Themen als Lernziele umso weniger streng fordern, je jünger der Schüler[27] ist. Zwecklos, von einem Grundschüler Einhaltung einer Stilform und Erfüllung des Themas starr zu fordern, wenn man froh sein muß, von ihm überhaupt zusammenhängend Geschriebenes zu einer Sache zu erhalten. Schröter schlägt vor, „daß man zwischen gelegentlichem, starkem und vollständigem Abweichen vom Thema unterscheidet. Außerdem ist das Alter zu berücksichtigen. Bei gelegentlichem Abweichen sollte man großzügig verfahren. Starkes und vollständiges Entfernen vom Thema sollte auch danach Gewicht erhalten, ob man eine freiere Gestaltung (Erlebnis-, Phantasieaufsatz) oder eine strengere Gestaltungsweise (Beschreibung, Sachbericht) wünschte".[28]

Inhalt ist alles, was im Aufsatz unter der Themastellung an *Stoff* vorgetragen wird, *was* vom zur Sache zu Sagenden tatsächlich *gesagt* ist, in welcher *Absicht, wie vollständig* und ob es *sachrichtig* gesagt ist. Umfang und Auswahl von Wissen, Kenntnissen, Beobachtungen, Gedanken, Urteilen, Gefühlen, differenzierten Stimmungen, Erfahrungen, Erinnerungen, Phantasie zählen unter Inhalt. Auch Länge, Breite und Ausführlichkeit zählen. „Bei längeren Aufsätzen ist die Wahrscheinlichkeit für eine gute Note höher, nach Kötter und Grau aber auch die Chance für eine uneinheitliche Benotung größer".[29]

Der Beurteiler sollte sich kritisch gegen zu viel Redundanz, zu viel Redseligkeit, um nicht Geschwätz zu sagen, absichern; auch gegen Gefühlsthemen und sentimentale Klischees.[30] Entscheidende Gesichtspunkte sind jedenfalls *Fülle und Auswahl des Stoffes.* Dürftige Inhalte werden kaum eine Lösung der Aufgabe ermöglichen. Verständnis sollte der Beurteiler haben, wo die Gestaltung einer Aufgabe wegen der Fülle des gebotenen Inhalts mißlingt, wo der Schreiber im Stoff ertrinkt, handelt es sich doch um einen Schüler, der unter dem Druck begrenzter Arbeitszeit seine Aufgabe besonders gut und umfassend lösen wollte. War etwa das Thema den Bedingungen (Arbeitszeit, Materialverfügung) nicht entsprechend gestellt, nicht begrenzt, zu uferlos und allgemein? Darf der Arbeitswillige Opfer eines solchen Fehlers werden?

Wir widersprachen, daß der Aufsatz nur Inhalt sei. Wir widersprechen auch Göllers Behauptung: „Im Inhalt liegt der Schwerpunkt des Aufsatzes. Befriedigt der Inhalt, so mögen Aufbau und Sprache einige Mängel haben, der Aufsatz bleibt immer noch „befriedigend".[31] Wir stimmen ihm zu, wenn er sagt: „In Wirklichkeit hängen alle drei aufs engste zusammen, besonders eng Inhalt und Sprache".[32] Möglicherweise differiert der Sprachgebrauch. Denn Sprache *ist* Inhalt und Struktur. Aber wir differenzieren und unterscheiden zu pädagogischen Zwecken: in der Spracherziehung geht es um Förderung der Sprache, des Stils, was nicht isoliert ohne Grundlage von Inhalten, aber auch nicht allein von Inhalten aus gelingt. Vom Lernziel (Sprachgestaltung) her kann der *Inhalt* in der Wertung nicht dominieren. Unter zu modifizierenden Gesichtspunkten kommt ihm 20—30%, *höchstens ein Drittel,* an Gewicht innerhalb der Beurteilung zu. Ob bei der Rückgabe Korrekturen am Inhalt nur als Diskussionen stattfinden sollen[33], scheint fraglich.

Unter *Bau* (Aufbau) soll die geistige Strukturierung des Stoffes veranschlagt werden. Dazu gehören

> Disposition (Gliederung)
> Logik (Verknüpfung, Abstraktionsfähigkeit, Argumentation,
> Folgerungen, Schlüsse, Denkfehler)
> Komposition (Einleitung, Übergänge, Steigerung, Schluß)

Sperre: nicht mehr ausreichend, bei schweren logischen Mängeln, die den Verlust eines rationalen Zusammenhangs herbeiführen. Die Einschränkung kann auch hier wieder die Teilnote „Bau" belasten oder sich, in gravierenden Fällen, sperrend gegen die positive Wertung des Aufsatzes überhaupt auswirken.

Zugegeben: am schwierigsten sind die Kriterien für *Stil* (Ausdruck). Diesen Urteilen liegen Geschmackskonventionen (Zeitstil, Generationsstile) und individuelle Stilauffassungen (Stil-„Gefühl") zugrunde und sprechen mit. Je mehr der Beurteiler sich dessen unbeschönigt bewußt wird, desto eher vermag er sich seinen Stilurteilen distanzierend gegenüberzustellen, desto eher auch wird er das von seiner Stilhaltung Abweichende und Andersartige billigen, gelten lassen oder dulden. Gerade hier kann er sich nicht aufdrängen. Die Weise, wie jemand etwas sagt, hängt mit der Weise seiner Existenz zusammen; sie soll respektiert werden, soweit nicht schwerwiegende Mängel entgegenstehen, Mängel, an deren Erkenntnis und Überwindung der Schüler selbst am meisten interessiert sein müßte. Wenn le style c'est l'homme gälte, wäre der Mensch auch durch seinen Stil bloßgestellt. Es scheint ein wenig zu kurz gedacht oder formuliert, wenn Nietzsche behauptete, wer den Stil verbessern will, müsse zuerst das Denken verbessern. Aber daß ohne Klarheit der geistigen Struktur der Stil nicht klar sein kann, leuchtet ein. Wenn es in diesem Bereich kein absolutes Richtig oder Falsch[34] gibt, so doch eine *Angemessenheit* gegenüber der darzustellenden Sache, eine stilistische Adäquatheit. Innerhalb derer zielt die Analyse des Beurteilers auf Fülle und Reichtum der Ausdrucksmittel, ihre bewußte Auswahl und treffenden Einsatz, also auch auf dürftigen, trockenen, knappen, vagen, leeren, bildreichen, üppigen, schwülstigen usw. Ausdruck. Wie über Sprache verfügt wird, ist hier zu beurteilen: ob in variantenreicher Syntax unter treffsicherer Verwendung aller Satzbaupläne, mit wie weitem aktivem Wortschatz (dagegen W!), mit welchem Sinn für Satz- und Sprachrhythmus und Klangwerte, für die eigenartige Färbung der Sprache.

Neben der *Angemessenheit* ist die *Ausdrucksfähigkeit* und der *Grad der Sprachverfügung* zu beurteilen. Wo diese ein Niveau unterschreiten, daß die Sprechabsicht nicht mehr eindeutig vermittelt werden kann oder bei zu großer Diskrepanz zwischen Ausdruck und Absicht ins Gegenteil (Komik, Lächerlichkeit) umschlägt, tritt die Sperre des Nicht-Mehr-Ausreichend ein. Wieder kann, wie in der Stilebene, gradweise die Teilnote Stil belastet werden oder die Sperre richtet sich von daher gegen den ganzen Aufsatz. Dem *Stil* kommt nicht nur in subjektbetonter Darstellung Gewicht zu, sondern allen Aufsätzen, daß er *konstant in allen Formen und allen Stilarten mit knapp einem Drittel, also 30%*, veranschlagt werden sollte.

Die Beherrschung der *Sprachregeln* als gesetzten Normen tritt dahinter zurück. Ihr kann man nicht mehr als *ein Fünftel* (20%) zubilligen. Eine Hälfte, ein *Zehntel* (10%), käme der *Grammatik* zu (Wortbildung, Satzbildung, Konjugationen und Flexionen, Tempora, Modi), die andere, ein *Zehntel (10%)*, dem *Rechtschreiben* (einschließlich Zeichensetzung). Alle Aufsatzdidaktiker stimmen überein, daß dem Rechtschreiben nicht zu hohes Gewicht gegeben werden darf im Urteil über einen komplexen Gegenstand, daß es völlig ausgeschaltet würde, wie einige fordern, kann angesichts der Notwendigkeit eines sorgfältigen Umgangs mit der Sprache und der Sicherung eindeutiger Kommunikation innerhalb der Sprachgesellschaft, also auch aus sozialen Gründen, nicht befürwortet werden. Beide Extreme, Überwertung und Verzicht, sind falsch. Mängel in der Sprachrichtigkeit belasten die Teilnoten Grammatik oder/und Rechtschreiben und können in schwerwiegenden Fällen einer Störung oder Verhinderung von schriftlicher Kommunikation zur Sperre werden, die kein Ausreichend im Ganzen mehr zuläßt.

Auch das *Schriftbild*, das Erscheinungsbild, zählt mit. Es ist ein dem Sprachwerk endogener Faktor, in welchem Zustand (Schrift, graphische Anordnung, Sauberkeit) es erscheint. Man sollte nur nicht dem Hofeffekt verfallen und sich von einer schöngeschriebenen, aber schwachen oder fehlerhaften Arbeit so bestechen lassen, daß man sie wegen der guten Form über oder neben eine schlechtgeschriebene, aber zutreffende oder fehlerfreie stellt. Immerhin gebietet die Höflichkeit in der Kommunikation eine ordentliche, saubere Form — auch dem Lehrer natürlich in seinen schriftlichen Äußerungen auf dem Blatt. Man sollte das Erscheinungsbild in einer Teilnote, aber nicht mehr als *ein Zwanzigstel* (= 5%) veranschlagen. So wirkt es unter Umständen in der Gesamtnote als Regulativ, auf- oder abrundend. Eine Sperre ist hier nur in seltenen, krassen Fällen abzuleiten, etwa bei Unleserlichkeit. Die Teilnote kann bis zu „Ungenügend" belastet werden, ob sie aber als Sperre den ganzen Aufsatz unter „Ausreichend" herabsetzen sollte, erscheint fraglich. Eine Sperre müßte dann bereits bei Entgegennahme der Arbeit wirken, d. h. mit deren Zurückweisung die Verbesserung bzw. Neuanfertigung verlangen.

Die endogenen Faktoren sollten in ihrer variablen Gewichtung so multipliziert werden, daß ihre *Summe durch 10 teilbar* wird, um durch Teilung die *Gesamtnote* zu erhalten.

Die *sprachbezogenen Faktoren* erscheinen nicht in solcher Weise im Sprachwerk des Aufsatzes, daß sie leicht im Text gefaßt und analysiert werden könnten. Deswegen lassen sich auch Sperren kaum ableiten; sie richten sich nicht gegen die einzelne Arbeit. Eher scheint den sprachbezogenen Faktoren eine *generelle Anhebung* oder *Senkung des Zensurenniveaus* zu entsprechen, was für alle Arbeiten einer Klasse (Kurs) gelten und bekanntgemacht sein muß.

Der *Dialekt* fördert oder hemmt bestimmte Stileigenschaften (in Bayern beispielsweise hemmt er den Gebrauch des Imperfekts, im Rheinland fördert er offenbar die Redundanz). Davon sind normalerweise alle Schüler einer Klasse usw. betroffen. Aufmerksamkeit gilt Außenseitern, d. h. Kindern, die aus anderen Dialektgebieten kommen — im krassen Fall anderen Sprachgebieten (Gastarbeiterkinder), was aber als Sonderfall gelten muß; denn sie lernen Deutsch als Fremdsprache.

Der *Altersstil* steckt den Rahmen für bestimmte Leistungsmöglichkeiten und -forderungen. Überschreitet ein Kind beispielsweise später nie das erste Stilalter, so wäre ein einschränkendes Urteil gerechtfertigt, allerdings davon abhängig, *ob* die *Kommunikationsabsicht* auch mit den verfügbaren Stilmitteln (noch) *geleistet* wurde. Auch wäre dann nach der Lernfähigkeit (Anlage, Begabung), etwa nach schichtenspezifischer Lernhemmung, vielleicht nach der Motivation zu suchen. Der Ansatz zur Behebung solcher Mängel greift am Aufsatz selbst zu kurz und ist in der Zensur kaum zu gewichten, dagegen im Unterricht zu intensivieren und in der Verbalbeurteilung als Rat und Wegweisung auszudrücken.

Die *Vorübung*, Aufgaben- und *Themenstellung, das Lernziel* einer bestimmten *Stilform* sind Voraussetzungen des Urteils. Sperren, wie Thema oder Stilebene verfehlt, Stilform nicht erfüllt, können nur abgeleitet werden, wenn bei gleicher Vorübung nur wenige das Lernziel verfehlen. Sind mehrere oder viele Schüler davon betroffen, dann muß der Lehrer in Selbstkontrolle zuerst prüfen, ob Vorübungen, Lehrsequenzen, Themenstellungen angemessen waren und ob die bestimmte Stilform dem durchschnittlichen Stilalter zu leisten möglich war. Fällt die Überprüfung völlig negativ aus, trifft die Sperre sozusagen den Lehrer: die Arbeit muß kassiert werden. Sind leichtere Einwände zu erheben, kann nicht etwa eine Einzelleistung das normale Zensurenniveau rechtfertigen (etwa $\frac{1\ 2\ 3\ 4\ \ 5\ \ 6}{1\ -\ 2\ 10\ 10\ 5}$ sondern das Niveau wäre allgemein nur einen halben bis ganzen Notengrad anzuheben, um den Fehler des Lehrers auszugleichen. Die *Arbeitsbedingungen* sollten das Urteil ebenfalls generell beeinflussen. Ob jemand nach längerer Krankheit oder kurz vor Ausbruch einer Infektionskrankheit eine Arbeit geschrieben hat, sollte beachtet werden. Bei krasser Diskrepanz zur sonstigen Leistung müßte das Urteil annulliert, die Arbeit unter normalisierten Bedingungen nachgeholt werden. Selbstverständlich verdient eine Hausarbeit, zu der genügend Zeit gegeben war, eher niveauverschärfende Gewichtung gegenüber Klassenarbeiten, an denen die Zeitknappheit sichtbar wird daran, daß vielfach der Schluß oder die Reinschrift oder die zweite Durchsicht fehlen. Oder die Arbeitszeit fiel in eine letzte Stunde, vielleicht an einem heißen Mittag, oder nach einer strapaziösen Sportstunde. (Wer hat sie nicht mitgemacht?) In letzteren Fällen wäre der Maßstab generell und für alle zu heben — wie aber bei dem, der vom Sport befreit war? — oder die Arbeit *notfalls* zu kassieren. Der erfahrene Lehrer spart solche ungünstigen Zeiten aus.

Der frühere *Unterricht* ist schwer zu veranschlagen. Einerseits zeigt er sich am *Klassenniveau*, das unter Umständen zwingt, das Zensurniveau zunächst zu senken — über die Ist- aber unter die Soll-Marke — vor allem am Jahresanfang, um ihn gradweise an das normale Niveau (Stilalter, Klassen(Kurs) — und Schulvergleich) durch Intensivierung des Unterrichts und des Schreibtrainings heranzuführen. Die *Relation* zwischen den Leistungsansprüchen in Klassen einer Schule darf nie zu diskrepant werden, also etwa einen Notengrad im Durchschnitt überschreiten; sie *muß* immer wieder hergestellt werden, zwischen verschiedenen Schulen sollte sie es. Bei Schulwechsel eines Schülers sollte deswegen das Urteil probeweise gelten.

Die *exogenen Faktoren* sind für die Beurteilung problematisch. Denn je mehr Informationen eingehen, desto mehr streuen die Urteile[35], weil Information differenziert. Exogen, Außenfaktor, Fremdfaktor, die auf solcher zusätzlicher Information beruht, wäre auch die *pädagogische Absicht* des Lehrers, mit der Note ein Verhalten zu bestrafen oder zu belohnen anstatt die Leistung zu beurteilen, also *therapeutische Zensuren*[36] zugunsten eines Klassenprimus oder Klassenjüngsten oder zuungunsten eines Wiederholers zu erteilen oder *kompensatorische Zensuren* zugunsten eines „milieugeschädigten" oder zuungunsten eines „milieubegünstigten" Kindes. Die schichtspezifischen Kodes sind — bei aller Vorsicht, wie dargestellt — im durchschnittlichen Unterrichtsniveau und in der Aufgabenhöhe zu berücksichtigen, ohne daß sie sich unmittelbar in Zensuren (z. B. Unterschichtkind = eine Note anzuheben) niederschlägt. Allerdings kann ein Aufsatz, der auf dem Hintergrund und mit den Mitteln eines „restricted code" die Aufgabe, wenn auch eingeschränkt, löst, nicht als unter „Ausreichend" angesehen werden. Sehr problematisch ist auch, den Entwicklungsgang von einzelnen (Schulwechsel, Alter, Pubertät, Wiederholungen) in der Aufsatznote mit ausdrücken zu wollen.

Von den exogenen Faktoren lassen sich keine Sperren ableiten, vorausgesetzt, daß der Unterricht gleich und allgemein, also alle Schüler heranziehend und fördernd, erteilt wurde. Sie veranlassen eher eine Intensivierung des Unterrichts in Richtung auf bestimmte Schüler oder Gruppen auf lange Sicht (Lesen, Vorlesen, Sonderübung) und schlagen sich in der Beurteilung in Form von *Ratschlägen* und Anweisungen nieder.

Anmerkungen

1 in: lehren und lernen, 1968, 365
2 ebd., 366
3 Göller, 78
4 Göller, 47
5 so Beck II, 72; I, 94
6 Lehmann, 41
7 Beck II, 22
8 so Merkelbach, 6, 18; Dahle oder Martin Berg, in: Ide, 197
9 Ingendahl, 12; vgl. dazu Groth in: Wolfrum, Taschenbuch, 154–160
10 ebd., 12
11 so Göller, 107
12 so Ingendahl, 13
13 so Göller, 107
14 so Ingendahl, 14
15 Essen, Beurteilung, 40
16 ebd., 43
17 ebd., 41
18 ebd., 42
19 Roche, 102
20 so Ingenkamp, Zur Problematik, 450; Göller, 87
21 Ingenkamp, Probleme, 70
22 so Fliegner, 367
23 Fliegner, 373
24 Göller, 85
25 Göller, 85
26 Schröter, Ungerechte Aufsatzzensur, 33–39
27 Schröter ebd., 41: „Je jünger ein Schüler ist, umso schwieriger ist es, die unzureichende Beachtung des Themas in der Zensur zu berücksichtigen."
28 ebd., 42
29 Ingenkamp, Zur Problematik, 447
30 vgl. Schröter, Ungerechte Aufsatzzensur, 52–55
31 Göller, 86
32 ebd., 86
33 Ingendahl, 14/15
34 so Jäger/Duhm, 166
35 so Ingenkamp, Zur Problematik, 447
36 vgl. Schröter, Ungerechte Aufsatzzensur, 33, 79 ff.

Ein variables Grundmodell

Es ist leicht, die vorhandenen Beurteilungsmodelle zu kritisieren. Alle Modelle sind als Möglichkeiten so unentbehrlich für die Diskussion wie anregend für den Einsatz eigener Lösungsversuche. Deutlich geworden ist, daß es *die* Lösung weder gibt noch geben kann. Wenn in diesem Kapitel *noch* ein Modell vorgeschlagen wird, geschieht dies im Bewußtsein, ebensowenig über die Lösung zu verfügen. Es soll angenommen werden als Versuch, eine weitere Möglichkeit in die Diskussion und zum Experiment zu bringen, um dem Lehrer Hilfen an die Hand zu geben.

Aus den Beurteilungskriterien für die endogenen Faktoren — die sprachbezogenen sind anschließend zu wägen — wäre ein variables Modell zu entwerfen, in dem die einzelnen Faktoren im Rahmen der Stilformen und Stilalter im Gesamturteil entsprechend zur Wirkung kommen, doch einfach genug, damit es im Schulalltag auch praktikabel ist.

Wir sind in der Diskussion der Kriterien davon ausgegangen, daß die Gewichtung

   des *Stils* etwa ein Drittel (30%)
   der *Regelrichtigkeit* etwa ein Fünftel (20%)
   des *Schriftbildes* etwa ein Zwanzigstel (5%)

zusammen etwa gut die Hälfte (55%) am Gesamturteil ausmachen sollte. Ob man die Regelrichtigkeit (Rechtschreiben und Grammatik) im ersten Stilalter innerhalb des Aufsatzes so hoch wertet, mag umstritten sein; auch für die Kollegstufe könnten Bedenken vorgebracht werden. Jedenfalls wären ab 4. Schuljahr Anspruch und Anteil etwa einzuhalten. Mit dieser kleinen Variante gelten die Anteile für die drei genannten Komponenten (Teilnoten) *für alle Stilalter und in allen Stilformen als Konstanten.* Variabel, entsprechend der Stilformen und Stilalter, müßten die Komponenten Inhalt und Bau innerhalb der verbleibenden knappen Hälfte (zusammen 45%) sein, und zwar so, daß in frühen Stilaltern und in subjektbetonten Stilformen das Gewicht des Inhalts überwiegt, sich mit fortschreitendem Alter und bei objektgerichteten Stilformen zum Bau (geistige Strukturierung) hin verschiebt. Ausgehend von *vier Stilaltern* der Gesamtschulzeit

1. 6½— 8½ Jahre (nach Pregel)
2. 9 —11½ Jahre (nach Pregel)
3. 12 —15 Jahre (nach Helmers 3. Bildungsstufe)
4. 16 —19 Jahre (nach Helmers 4. Bildungsstufe)

und nach *drei Haupttypen an Aufsatz-Stilformen*
1. subjektbetonte
2. objektgerichtete
3. gemischte

läßt sich das Grundmodell entsprechend variieren durch Veränderung der Komponenten Inhalt und Bau.

A. *Subjektbetonte Stilformen*

(Erzählungen: Erlebnis-, Phantasie- usw., Stimmungsbild, Betrachtung usw.)

1. es zählen im Stilalter	Inhalt	Bau	Stil	Regelrichtigkeit GR R		Schriftbild	
1. $6^{1}/_{2}$–$8^{1}/_{2}$	4 x	+ 1,5 x	+ 3 x	+ 0,5 x	+ 0,5 x	+ 0,5 x : 10 =
2. 9–$11^{1}/_{2}$	3 x	+ 1,5 x	+ 3 x	+ 1 x	+ 1 x	+ 0,5 x : 10 =
3. 12–15	3 x	+ 1,5 x	+ 3 x	+ 1 x	+ 1 x	+ 0,5 x : 10 =
4. 16–19	2 x	+ 2,5 x	+ 3,5 x	+ 0,75 x	+ 0,75 x	+ 0,5 x : 10 =

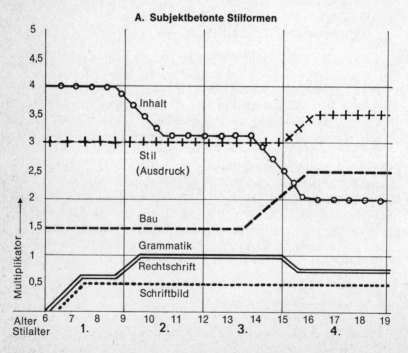

A. Subjektbetonte Stilformen

B. Objektgerichtete Stilformen
(Bericht, Beschreibung, Abhandlung, Problemaufsatz)

Es zählen im Stilalter	Inhalt	Bau	Stil	Regelrichtigkeit		Schriftbild
				Gr	R	
1. 6½–8½	4 x	2 x	2,5 x	0,5 x	0,5 x	0,5 x : 10 =
2. 9.–11½	3 x	2 x	2,5 x	1 x	1 x	0,5 x : 10 =
3. 12–15	3 x	2 x	2,5 x	1 x	1 x	0,5 x : 10 =
4. 16–19	2,5 x	3 x	2,5 x	0,75 x	0,75 x	0,5 x : 10 =

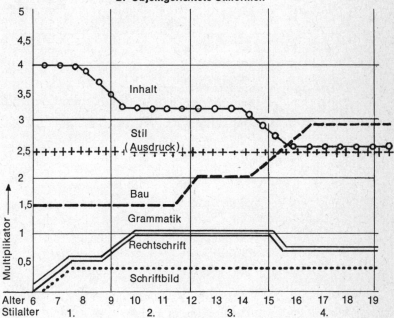

C. Gemischte Stilformen
(Erlebnisbericht, Schilderung, Interpretation, Erörterung)

	Inhalt	Bau	Stil	Regelrichtigkeit		Schriftbild
				Gr	R	
1. 6½–8½	4 x	1,5 x	3 x	0,5 x	0,5 x	0,5 x : 10 =
2. 9–11½	3 x	1,5 x	3 x	1 x	1 x	0,5 x : 10 =
3. 12–15	2,5 x	2 x	3 x	1 x	1 x	0,5 x : 10 =
4. 16–19	2,5 x	2,5 x	3 x	0,75 x	0,75 x	0,5 x : 10 =

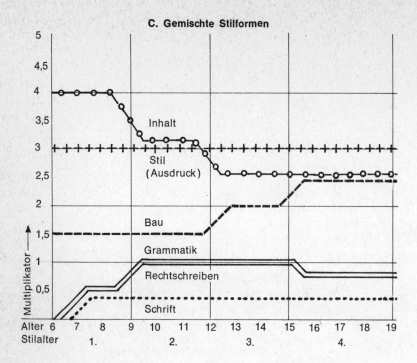

Zu prüfen ist weiter, ob gegen den Einzelaufsatz eine *Sperre* wirken muß wegen

> Nichterfüllung der Stilform des Aufsatzes,
> Verfehlung der Stilebene,
> Verfehlung des Themas,

und ob der Klasse (in allen Aufsätzen) das *Zensurniveau* zu verändern wäre oder eine Sperre notwendig erscheint wegen

> mangelhafter Vorübung (Unterricht!),
> falscher Lehrnziel- und Themenstellung,
> ungünstiger Arbeitsbedingungen,
> der Relation zu anderen Klassen.

+

Dieser Entwurf eines variablen Grundmodells stellt ein praktikables Beurteilungsmodell zur Diskussion und zur experimentellen Anwendung. Es beugt vor allem Extrembeurteilungen vor, die nur aufgrund eines einzigen extrem bewerteten Faktors gegeben werden.

Als Beispiel aus der Praxis sei der Fall des *Aufsatzes A* (Abb. S. 22) aufgenommen:

Stilform: Gemischte Stilform: Erlebnisbericht
Stilalter: 12 Jahre, noch 2. Stilalter

Es zählen	Inhalt	Bau	Stil	Regelrichtigkeit		Schriftbild
	3 x	1,5 x	3 x	Gr. 1 x,	R 1 x,	0,5 x
Gegebene Teilnoten	2	2	2	5	5	3,5
Multiplizierte Teilnoten	6	3	6	5	5	1,75

Gesamtnote: 26,75 : 10 = 2,675 = -3 bzw. 3+

In ähnlicher Weise kann das Experiment an den Aufsätzen B und C (Abb. S. 25, 226) oder an anderem Aufsatzmaterial, soweit die notwendigen Angaben vorliegen, angewandt und geprüft werden.

Der als Textbeispiel gegebene Aufsatz A hat zwei Korrekturen und zwei Beurteilungen (Verbal und Ziffern) erfahren (A1 und A2, S. 227, 230). Vergleichen Sie die beiden Zensurvorgänge und nehmen Sie dazu Stellung! (Was ist abzulehnen? Was fehlt? Wer urteilt angemessener?)

Versuchen Sie am unkorrigiert abgedruckten Aufsatz 4 (S. 22) Ihre eigene Zensur (Korrektur, Beurteilung, Note)!

Beurteilen Sie die Aufsätze B und C und versuchen Sie diese mit A in eine Relation zu bringen!

C

Die schlechte Note

Wir schreiben öfters in Englisch Übungsarbeiten.
Nun war es wieder einmal soweit. Leider leider schrieb ich eine 4. Ich ~~kam~~ ließ den Zettel verschwinden und zwar unter das Bett. Eine ganze Weile merkte meine Mutter nichts davon. Doch einmal muß sie es irgendwie entdeckt haben, denn als ich nach Hause kam, sollte ich nach dem Essen gleich zu ihr kommen. Mit schlotternden Knien ging ich ins Wohnzimmer. Nun bekam ich eine Strafpredigt zu hören. Als ich herauskam, stieß ich laut die Luft heraus. "PuPuh", sagte ich; das wäre wieder einmal überstanden.

He

Die schlechte Schulaufgabennote

Dienstage bekamen wir unsere Durchrechnete zurück.
R Fr: Jeder war gespannt, war egal oder schleift? Doch plötzlich
 Was?
 Angst mit einem Klatsch mein Heft vor mir. Vorsichtig
 blätterte ich durch die Blätter, meine Gedanken rauschten wie
 JR ein Karussell: 2 oder 5 vielleicht sogar 6? Wir weiß, man
 GpdR kann's nicht wissen. Doch mein Wunsch mit 2 oder 3 ging
 Rumklammricht in Erfüllung nicht mal schlecht erhoffte Note. Es war
 R S ein große Enttäuschung und das bedeutete: viel Heuliger
 R a wurden. Die Enttäuschung bestand aus einer 5+. Na ja, 5+
 war so fast eine vier. Aber trotzdem. Auch tat mir dem
 überstrichen Schnaneweg rieselten und wankten die Gedanken wie
 auf einer Rennbahn umher. Bekam ich nof Vorschungen oder

R.S eine Moralpredigt vorgehalten. Ich hätte nicht gedacht, daß
R.S es so schlecht wurde. Dumm... einer... ich...
S und Morgengymnastik, zwar anziehen, aber ich ihm die
S Pedale. Ein kurzer Umzug bei einer schlechten Note ist
R immer etwas feines. Man kann ein kleines Schmunzeln
a abhalten bei einer Freundin und bekommt es ein wenig
S mehr Lust als ich daraufhin, fiel mir um das Herz
R.R! Dienst hatte, daß war noch besser. Ich, fröhlich und
S fromm fuhr ich nach Haus. Doch als ich zu Haus vor
S der Tür stand, lief es mir eiskalt über den Rücken. Keine,
R keine Schloß ich die Tür auf, doch ich hatte Pech — "Bolly"
     ⎫ unser Hund war im Wohnzimmer und kam schnurrstracks
Was hat⎬
der Hund⎭ auf mich zu. Freudig sprang er an mir hoch. "Na, gibst von
damit
zu tun? Leuen?" fragte Mutti. "... wir haben die Haushalte zurückbekommen!" sagte ich.

"Und?" fragte sie. "Was, und?" gab ich nur zur Antwort. "Schji, hier. Ein Autogramm möchte ich von dir." und
R erüchte/reichte sie Heft mit Füller in die Hand. "Was fünft?"
R und erstaunt bleckte sie mich an. "Ist so fünd und Fortun,"
unpassend gab ich ihr belehrend als Antwort. "Trotzdem. Mußt dich wieder anstrengen und über das dach nicht so weitergehen, ja?"
R sprach sie. "Ja." flüsterte ich. "Puh," dachte ich, "fahr aus, aha,
S es geht halt nicht ohne "Muttern"
Phrase.

Die schlechte Schulaufgabennote

Dienstags bekamen wir unsere Deutsch hausaufgabe zurück. Jeder war gespannt; war es gut oder schlecht? Doch plötzlich lag mit einem Klatsch mein Heft vor mir. Vorsichtig fernate ich durch die Blätter, meine Gedanken rasten wie ein Karussel; 2 oder 5 vielleicht sogar 6 ? Wer weiß, man kann's nicht wissen. Doch mein Wunsch hat 2 oder 3 ging nicht in Erfüllung, ~~vielleicht~~ ~~mal vielleicht erfüllt Note 4~~. Es war ein große Enttäuschung und das bedeutet: viel fleißiger werden. Die Enttäuschung bestand aus einer 5⁻ . Na ja, 5⁺ war so fast eine vier. Aber trotzdem haben sich dem Gut Nachhauseweg werden und wurden die Gedanken in mit einer Rennbahn umher. Bekam ich geschimpft oder jeder Moralpredigt vorgehalten. Ich hätte mich geducht, lol –, ist es so schwer auszuhalten nur umsonst sich strömenden Leu Englisch- und Mathematikpapier etwas entscheidendes, hat ich von ihm die Pedale. Ein kurzer Umweg des Bruders Nase ist immer etwas keines. Man kann ein kleiner schrauten Einhalten in einer Zugeln und bekommt weniger mehr wut, da ich stampfte, führ ihro Pepo Dienst rann hatte, das war noch besser. Zweiter fröhlich, fahr ihm fromm, fuhr ich nach Haus. Doch als ich vor einer zu Haus vor der Tür stand, lief es mir erst über den Rücken. Lene, das schloss ich die Tür auf, doch ich hatte Pech – „Bobby" Hat unser Hund war im Wohnzimmer und kam schnur-stratz auf mich zu. Freudig sprang er an mir hoch. „Ja, gilbst von oben?" fragt Mutti. „Wir haben die Kaninchen zurück kriegt", sage ich.

"Und?" fragte sie. "Was, und?" gab ich nur an. Wort. "Pshj", hin. "Ein Autogramm möchte ich von dir." und entdeckte den Heft mit Füller in die Hand. "Was kümt?" und erstaunt blickte sie mich an. "Ist ja kurz und Fordern, gab ich ihr selbstverwa als Antwort. "Trotzdem mußt du dich wieder anstrengen und über Das elag nicht so weitergehen, gilt sprach sie. "Ja", flüsterte ich. "Puh" darauf ging sie weg, "Mutter" wer soicht über

2 W.

Erst nach Lösung der Aufgaben beachten:

Überprüfen Sie Ihre Urteile nach den untenstehenden Angaben! Würden Sie aufgrund der Information diese ändern?

1. a) Abgabetag: 11.11.1968. Arbeitsbedingungen: Hausarbeit
   b) Ort: Offenbach am Main.
   c) Klasse: 6. Kl. Förderstufe Kurs B
   d) Schreiber von A und C 12 Jahre alt, von B Wiederholer der Klasse
   e) Geschlecht: A Mädchen, B und C Jungen

2. Angaben der Lehrerin über die Schüler:

a) Schülerin A
   Vater: Bademeister
   Mutter: Sekretärin
   Geschwister: keine
   A. lebte in geordneten Verhältnissen, für die Familie ist ausreichender Wohnraum, für A. ein Platz für Schularbeiten vorhanden. Eltern waren am schulischen Verhalten und an den Leistungen ihrer Tochter interessiert. A wiederholte das 5. Schuljahr auf Wunsch der Eltern. Sie war in die Klasse integriert und zeigte befriedigende, teilweise gute Leistungen in allen Fächern.

b) Schüler B
   Vater: Verwaltungssekretär
   Mutter: Hausfrau
   Geschwister: keine
   Geordnete Familienverhältnisse. Ausreichender Wohnraum vorhanden. Eltern waren an der Schule interessiert.
   B. hatte nach dem 4. Schuljahr die Sexta eines Gymnasiums besucht und war dort völlig gescheitert. Er war ein Schüler, der in allen Fächern nur knapp ausreichende oder mangelhafte Leistungen zeigte. Er trat zu Beginn des 6. Schuljahres in die Förderstufe ein. In den ersten vier bis sechs Wochen beteiligte er sich nicht am Unterricht und war sowohl von Schülern als auch vom Lehrer kaum ansprechbar. Erst nach intensiver Einzelbetreuung und nach ständigen Gesprächen mit seinen Eltern bekam er Vertrauen in seine neue Umgebung, es besserten sich zunächst seine schriftlichen Leistungen, dann begann er auch mündlich mitzuarbeiten. Lücken, vor allem in Englisch und Mathematik, konnten durch Nachhilfeunterricht geschlossen werden und nach drei Monaten war B. ein verläßlicher Schüler, der in allen Fächern ausreichende bis befriedigende Leistungen zeigte.

c) Schüler C.
   Vater: Fotograf
   Mutter: Sekretärin
   Geschwister: 2 (ältere Schwester, jüngerer Bruder)
   C. wiederholte das 5. Schuljahr. Er hatte in der alten Klasse vor allem Verhaltensschwierigkeiten gezeigt, die bald auch zum Abfall seiner Lei-

stungen führten. Er lehnte seine Klassenlehrerin völlig ab, fertigte selten Hausaufgaben an und trug kaum positiv zum Unterrichtsgeschehen bei. Er gebrauchte oft Ausreden und log, wenn er sich Schwierigkeiten nicht gewachsen zeigte.
Auch innerhalb der Familie fühlte sich C. zum damaligen Zeitpunkt nicht wohl. Er lief oft davon, stahl in Warenhäusern für ihn nutzlose Gegenstände, die er hortete oder auch wegwarf. Zu dieser Zeit war das Interesse der Eltern, der Mutter vor allem, auf die C. stark fixiert war, hauptsächlich auf den jüngeren Bruder gerichtet, der schwer krank war. Auch die ältere Schwester, damals in der Pubertät, verlangte große Aufmerksamkeit von seiten der Mutter.
In der neuen Klasse fühlte sich C. wohl. Der Kontakt zwischen Klassenkameraden und neuen Lehrkräften war rasch hergestellt. Durch ständigen Kontakt mit dem Elternhaus und durch Mithilfe einer Erziehungsberatungsstelle konnte C.s Verhalten positiv beeinflußt werden.
C. zeigte im mündlichen Unterricht gute Leistungen, seine schriftlichen Arbeiten, aber vor allem seine Hausaufgaben, hatten unterschiedliches Niveau. Es fehlte ihm an Ausdauer und der nötigen Sorgfalt, so daß seine Gesamtleistung nur mit ‚befriedigend‘ beurteilt werden konnte. Bei Hausaufsätzen und Übungsarbeiten lieferte er so unterschiedliche Leistungen, daß die Beurteilungen die gesamte Notenskala umfaßten. Sonst schwankten seine Leistungen von gut bis ausreichend.
Im Sozialgefüge der Klasse nahm C. eine Sonderstellung ein: Er war schon nach kurzer Zeit ‚Star‘ der Klasse und konnte diese Stellung über zwei Schuljahre hin behaupten. (Unterlage: vier Soziogramme, jeweils im ersten Drittel und am Endes des Schuljahrs angefertigt.)

d) Aufsatznoten im 6. Schuljahr:
A: 3 3 3 3- 3 3-
B: 3 2 3 4 3- 4
C: 4 2 2 -2 2 2

3. Informationen zum *bisherigen* Aufsatzunterricht

Folgende Aufsatzformen wurden in den beiden Schuljahren erarbeitet:

5. Schuljahr: Erlebniserzählung
                Phantasieerzählung
                Vorgangsbeschreibung
                Bericht (Schulereignisse)
                Brief
6. Schuljahr: Erzählung (Weiterführung)
                Nacherzählung — Inhaltsangabe
                Gegenstandsbeschreibung
                Bildbeschreibung
                Meinungsäußerungen, Stellungnahmen, Beurteilungen

Zur Erarbeitung einer neuen Aufsatzform wurden etwa zwei Monate benötigt (bei 5 Wochenstunden Deutsch). Neben dem reinen Sprachunterricht stand ständiges Üben des sprachlichen Ausdrucks in den Fächern Politische Bildung und Biologie (Bericht, Beschreibung, Protokoll ...)

Literaturverzeichnis

*

Allgemein

Adorno, Th. W.: Jargon der Eigentlichkeit. Zur deutschen Ideologie. (es) Frankfurt/M 1964, 1970[5]

Aebli,H: Psychologische Didaktik, Stuttgart 1963

Bittner, G.: Lehrerbildung — Reform im Verzug, in: Politische Studien, H. 203, 1972, 241—257

Bloch, E.: Freiheit und Ordnung. Abriß der Sozialutopie. (rde 318/319), Reinbeck 1969

Dietrich, G.: Unterrichtspsychologie der Sekundarstufe. Donauwörth 1972

Foppa, K.: Lernen Gedächtnis Verhalten. Ergebnisse und Probleme der Lernpsychologie. (Studienbibl. Kiepenheuer und Witsch) Köln 1965, 1970[6]

Gamm, J.: Kritische Schule. Eine Streitschrift für die Emanzipation von Lehrern und Schülern. München 1970

Gehlen, A.: Der Mensch. Seine Natur und seine Stellung in der Welt. Frankfurt-Bonn 1962[7]

Glogauer, W.: Das Strukturmodell der Didaktik. Systematik und Methodologie. München 1967

Hesse, H.: Gesammelte Werke. werkausg. ed. suhrk. Frankfurt 1971

Hillebrand, M. J.: Kind und Sprache. München, I 1955, II 1966

Illich, I.: Entschulung der Gesellschaft. Mit einem Vorwort von Hartmut von Hentig. München 1972

Kainz, F.: Psychologie der Sprache, Stuttgart I—V, 1940 ff.

Kopp, F.: Didaktik in Leitgedanken. Donauwörth 1970[3]

Lenneberg, E. H.: Biological Foundations of Language. New York 1967

Lüttkens, Ch.: Die Schule als Mittelklassen-Institution, in: Soziologie der Schule. 4. Sonderheft der Kölner Zs. f. Soziologie und Sozialpsychologie 1959

Mann, Th.: Werke. Fischer Bücherei Frankfurt 1967

Marcuse, H.: Triebstruktur und Gesellschaft. Frankfurt 1967

Möller, H.: Was ist Didaktik? Bochum o. J.[6]

Oerter, R.: Moderne Entwicklungspsychologie. Donauwörth 1969, 1971[10] Psychologie des Denkens. Donauwörth 1971

Roth, H.: Psychologie des Lehrens und Lernens. Hannover 1957, 1967[10]
(Hsg.): Begabung und Lernen. Deutscher Bildungsrat. Gutachten und Studien der Bildungskommission. Stuttgart 1968, 1969[3]

Schmied-Kowarzik, W.: Die dialektische Struktur der Bildung. Überlegungen zu Josef Derbolaws Grundlegung der Pädagogik. in: Pädagogische Rundschau 1972, 169—225

Schoeck, H.: Der Neid und die Gesellschaft. 1966 (Herder B. 395) Freiburg 1971

Weber, E.: Erziehungsstile. Lehrbuch für Studierende der Pädagogik. Donauwörth 1970. 1972[3]

Zöpfl, H. u. a.: Kleines Lexikon der Pädagogik und Didaktik. Mit Einführung in das wissenschaftliche Arbeiten. Donauwörth 1970, 1971[3]

Asmuth, B./Berg-Ehlers, L.: Stilistik (Grunstudium Lit. Wiss.5) Düsseldorf 1972
Baumgärtner, A. C./Dahrendorf, M.: Wozu Literatur in der Schule? Beiträge zum literarischen Unterricht. Braunschweig 1970
Beinlich, A. (Hsg): Handbuch des Deutschunterrichts im ersten bis zehnten Schuljahr. Emsdetten I 1969[5], II 1970[5]
Benes, E./Vachek, J.: Stilistik und Soziolinguistik. Beiträge der Prager Schule zur strukturellen Sprachbetrachtung und Spracherziehung. München 1971
Bernstein, B.: Soziokulturelle Determinanten des Lernens, in: Kölner Z. f. Soziologie und Sozialpsychologie, Sonderheft 4, 1959; in: Helmers (Hsg): Zur Sprache des Kindes, 272—307
— Sprache und Lernen im Sozialprozeß, in: Flitner, A./Scheurl, H. (Hsg): Einführung in pädagogisches Denken. München 1967, 1968[2]
— Sprache, symbolisches Verhalten und soziale Schicht, in: Haseloff, O. W. (Hsg): Kommunikation. Berlin 1969, 108—117
— Der Unfug mit der ‚kompensatorischen' Erziehung, in: betrifft: erziehung 9/1971, 15—19
Braun, P.: Sprachbarrieren und muttersprachlicher Unterricht, in: DU 1969/4, 7—17
Dahle, W. u. a.: Kompensatorische Erziehung, in: Diskussion Deutsch 1970, 89—123
Doderer, K.: Wege in die Welt der Sprache, Stuttgart 1960, 1969[3]
— Zur sprachlichen Situation der Schulanfänger und der Grundschulkinder, in: WPB 1960, 413—417; 1961, 100—105; in: Helmers (Hsg): Zur Sprache des Kindes, 308—325
Dornseiff, F.: Der deutsche Wortschatz nach Sachgruppen. Berlin 1959[5]
Duden, Der große: 2 Stilwörterbuch der deutschen Sprache. Mannheim 1971[6]
8 Vergleichen des Synonymen Wörterbuch. Mannheim 1964
9 Hauptschwierigkeiten der deutschen Sprache. Mannheim 1965
Engel, U.: Sprachkreise, Sprachschichten, Stilbereiche, in: Muttersprache 1962, 298 ff.
Enkvist, N.E./Spencer, M./Gregory, M.: Linguistik und Stil. Deutsche Übersetzung von T. Scheibert. Heidelberg 1972
Essen, E.: Methodik des Deutschunterrichts, Heidelberg 1968[6]
— Zur Neuordnung des Deutschunterrichts auf der Oberstufe. Heidelberg 1965
Friedrich, W.: Moderne deutsche Idiomatik. Systematisches Wörterbuch mit Definitionen und Beispielen. München 1966
Gail, A.: Literarisches Prinzip und „sittliches" Mandat. Der Deutschunterricht zwischen germanistischer Esoterik und „pädagogischem" Moralismus, in: WW 1969, 361—376
Geißler, R.: Prolegomena zu einer Theorie der Literaturdidaktik. Hannover 1970
Giehrl, H. E.: Der junge Leser. Einführung in Grundfragen der Jungleserkunde und der literarischen Erziehung. Donauwörth 1968, 1972[2]
Glinz, H.: Grundbegriffe und Methoden inhaltsbezogener Text- und Sprachanalyse. Düsseldorf 1965
Grauer, G.: Familienerziehung. Sozialschicht, Schulerfolg. in: betrifft: Erziehung 1968/7
Hartig/Kurz: Sprache als soziale Kontrolle. Neue Ansätze zur Soziolinguistik. (es) Frankfurt/M 1971

Hartwig, H.: Was kann man mit Basil Bernsteins Ergebnissen anfangen? in: Diskussion Deutsch 2/1970, 123—143

Helbig, G.: Zur Anwendbarkeit moderner Linguistik im Fremdsprachenunterricht und zu den Beziehungen zwischen Sprach- und Lerntheorie, in: Sprache im technischen Zeitalter 1969, 287—305

Helmers, H.: Didaktik der deutschen Sprache. Einführung in die Theorie der muttersprachlichen und literarischen Bildung. Stuttgart 1966, 1971[6]
— (Hsg): Zur Sprache des Kindes. Wege der Forschung 42, Darmstadt 1969

Hetzer, H./Reindorf, B.: Sprachentwicklung und soziales Milieu. In: Z.f. angewandte Psychologie 1928, 449—462; in: Helmers (Hsg): Zur Sprache des Kindes, 151—165

Hetzer, H./Flakowski: Die entwicklungsbedingten Stilformen von kindlichen und jugendlichen Schreibern. Harms pädagogische Reihe 7, München 1962

Hielscher, H.: Die Bedeutung schichtspezifischer Sprachbarrieren für den Schulerfolg, in: Welt der Schule (Grundschule) August 1969

Ide, H. (Hsg): Bestandsaufnahme Deutschunterricht. Ein Fach in der Krise. Stuttgart 1970

Ivo, H.: Kritischer Deutschunterricht. Frankfurt 1969
— Die persönliche Meinung ist den allgemeinen Erkenntnissen untergeordnet. Vorbemerkungen zu einer Analyse der schriftlichen Darstellungsformen und der Grammatik in Sprachbüchern. in: Diskussion Deutsch 3/1971, 36—66

Kerkhoff, E.: Kleine deutsche Stilistik. (Dalp Tb 364) Bern 1962

Kolbe, J. (Hsg): Ansichten einer künftigen Germanistik. (Reihe Hanser 29) München 1969

Krüger, A.: Sprache und Darstellungsform der Kinder, in: Lebendige Schule 1955, 147—162, 808—823; in: Harms pädagogische Reihe 9, 1961

Lausberg, H.: Handbuch der literarischen Rhetorik. 2 Bde. München 1960
Elemente der literarischen Rhetorik. München 1963

Messelken, H.: Empirische Sprachdidaktik. (uni-tb) Heidelberg 1971

Michel, G.: Einführung in die Methodik der Stiluntersuchung. Ein Lehr- und Übungsbuch für Studierende, verfaßt von einem Autorenkollektiv unter Leitung von Georg Michel. Berlin (Ost) 1968

Müller, W.: Wie sagt man noch? Sinn- und sachverwandte Wörter und Wendungen. Duden Tb 2, Mannheim 1968

Müller-Seidel, W.: Probleme der literarischen Wertung. Stuttgart 1965
Wertung und Wissenschaft im Umgang mit Literatur, in: DU 1969/3, 5—40

Niepold, W.: Sprache und soziale Schicht. Darstellung und Kritik der Forschungsliteratur seit Bernstein. Berlin 1971[2]

Nündel, E.: Das formprägende Bewußtsein und der Deutschunterricht, in: WPB 1970, 10—20
— Umwelt, Sprache und Schule, in: WPB 1971, 185—191

Obrig, I.: Kinder erzählen angefangene Geschichten weiter, in: Arbeiten zur Entwicklungspsychologie, hsg. Felix Krüger, München 1934, 3—69; in: Helmers (Hsg): Zur Sprache des Kindes, 166—213

Oevermann, U.: Schichtspezifische Formen des Sprachverhaltens und ihr Einfluß auf die kognitiven Prozesse, in: Roth (Hsg): Begabung und Lernen, 297—356
— Sprache und soziale Herkunft. Ein Beitrag zur Analyse schichtenspezifischer Sozialisationsprozesse und ihrer Bedeutung für den Schulerfolg. Diss. Frankfurt 1967; (es 519) Frankfurt 1970, 1972[2]

Pregel, Dietrich: Voraussetzungen und Grundlagen der Stilbildung. in: Pädagog. Rundschau 13 (1958)
— Probleme der Erforschung kindlicher Sprache und kindlichen Stils, in: Z.f. Pädagogik, 3. Beiheft 1963
— Offene Fragen der Kindersprach- und Stilforschung, in: WW 1966, 165—179, 230—247; in: Helmers (Hsg): Zur Sprache des Kindes, 426—478
— Kindersprache als Gegenstand der Forschung. in: WPB 1969, 324—330
— Die Stilalter im mündlichen Darstellungsstil des Grundschulkindes, in: WW 1969, 73—104
— Zur Frage der kindlichen Stilalter. Hannover 1971

Priesemann, G.: Die Vermittlungsfunktion der Sprache in der Pädagogik, in: Sprache im technischen Zeitalter 1969, 93—108

Reiners, L.: Stilfibel. Der sichere Weg zum guten Deutsch. (dtv) München 1963, 1970[10]

Riesel, E.: Stilistik der deutschen Sprache. Moskau 1963[2]

Roeder, P.M.: Sozialstatus und Schulerfolg, in: Sprache und Erziehung. 7. Beiheft der Z. f. Pädagogik 1968; in: Helmers (Hsg): Zur Sprache des Kindes, 496—515
— ‚Kompensatorische Spracherziehung'. Unterrichten als Lernsituation, in: Muttersprache 1970, 302—313

Schneider, W.: Stilistische deutsche Grammatik. Die Stilwerte der Wortarten, der Wortstellung und des Satzes. Freiburg 1967[4]

Schulz, G.: Satzkomplexität — ein zweifelhaftes linguistisches Kriterium, in: Diskussion Deutsch, 3/1971, 27—36

Seibicke, W.: Wie schreibt man gutes Deutsch? Eine Stilfibel. Duden Tb 7, Mannheim 1969

Seidler, H.: Allgemeine Stilistik. Göttingen 1963[2]

Sonnemann, U.: Schulen der Sprachlosigkeit. Deutschunterricht in der Bundesrepublik. Hamburg 1970[2]

Stocker, K.: Die dramatischen Formen in didaktischer Sicht. Donauwörth 1972
— Ein Fach in der Krise — Diagnose und Therapie des Deutschunterrichts von heute, in: Pädagogische Welt 1971, 643—655

Storz, G.: Stilfehler im Oberstufenaufsatz. Ein stilistisches Praktikum. Stuttgart o. J.
— Interpretation dichterischer Texte und Sprachwissenschaft, in: DU 1969/3, 41—50

Thierfelder, H.: Wege zu besserem Stil. Ein Beitrag zur sprachlichen Selbsterziehung. Mainz 1950

Ulshöfer, R.: In welchem Umfang ist der Deutschunterricht der gymnasialen Oberstufe reformbedürftig, in: DU 1969/2, 108—122
—Methodik des Deutschunterrichts, Unterstufe, Stuttgart 1967[3]
Mittelstufe, Stuttgart 1968[5]

Wehrle/Eggers: Deutscher Wortschatz. Stuttgart 1961[12]

Wilkending, G.: Die Funktion allgemeiner Lernzielformulierungen in der Didaktik des Deutschunterrichts, in: Z. f. Pädagogik 1971, 203—222

Winkler, Ch.: Bilderbücher von Hartmut, in: WPB 1961, 85—99; in: Helmers (Hsg): Zur Sprache des Kindes, 326—352

Wolfrum, E. (Hsg.): Taschenbuch des Deutschunterrichts. Esslingen 1972

Wustmann, G.: Sprachdummheiten. Hsg. W. Schulze, Berlin 1966[14]

Allweiler, J.: Meuterei gegen die Schule. Frankfurt 1969
Breuer, H.: Zum prognostischen Wert der Schulzensuren, in: Psychologische Grundlagen der sozialistischen Schule. Arbeitstagung an der Pädagogischen Hochschule. Potsdam 1967, 94 ff.
Carter, R. S.: Wie gültig sind die durch die Lehrer erteilten Zensuren? in: Ingenkamp (Hsg): Die Fragwürdigkeit der Zensurengebung, 123—133
Deusinger, I. M.: Normvorstellungen, Leistungsverhalten und Persönlichkeitsvariablen, in: Z. f. experimentelle und angewandte Psychologie, 1972, 27—63
Dahle, W.: Neutrale Sprachbetrachtung? Didaktik des Deutschunterrichts, in: Das Argument 1968/8, 455—465; in: Ide (Hsg): Bestandsaufnahme Deutschunterricht, 133—145
Dohnanyi, K.v.: Wo die Reform weh tut. Bildungspolitik erfordert einen wirtschaftlichen und finanziellen Kraftakt. Das Leistungsprinzip muß auch künftig im Bildungswesen angewandt werden, in: DIE ZEIT vom 20.8.1971, 40
Dohse, W.: Das Schulzeugnis. Sein Wesen und seine Problematik. Weinheim — Berlin — Basel 1963, 1967[2]
Döring, O.: Untersuchungen zur Psychologie des Lehrers. Leipzig 1925
Falk, R.: Zur Psychologie der schulischen Leistungsbeurteilung durch Zensierung, in: Wiss. Z. d. Univ. Halle. Sprachwissenschaftliche Reihe 11 (1962), 1015—1032
Flitner, A.: Das Schulzeugnis im Lichte neuerer Untersuchungen, in: Z. f. Pädagogik 1966, 511—538
Furck, C. L.: Das pädagogische Problem der Leistung in der Schule. Weinheim-Berlin 1961, 1967[3]
Gaude, P./Teschner, W. P.: Objektivierte Leistungsmessung in der Schule. Einsatz informeller Tests im leistungsdifferenzierenden Unterricht. Frankfurt 1970
Gaude, P.: Der informelle Test als Instrument einer objektivierten Leistungsmessung, in: Die Schulwarte 1971, H. 7, 24—37
Glatz, G.: Die Schulzeugnisse, ein unlösbares Problem, in: Schulverwaltungsblatt f. Niedersachsen 1967, 357—362
Glogauer, W.: Die quantitive und qualitative Rechtschreibfehler-Analyse bei 7/8jährigen Schülern, in: Schule und Psychologie 1970, 225—234
— Rechtschreiben. Grundkurs für die Hauptschule mit Lösungen zur Selbstkontrolle. München 1972
— Rechtschreibunterricht in der Hauptschule. Beiheft zum Grundkurs mit Test und Notentabellen. München 1972
Groot, A. de: Fünfen und Sechsen. Zensurengebung: System oder Zufall. (1966, 1969[4]). Aus dem Niederländischen übertragen von A. Piechorowski. Weinheim-Berlin-Basel 1971
Göller, A.: Zensuren und Zeugnisse. Stuttgart 1966, 1968[2]
Gutte, R.: Anmerkungen zur „Motivationstechnologie", in: Diskussion Deutsch 1972, 31—41
Haecker, H.: Subjektive Faktoren im Leistungsurteil des Lehrers, in: Schule und Psychologie 1971, 74—84
Heckhausen, H.: Förderung der Lernmotivation und der intellektuellen Tüchtigkeiten, in: Roth (Hsg): Begabung und Lernen, 193—228
Hetzer, H.: Schüler und Zeugnis. Leipzig 1933
Höhn, M.: Der schlechte Schüler. Habil.schrift Tübingen 1966

Hofer, M.: Die Schülerpersönlichkeit im Urteil des Lehrers. Eine dimensionsanalytische Untersuchung zur impliziten Persönlichkeitstheorie. Weinheim-Berlin-Basel 1969

Hopp, A. D./Lienert, G. A.: Eine Vergleichsanalyse von Gymnasialzensuren, in: Schule und Psychologie, 1965, 139—150

Hojer, E.: Das Problem der objektiven Leistungsbeurteilung in der Pädagogik, in: Pädagogische Rundschau 1970, 832—844

Holzinger, F.: Leistungssteigerung durch Leistungsmessung. Wien 1959

Ingenkamp, K. H.: Schulleistungen damals und heute. Weinheim-Berlin 1967
— Möglichkeiten und Grenzen des Lehrerurteils und des Schultests, in: Roth (Hsg): Begabung und Lernen, 407—432
— Marsolek (Hsg): Möglichkeiten und Grenzen der Testanwendung in der Schule. Weinheim-Berlin-Basel 1968
— Sind Zensuren aus verschiedenen Klassen vergleichbar? in: betrifft: erziehung 3/1969, 12—14
— Zur Problematik der Zensurengebung, in: Die deutsche Schule 1970, 438—456
— Normbezogene und kriterienorientierte Tests, in: Didacta mediae H. 3 1970, 65—70
— Das Testen kognitiver Fähigkeiten und Leistungen, in: Ingenkamp/Parey: Handbuch der Unterrichtsforschung I, Weinheim 1970
—(Hsg): Die Fragwürdigkeit der Zensurengebung. Texte und Untersuchungsberichte. Weinheim-Berlin-Basel 1971
— Probleme der schulischen Leistungsbeurteilung unter besonderer Berücksichtigung des Deutschunterrichts, in: DU 1971/3, 54—76

Jäger, S./Duhm, D.: Notengebung — Kritik und Alternativen, in: Linguistik und Didaktik 1971, 164—183

Kautter, H. J.: Zur Problematik der Schulleistungsprüfung und -beurteilung, in: Pädagogische Arbeitsblätter 1969, 161—175

Klink, J. G.: Die Schülerleistung im Koordinatensystem der Ziffernzensur, in: Lebendige Schule 1964, 374—383

Klose, W.: Subkultur in der Klasse. Warum so viele Schüler keinen Willen zur Leistung mehr haben, in: DIE ZEIT vom 18.2.1972, 50

Knoche, W.: Jungen, Mädchen, Lehrer und Schulen im Zensurenvergleich. Eine Untersuchung an 14 000 Schülern an 50 Gymnasien. Weinheim 1969

Knoll, J. H.: Leistungsbeurteilung als Problem der Bildungsreform, in: Contact 1969, 164—185

Köster, H.: Notengebung — ein Würfelspiel, in: Der Junglehrer 1971, 4—6

Krecker, L.: Die Zensur als unerwünschter Sozialisationsfaktor, in: Lebendige Schule 1971, 333—339

Lautmann, R.: Die institutionalisierte Ungerechtigkeit. Zensuren und Zeugnisse in soziologischer Perspektive, in: betrifft: erziehung 1970/7, 11—17

Lienert, G. A.: Testaufbau und Testanalyse. Weinheim-Berlin-Basel 1967[2]

Lieth, E. v. d.: Schule und Leistungsgesellschaft, in: Stimmen der Zeit 1972, 303—314

Lobsien, M.: Das Zensieren. Langensalza 1915[2]

Martin, B.: Leistungsprinzip und Rechtsstaatlichkeit, in: Die politische Meinung, 1972, 48—56

Menze, C.: Pädagogik als prognostische Leistungswissenschaft, in: Vierteljahrsschrift f. wissenschaftliche Pädagogik 1971, 273—285

Müller-Fohrbrodt, G./Dann, H. D.: Zum Problem der Notengebung: Selbstbeurteilung von Zeugnisnoten. in: Z. f. Entwicklungspsychologie und Pädagogische Psychologie, 1971, 241—252

Müller, R.: Lese- und Rechtschreibtest, in: DU 1971/3, 77—110

Orlik, P.: Ein Beitrag zu den Problemen der Metrik und der diagnostischen Valenz schulischer Leistungsbeurteilung, in: Z. f. experimentelle und angewandte Psychologie, 1961, 400—408

Parey/Ingenkamp, K. H.: Die Erfassung der nichtkognitiven Variablen in der Unterrichtsforschung, in: Ingenkamp/Parey: Handbuch der Unterrichtsforschung I

Plößl, W.: Lernziele-Lernerfahrungen-Leistungsmessung. Donauwörth 1972

Rigol, R.: Schichtzugehörigkeit und Rechtschreibung. Versuch einer soziologischen Fehleranalyse, in: Diskussion Deutsch, 1970, 156—166

Rolfes, R.: Das Diktat und seine Beurteilung, in: DU, 1970/5, 72—80

Salzmann, Ch.: Studien zu einer Theorie des Prüfens und Erprobens im Raum der Erziehung. Ratingen 1967

Schiefele, H.: Sind unsere Noten gerecht? In: Welt der Schule, 1960, 251—257

Schoeck, H.: Ist Leistung unanständig? Osnabrück 1971

Schreiner, G.: Sinn und Unsinn der schulischen Leistungsbeurteilungen, in: Die deutsche Schule 1970, 226—237

Schröder, H.: Zur Problematik der Fähigkeitsdiagnose in der Schülerbeurteilung, in: Z. f. experimentelle und angewandte Psychologie, 1971, 648—663

Schwarz, E.: Vergleichende Leistungsmessung, in: WPB, 1966, 125—128

Simoneit, M.: Fort mit der Schulzensur! Das Beurteilen von Schülerleistungen. Berlin 1952

Skowronnek, H.: Zur Problematik der Zensurengebung, in: WPB, 1971, 639—645

Spaeth, F.: Die Leistungsbeurteilung im Unterricht, in: Die Schulwarte, 1968, 1075—1030

Steinkamp, G.: Die Rolle des Volksschullehrers im schulischen Selektionsprozeß, in: Hamburg. Jahrbuch f. Wirtschafts- und Gesellschaftskritik. Tübingen 1967, 302—320

Stöhr, G./Weck, H.: Über das Verhältnis von Leistungsanalyse und Zensierung, in: Pädagogik 1968, 112—138

Suelzer, B.: Verwendung informeller Tests bei der schriftlichen Leistungskontrolle, in: Die höhere Schule 1971, 35—41

Tent, L.: Schätzverfahren in der Unterrichtsforschung, in: Ingenkamp/Parey: Handbuch der Unterrichtsforschung I

Toman, W.: Geschwisterkonstellation und Leistungsmotivation, in: Schule und Psychologie, 1972, 65—72

Vontobel, J.: Leistungsbedürfnis und soziale Umwelt. Zur soziokulturellen Determination der Leistungsmotivation. Bern-Stuttgart-Wien 1970

Weber, M.: Die protestantische Ethik und der Geist des Kapitalismus, in: Archiv f. Sozialwissenschaft und Sozialpolitik 1904, 1—54; 1905, 1—110; in: Winkkelmann, J. (Hsg.): Die protestantische Ethik. München/Hamburg 1965

Wendeler, J.: Standardarbeiten- Verfahren zur Objektivierung der Notengebung. Weinheim 1969, 1971[3]

Weidig, E. R.: Die Bewertung von Schülerleistungen. Weinheim 1961

Weimer, H.: Fehlerbehandlung und Fehlerbewertung. Leipzig 1926

Weingardt, E.: Korrelation und Voraussagewert von Zeugnisnoten bei Gymnasien. München-Basel 1964

Weis, V.: Zensierungsmodelle und ihre pädagogischen Konsequenzen, in: Die deutsche Schule, 1971, 542—553

Weiß, R.: Über die Subjektivität des Lehrers bei der Leistungsbeurteilung, in: Erziehung und Unterricht, 1963, 385-395
— Zensur und Zeugnis. Beiträge zu einer Kritik der Zuverlässigkeit und Zweckmäßigkeit der Ziffernbenotung. Linz 1965
— Über die Strenge der Beurteilung in verschiedenen Unterrichtsgegenständen, in: Pädagogische Rundschau, 1966, 832-843
— Leistungsbeurteilung durch Ziffernnoten. Linz 1968
— Vor- und Nachteile der Leistungsbeurteilung durch Ziffernnoten, in: Schule und Psychologie, 1969, 202-205

Winteler, A./Petersen, J.: Objektive Leistungsmessung in der Hochschule, in: Z. f. erziehungswissenschaftliche Forschung, 1972, 37—61

Wolf, K.: Die Gerechtigkeit des Erziehers. München 1962

Wudtke, H.: Ausgleichende Erziehung oder Veränderung der schulischen Leistungskriterien? in: Die Grundschule, 1971/7, 10—16

Zielinski, J.: Macht und Ohnmacht der Zensuren 1961, 121-142

Zillig, M.: Einstellung und Aussage, in: Z. f. Psychologie, 1928, 58—106

Zweidler, H.: Milieueinflüsse und Schülerleistung. Zürich 1954

Aufsatzerziehung und Aufsatzbeurteilung

Bakker, F. J.: Die psychologische Grundlegung des Aufsatzunterrichts, in: Didinger, P.: Beiträge zur Aufsatzerziehung. Frankfurt 1962[2]

Beck, O.: Aufsatzerziehung und Aufsatzunterricht. Ein Lehrerhandbuch. Bad Godesberg I (1.—4. Schj.) 1969, II (5.—9. Schj.) 1966
— Verzicht auf die Aufsatznote? In: WPB 1971, 559—563

Beinlich, A.: Das schriftliche Gestalten und die Stilpflege, in: Beinlich (Hsg): Handbuch des Deutschunterrichts I, bes. 398—404

Berg, M.: Besinnungsaufsatz. Zur Ideologie des Faches Deutsch, in: Alternative, 1968, 106 ff.

Berghuber, F.: Beurteilung und Verbesserung der Aufsätze, in: Erziehung und Unterricht, 1967, 101-106

Bochinger, R.: Der dialektische Besinnungsaufsatz. Stuttgart 1961[2]

Bohusch, Otmar: Neue Kriterien der Aufsatzbewertung. München 1972

Braun, P.: Geläufige Satzbaupläne in Aufsätzen der Sieben- bis Zehnjährigen, in: WPB 1965, 13-20; in: Helmers (Hsg): Zur Sprache des Kindes, 402-417

Dönnges, U.: Korrektur und Verbesserung der Ausdrucksfehler mit Hilfe von stilistischen Kategorien, in: DU, 1965/1, 100—111

Didinger, P.: Beiträge zur Aufsatzerziehung. Frankfurt 1967[4]

Essen, E.: Beurteilungen von Leistungen im Deutschunterricht, in: DU, 1964/1, 34-51

Fahn, K.: Der Wandel des Aufsatzbegriffs in der deutschen Volksschule von 1900 bis zur Gegenwart. München 1971

Ferdinand, W.: Das Vorurteil des Lehrers über die Leistungsfähigkeit bestimmter Schüler im Spiegel der Aufsatzzensuren, in: Schule und Psychologie, 1971, 92-95

Fliegner, J.: Aufsatzbeurteilung nach Maß? in: lehren und lernen, 1968, 364-373

Finlayson, D. S.: Die Zuverlässigkeit bei der Zensierung von Aufsätzen, in: Ingenkamp: Fragwürdigkeit der Zensurengebung, 103-116

Firges, J.: Bedeutung der Kindersprach- und Stilforschung für die Aufsatzbeurteilung und den Aufsatzunterricht, in: DU, 1970/5, 16—25

Geißler, R.: Die Erlebniserzählung zum Beispiel, in: Die deutsche Schule, 1968, 102-112

— Literarische Bildung und technische Welt, in: Die deutsche Schule, 1968, 174-186

Groth, J. R.: Aufsatzunterricht — Mündliches und schriftliches Darstellen, in: Wolfrum, E. (Hsg.): Taschenbuch des Deutschunterrichts, Esslingen 1972, 150 bis 198

Ibler, M.: Sprachgestaltender Unterricht. Donauwörth 1966[2]

— Wege zur Sprachentfaltung und Spracherkenntnis. Donauwörth 1968[2]

Hahn, H.: Flensburger Norm für Aufsatzbeurteilung, in: Die Pädagogische Provinz, 1966, 189-194

Hallmann, R. J.: Techniken kreativen Lehrens, in: Mühle, G./Shell, C.: Kreativität und Schule, München 1970, 175-180

Hammerstein, W.: Können Schüler Schülerarbeiten korrigieren? In: DU (Ost), 1969, 309-310

Haueis, E.: Die theoretische Grundlegung des gegenwärtigen Aufsatzunterrichts. Essen 1971

Hirschenauer, R.: Deutsches Sprachbuch für Gymnasien, Bd. 8 (= 12. Kl.), von R. Hirschenauer und A. Weber. München 1971[5]

Hujer, D.: Zum Problem des Erörterungsaufsatzes. Berlin (Ost) 1962

Hylla, E.: ‚Einheitlichkeit‘ und ‚Gerechtigkeit‘ bei der Beurteilung von Aufsätzen, in: Levana, 1948, 192-195

— Vergleichende Leistungsmessung im 4. und 5. Schuljahr. München 1949

Jensen, U.: Aufsatzzensuren — Indiz für einen gestrigen Sprachunterricht. Eine Replik auf Gottfried Schröters Untersuchung, in: WPB, 1970, 507—512

Ingendahl, W.: Aufsatzerziehung als Hilfe zur Emanzipation, in: DU, 1970/5, 5-15

Kaiser-Meyer, L.: Aufsatzunterricht. Bern-Stuttgart 1969

Kötter, L./Grau, U.: Zur Bedingtheit der uneinheitlichen Benotung von Schüleraufsätzen (Nacherzählungen), in: Z. f. experimentelle und angewandte Psychologie, 1965, 278—301

Kranz, F.: Wege zum Abituraufsatz. 6 Bände. München 1963 ff.

Krämer, E.: Korrekturmethode des deutschen Aufsatzes mit besonderer Berücksichtigung der Reifeprüfungsarbeit, in: DU, 1970/5, 134—138

Kreutzmann, W.: Die Praxis des Korrekturenlesens. Leipzig 1962

Kleiner, A.: Wir arbeiten mit Leserbriefen, in: DU, 1970/5, 63—71

Klute, W.: Das berufliche Selbstverständnis von Deutschlehrern (zu G. Schröter: Wie in Deutschland Aufsätze zensiert werden), in: WPB, 1970, 676

Kühn, G.: Stilbildung in der höheren Schule. Düsseldorf 1930, 1959[3]

Lehmann, E.: Das gerechte Zeugnis im Aufsatz, in: Die Schulwarte, 1951, 32—42

Löffler, E.: Inhalt und Inhaltszensur von Erörterungsaufsätzen, in: DU (Ost), 1969, 207-216, 270-276

Lueg, C. H.: Kriterien für die Beurteilung von Schüleraufsätzen? in: Mitteilungen des Deutschen Germanistenverbandes, 1972, 8—9

Marthaler, Th.: Aufsatzquelle. Zürich 1968[4]
— Es gibt sechs Aufsatzarten, in: DU, 1962/4, 53—63
Meckling, J.: Kreativitätsübungen im Literaturunterricht der Oberstufe. München 1972
Merkelbach, V.: Das Problem des Altersstufenstils zehn- bis zwölfjähriger Kinder im 5. und 6. Schuljahr. Examensarbeit zum 2. Lehrerexamen 1967, 76. S. unveröffentlicht. Zusammengefaßt in: Merkelbach: Kritik der Aufsatzerziehung, 55-60
— Kritik des Aufsatzunterrichts. Eine Untersuchung zum Verhältnis von schulischer Sprachnorm und Sozialisation. Frankfurt-Berlin-München 1972
Meyer, E.: Der Aufsatz als diagnostisches Hilfsmittel, in: Schule und Psychologie, 1955, 46-56
Müller, L.: Der natürliche Aufsatz. Moderner Aufsatzunterricht in der Volksschuloberstufe. München o. J.[3]
Rahn, F.: Der Besinnungsaufsatz, in: DU, 1949/5, 45—97
Roche, R.: Kontrollieren, Aktivieren: Emanzipieren. Vorschläge zur Didaktik und Korrektur schriftlicher Arbeiten, in: Blätter für den Deutschlehrer, 1971/4, 97-109
Rößling, F.: Aufsatzerziehung. Ausdruck, Inhalt, Grammatik. Köln 1971
Roth, H.: Die diagnostische Auswertung des Aufsatzes, in: Pädagogische Psychologie des Lehrens und Lernens, 1967[10], 60 ff.
Sabiwalsky, D.: Sind Beurteilungen wirklich so unterschiedlich? Neue Untersuchungsergebnisse, in: Frankfurter Rundschau vom 2. 1. 1971, XII
Sanner, R.: Aufsatzerziehung und Ausdruckspflege in der Volksschule. München 1964, 1967[2]
Schmidt, R.: Über die Schwierigkeit, ungerechte Aufsatzzensuren zu erforschen, in: WPB, 1971, 553—559
Schröter, G.: Aufsätze, Zensuren und Moral, in: WPB, 1968, 26—27
— Wie in Deutschland Aufsätze zensiert werden, in: WPB, 1970, 408—417
— Die ungerechte Aufsatzzensur. Kamps pädagogische Taschenbücher 48, Bochum 1971
— Bemühungen um eine gerechte Aufsatzzensur. Antworten auf „Einwände" gegen ein Forschungsvorhaben über „Die ungerechte Aufsatzzensur", in: WPB, 1971, 612—616
— Die Aufsatzzensuren in der Kritik, in: Blätter für den Deutschlehrer, 1971, 441—447
Singer, K.: Aufsatzerziehung und Sprachbildung. München 1966[2]
— Aufsatzkorrektur und Aufsatzbeurteilung als pädagogisches Problem, in: Blätter für Lehrerfortbildung ‚Das Seminar' 1966, 17—25
Stein, E.: Ein Aufsatz wird zensiert, in: Die deutsche Schule, 1950, 276—279, 300—303
Steinbügl, E.: Der deutsche Aufsatz. München 1965
Tille, J.: Theorie und Praxis des Aufsatzunterrichts. Wien 1950, 1958[3]
Twellmann, W.: Aufsatz und Diktat — Hilfsmittel bei der Begabtenauslese; in: Neue deutsche Schule, 1963, 324—327
Ulshöfer, R.: Was kann der Aufsatzunterricht beitragen zur Neubesinnung über die Aufgaben der höheren Schule, in: DU, 1949/5, 5—44
— Zur Beurteilung von Reifeprüfungsaufsätzen, in: DU, 1949/8, 84—102

— Welcher Grad von Objektivität läßt sich bei der Beurteilung deutscher Aufsätze erreichen? Mitteilungen statistischer Unterlagen, in: DU, 1963/5, 106 ff.

Weber, A.: Das Problem der Aufsatzbeurteilung. Donauwörth 1969, 1971[3]

Wegmann-Willing, R.: Freude am Aufsatz. Moderner Aufsatzunterricht in der Grundschule. München 1952. Neuaufl. 1971

Weinmann, S.: Schaffung komplexer Schreibsituationen, in: DU, 1970/5, 47—62

Weiß, R.: Über die Zuverlässigkeit der Ziffernbenotung bei Aufsätzen, in: Schule und Psychologie, 1965, 257—269

Wiecerkowski, W./Nickel, H./Rosenberg, L.: Einige Bedingungen der unterschiedlichen Bewertung von Schüleraufsätzen, in: Psychologische Rundschau, 1968, 280—295

Winterling, F.: Korrektur und Verbesserung schriftlicher Arbeiten im Deutschunterricht, in: WW, 1970, 190—202

Wolff, G.: Sozio-Analyse von Grundschularbeiten auf der Oberstufe, in: DU, 1972/1, 18—38

Zander, Wolf: Aufsatzunterricht in der Grundschule. (Kamps pädagogische Taschenbücher 56) Bochum 1972. (Aufsatzbewertung: 88—93)

NACHTRAG

LEBENDIGE SCHULE 1973, Heft 2 Leistungsmessung (dort auch Besprechung von Bohusch und Merkelbach, 82/83) darin:

Bauer, Werner: Zur Beurteilung von Schülerleistungen in den freien Waldorfschulen, 75—78

Ingenkamp, Karlheinz: Probleme der Leistungsbeurteilung in den sogenannten Nebenfächern, 65—69

Riethmüller, Walter / Sendler, Friedrich: Vorschlag zur Verbesserung der Aufsatzbeurteilung in der Sekundarstufe I (Bericht einer Arbeitsgruppe), 46—55

Schröter, Gottfried: Das Leiden an den Zensuren, 45 — Einige Untersuchungen zur Frage der Zensurengebung, 70—75

Karl Stocker

Die dramatischen Formen in didaktischer Sicht

464 Seiten. Leinen DM 27,80

ISBN 3-403-00297-7

Dieses Buch befaßt sich mit den dramatischen Formen, gesehen aus didaktischer Perspektive. Es wird in Zukunft sicher als ein Standardwerk einer modernen Fachdidaktik gewürdigt werden.

Der hier verwendete Literaturbegriff ist durch die Medien entscheidend erweitert. Das dramatische Gegenwartsschaffen wird bevorzugt.

Erstmals wird der Versuch unternommen, die moderne Lernzieltheorie auf ein Teilgebiet der Literaturdidaktik zu übertragen und an erprobten Einzelbeispielen zu konkretisieren.

Was hier von dem Lehrstuhlinhaber für die Didaktik der deutschen Sprache und Literatur an der Universität München ausgeführt ist, ist in gleicher Weise bedeutsam für Hauptschule, Realschule und Gymnasium.

 VERLAG LUDWIG AUER DONAUWÖRTH